KB083333

전후 일본,
기억의 역학

'계승이라는 단절'과 무난함의 정치학

지은이
후쿠마 요시아키 福間良明, FUKUMA Yoshiaki
리쓰메이칸대학(立命館大學) 산업사회학부 교수. 교토대학(京都大學)에서 인간·환경학연구과 박사과정을 수료했다. 전문 분야는 역사사회학·미디어사이다. 주요 저서로는『'반전'의 미디어사(「反戦」のメディア史)』(世界思想社),『'전쟁체험'의 전후사(「戦争体験」の戦後史)』(中公新書),『시바 료타로의 시대(司馬遼太郎の時代)』(中公新書),『초토의 기억—오키나와·히로시마·나가사키에 비친 전후(焦土の記憶—沖縄·広島·長崎に映る戦後)』(新曜社),『'전적'의 전후사(「戦跡」の戦後史)』(岩波現代全書),『'일하는 청년'과 교양의 전후사(「働く青年」と教養の戦後史)』(筑摩選書) 등이 있다.

옮긴이
김남은 金男恩, Kim Nam-eun
고려대학교 문학박사. 일본지역학 전공. 한림대학교 일본학연구소 HK연구교수
김미영 金美㑇, Kim Mi-Young
경희대학교 정치학박사. 비교정치 전공. 충북대학교 국제개발연구소 연구교수
김현아 金炫我, Kim Hyun-ah
쓰쿠바대학(筑波大學) 문학박사. 역사학 전공. 한림대학교 일본학연구소 HK연구교수
김혜숙 金惠淑, Kim Hye-suk
한양대학교 국제학박사. 일본학 전공. 한림대학교 일본학연구소 HK연구교수
박신영 朴信映, Park Shin-young
경희대학교 문학박사. 일본고전산문 전공. 한림대학교 일본학연구소 HK연구교수
서정완 徐禎完, Suh Johng-wan
도호쿠대학(東北大學) 문학박사. 일본근대사 전공. 한림대학교 일본학연구소 소장
송석원 宋錫源, Song Seok-won
교토대학(京都大學) 법학박사. 정치학 전공. 경희대학교 정치외교학과 교수
이미애 李美愛, Lee Mi-ae
도쿄대학(東京大學) 학술박사. 지역문화 전공. 한림대학교 일본학연구소 HK연구교수
조수일 趙秀一, Cho Su-il
도쿄대학(東京大學) 학술박사. 재일조선인문학 전공. 한림대학교 일본학연구소 HK교수

전후 일본, 기억의 역학
'계승이라는 단절'과 무난함의 정치학

초판발행 2024년 8월 30일

지은이 후쿠마 요시아키
옮긴이 김남은 외

펴낸이 박성모
펴낸곳 소명출판
출판등록 제1998-000017호
주소 서울시 서초구 사임당로14길 15 서광빌딩 2층
전화 02-585-7840
팩스 02-585-7848
이메일 somyungbooks@daum.net
홈페이지 www.somyong.co.kr

ISBN 979-11-5905-965-0 93910
정가 35,000원

ⓒ 한림대학교 일본학연구소, 2024

이 도서는 2017년도 정부(교육부)의 재원으로 한국연구재단의 지원을 받아
한림대학교 일본학연구소가 수행하는 인문한국플러스지원사업의 일환으로 이루어진 연구임 (2017S1A6A3A01079517).

전후 일본, 기억의 역학

'계승이라는 단절'과 무난함의 정치학

Dynamics of Memories in the Postwar Japan
: Continuity and Discontinuity

후쿠마 요시아키 지음

김남은 · 김미영 · 김현아 · 김혜숙 · 박신영 ·
서정완 · 송석원 · 이미애 · 조수일 옮김

한림대학교 일본학연구소 기획

'전쟁의 기억'을 둘러싼 전후일본사戰後日本史 연구를 시작한 지도 벌써 20년 가까운 시간이 흘렀다. 처음에는 근대 일본의 국어학·인류학·사회학·지리학·신문학 등 지知의 횡단적 편성과 내셔널리즘, 식민지주의colonialism 문제에 관심이 있었고 박사논문도 그것을 주제로 한 것이었다.

박사학위 취득 후에도 계속 이들 분야에 대한 연구를 지속할 생각이었기 때문에 '전쟁의 기억'과 전후사상사, 미디어사와 같은 영역의 주제는 일시적이고 파생적인 연구라는 생각으로 접근했었다. 그런데 오히려 이른바 '전쟁의 기억'사史에 관한 연구가 중심이 되었고, 『'반전'의 미디어사『反戰』のメディア史』2006를 필두로 이런 종류의 주제로만 9권의 저서를 집필했다.

그 이유 중 하나로 들 수 있는 것이 2000년대 초, 즉 '전후 60년'이라는 사회적 상황이다. 냉전이 종식된 지 10여 년이 지나면서 전시기 일본의 전쟁 책임과 식민지주의를 비판적으로 추궁하는 움직임이 국내외에서 거세지고 있었다. 한편, 그 반동으로 전쟁 책임과 식민지 책임을 고집스레 인정하지 않고, 오히려 제국 일본의 대외진출을 적극적으로 긍정하려는 논의가 눈에 띄기 시작했다.

바로 그때 고이즈미 준이치로小泉純一郎 총리의 야스쿠니靖國 신사 공식참배가 국내외에서 큰 문제가 되었다. 출판계에서도 '전쟁'을 다룬 책이 다수 출판되었고, 서점에는 '전쟁'과 '평화'에 관한 서적이 늘 눈에 잘 띄는 곳에 진열되었다. 하지만 이러한 논의의 '활성화'가 입장이 다른 사람들끼리의 (사람과 나누는) '대화'로 이어지지는 못했다. 오히려 자기가 선호하는 논의만을 찾고, 다른 논의를 받아들이지 않는 양상이 두드러졌다. 여기에 오늘날 인터넷 공간에서 전개되는 '필터 버블'이나 '에코 체임버'와 같은 현상을 읽어낼 수도 있을 것이다.

이는 곧 아무리 '올바른' 논의를 한들, 입장이 다른 상대에게는 닿지 않음을 의미한다. 오히려 서로 다른 입장에서 그들 나름의 '옳음'이 자폐적으로 소비되고 있었다.

그렇다면 우리가 생각해야 할 것은 '왜 그러한 '옳음'이 선택되고 있는 것인가', '그 사회적 배경이나 메커니즘은 무엇인가'이어야 할 것이다. 여기에 주목하지 않는다면 입장을 초월한 대화는 불가능하다. 그것은 곧 '분단'의 가속화로 직결된다. 돌이켜 생각해 보건대 이들 문제에 대한 관심이 현재를 있게 한 것 같다.

또한 이러한 의문은 '전후 50년'을 맞이한 무렵의 개인사로 거슬러 올라간다. 아시아 각국에 대한 식민지 책임과 전쟁 책임을 언급한 정부 담화무라야마 담화를 둘러싸고, 일본에서는 논의가 과열되고 있었다. 당시 나는 한 출판사에 근무하고 있었다. 인사와 회계, 생산관리, 비즈니스실무 관련 전문서적을 담당하고 있어서 업무에서는 이런 논쟁과는 인연이 없었다. 그런데 이 출판사는 약간은 국수주의적이고 역사수정주의적인 책을 내거나 잡지에 관련 특집을 짜기도 했다. 참고로 현재 그 출판사의 성향은 그렇지 않다. 내 담당이 그런 종류의 출판물과 동떨어져 있었다고는 해도, 내가 다니는 회사가 그런 책을 낸다는 사실에는 뭐라 형용할 수 없는 불편함이 있었다. 동시에 그 무렵부터 "왜 역사를 둘러싸고 이렇게 논의가 뒤얽히는 걸까?", "왜 특정 역사관을 택하려 하는 것인가?"에 대한 막연한 의문이 싹트기 시작했다.

이러한 경위도 있고 해서 앞에서 언급한 바와 같이 박사논문을 책으로 출판한 '전후 60년' 이후, '전쟁의 기억'사를 연구의 주축으로 삼게 되었다. 그러다 보니, 영화나 만화 같은 대중문화에서 문학·사상사, 전적지, 지역 잡지의 역사에도 손을 댔고, 전후의 일본, 오키나와, 히로시마, 나가사키 등, '전쟁의 기억'의 변용과 그러한 변용을 만들어 내는 사회적 역학을 풀어나가는 작업에 몰두하게 되었다.

그러던 중에 '옳음'을 둘러싼 투쟁뿐만이 아니라, 그 애로隘路를 엮어 나가듯이 이어지는 '무난한 내러티브'의 존재를 알게 되었다. 매년 8월이 되면 '평화의 소중함'이나 "체험자의 생각과 기억을 계승하지 않으면 안 된다"는 식의 말이 온갖 미디어를 통해서 흘러나온다. 어떠한 입장이든 이 사실에 이의를 제기하는 사람은 없다. 하지만, 이러한 무난함에는 때때로 그 이상의 생각을 하지 못하게 하는 측면도 있다고 본다.

애당초 오늘날 말하는 '전쟁의 기억'이란 많은 망각을 거쳐서 맑게 보이는 '웃물'과 같은 것에 불과하다. 과거의 논의를 살펴보면, 현대 일본과는 다른 논의 전개도 많다. 베트남 반전운동이 한창이던 시기에는 '가해 책임', '피해자 의식 비판'이 왕성히 논의되었는데, 이는 전쟁 체험을 하지 않은 젊은 세대가 전쟁 체험을 거론하는 (혹은 그렇게 보이는) 윗세대를 비판하는 의미도 내포하고 있었다. 전쟁 체험이 있는 세대는 자신이 말하기 어려운 체험을 안이하게 반전운동의 정치주의로 결부시키는 것을 거부했지만, 체험과 이를 둘러싼 자책과 회한에 집착하는 태도는 전사자를 미화하고 현창顯彰하는 경향, 나아가 전쟁수행과 아시아 침략을 긍정하는 논의를 비판하는 하나의 근거가 되기도 했다. 그런 의미에서 '전사자 편에 서는 논의'와 '책임을 추궁하는 논의'는 오늘날처럼 꼭 이분법적 대립 관계에 있었던 것은 아니며, 전자에 대한 핵심을 파고드는 과정에서 후자의 주장이 만들어지는 일이 없었던 것도 아니었다. 누구나가 받아들일 수 있는 '무난한 내러티브'는 '기억의 계승'을 강조하면서도, 과거의 논의를 외면하고 모종의 '단절'을 재생산했다.

이러한 문제의식을 품고 연구를 이어왔는데, 나의 몇몇 저서를 보신 국내외 연구자께서 감사하게도 연락을 주셔, 아시아의 '화해'를 둘러싼 심포지엄이나 학술회의에 참석할 수 있었다. 특히 일본학에 관계하시는 한국의 선생님들로부터 몇 차례 초청을 받아 '기억'의 사회사를 둘러싸고 의견을 나눌 기회도 있었다.

어떻게 '화해'를 실현할 수 있을까. 유감스럽게도 저자는 그에 대한 답을 갖고 있지는 않다. 하지만 '옳음'을 맞부딪히기만 하는 것이 아니라, 왜 그러한 '옳음'이 선택되고 있는지, 이전에 다른 논의가 있었는지 혹은 없었는지, 이 부분을 함께 모색하는 일은 대화의 한낱 실마리가 되리라 생각한다.

이 책은 이러한 문제의식을 염두에 두고 '전후 70년'을 전후하여 집필한 논고를 담은 것이다. 개별 논문을 묶은 것이기는 하지만, '기억의 전후사'를 둘러싸고 진행해 온 저자의 핵심적인 연구로 구성되어 있다. 이 책은 어디까지나 전후 일본의 '기억'과 '계승' 그리고 그 사회적 역학을 검토한 것이지만, 보기에 따라서는 전후 혹은 현대의 각지에서 벌어진

'전쟁의 기억'에 상통하는 내용이 있을지도 모른다. 또는 대화의 (불)가능성이나 배경을 밝혀내는 과정이 될지도 모르겠다.

이 책이 일본에서 간행된 것은 COVID-19 팬데믹이 전 세계를 뒤덮던 시기였다. 「저자 부기」에도 적었듯이 당시에는 전쟁 말기에 있었던 공습하의 '불평등'을 연상시키는 것이 있었다. 그 후 2022년 2월에는 러시아가 우크라이나를 침공했고, 2023년 10월에는 하마스의 습격으로 가자는 이스라엘의 공격에 노출되어 일반 시민을 포함한 많은 희생자를 내고 있다. 이 책의 한국어판이 간행되는 것은 바로 이러한 시기이다. 대화가 어려운 상황은 쉽게 타개될 것 같지 않다. 이 책은 거기에 어떠한 시사를 주는 것은 아니지만, '옳음'이 무엇에 의해서 구동되고 있는지, 언젠가는 이러한 물음이 요구되는 때가 머지않아 올 것이다.

더욱이 이 책의 한국어판 간행 이듬해는 '전후 80년'이자, 한국전쟁 발발 75년이라는 국면을 맞이하는 해이다. 곳곳에서 기억과 역사 인식을 둘러싼 다양한 논의가 환기될 것이다. 오늘날 아시아권에는 다양한 긴장의 장면이 존재하지만, 따지고 보면 이 또한 지난 아시아·태평양전쟁과 식민지주의 문제와 무관치 않다.

그런 시기에 전후 일본의 기억사를 다룬 이 책이 '기억'과 '화해'를 둘러싼 논의의 활성화에 일조할 수 있다면 더할 나위 없는 기쁨일 것이다. 무엇보다 국경을 넘어 한국에서 독자를 얻을 수 있다는 것이 매우 기쁘고 영광스럽다.

한림대학교 일본학연구소를 통해 지금까지 심포지엄과 학술회의 등을 통해 세 번 정도 발표 기회를 가질 수 있었고, 거기에 이 책의 번역까지 진행해 주셔서 진심으로 감사드린다. 그중에서도 서정완 소장님과 여러 일을 처리해 주신 조수일 선생님께는 많은 도움을 받았다. 또한, 번역을 맡아 주신 연구소 선생님들과 2022년 1월 심포지엄에서 많은 도움을 주신 임성숙 선생님께도 진심으로 감사드린다. 정말 고맙습니다.

2024년 7월

후쿠마 요시아키

차례

프롤로그

'계승'이라는 욕망과 전후戰後

'계승'이라는 카타르시스

2000년대 이후에 만들어진 일본의 전쟁 대작 영화를 살펴보면 어떤 특징을 발견하게 된다. 작품 안에 등장하는 '현대의 젊은이'와 전쟁 체험자의 '공감'이다. 기존의 일본영화 흥행 수입을 바꿔놓은 대성공을 기록한 〈영원의 제로永遠の0〉2013에서는 특공으로 죽은 주인공 손자가 할아버지 발자취를 따라가서 당시 이야기를 들려주신 전우를 껴안는 장면이 있다. 전함 야마토大和의 마지막을 그린 〈사나이들의 야마토男たちの大和YAMA-TO〉2005에서도 당시 승무원의 딸 또는 손자가 전함 야마토가 침몰한 바다를 향해서 경례하는 장면이 영화 마지막 부분에 있다. 이러한 장면이 영화에 들어가 있는 배경에는 '현대의 젊은이들은 전쟁의 기억에 귀를 기울여야 한다'는 규범이 있고, 동시에 그 규범이 대중문화에서도 널리 수용되고 있음을 보여준다. 현대인이 실제로 그러한가는 별도로, 아니 그렇지 않기 때문에 '전쟁의 기억을 이해하고 공감하지 않으면 안 된다'는 의식이 사회에서 공유되고 있는 것이다.

그런데 1960년대 또는 1970년대 영화에서는 '젊은이'와 전쟁 체험자의 관계는 전혀 다르다. 요카렌豫科練 출신 전 특공대원이 주인공인 〈감파랑 하늘 멀리紺碧の空遠く〉1960에서는 당시의 체험이나 당사자의 복잡한 마음을 이해하려 하지 않는 전후 사람들의 분노가 전면에 드러나고 있

다. 못난 모습을 보이는 학도병의 전쟁 체험을 우스꽝스럽게 묘사한 오카모토 기하치岡本喜八 감독의 〈육탄肉弾〉1968이나 특공작전을 실행하기로 한 해군 중위 오니시 다쓰지로大西瀧治郎를 다룬 〈아! 결전 항공대あゝ決戦航空隊〉1974에서도 '현대의 젊은이'에 대한 마찬가지 위화감이나 분노를 그리고 있다. 전후 중기中期를 보면 전쟁 체험의 단절이나 풍화야말로 영화 제작의 모티프였다는 것을 알 수 있다.

생각해 보면, 군의 조직적 병리와 폭력을 주제로 한 극영화도 이제는 쉽게 눈에 들어오지 않는다. 예전 같으면, 〈이등병 이야기二等兵物語〉1955나 〈야쿠자 군대兵隊やくざ〉1965가 군대 내부의 처참한 폭력이나 부정의 횡행을 주제로 삼았고, 〈독립우연대 서쪽으로独立愚連隊西へ〉1960가 군의 무의미한 군기軍旗 탈환에 집착하는 모습을 비웃고 있었다. 그런데 근래에 들어서는 이처럼 '무의미한 죽음'을 맞이해야만 병사들 및 전장이 된 지역 주민들에 초점을 맞추는 영화는 거의 찾아볼 수 없다.

지금도 매년 여름이 되면 '전쟁의 기억'을 계승해야 한다는 주장이 등장한다. 그러나 '계승해야 한다는 욕망'에 대해서는 말하고 있지만, 그 자체에 내재하는 '풍화'와 '단절'을 간과하고 있는 것은 아닌가 싶다. 전쟁영화나 전적지 관광과 같은 대중문화 안에서 조화로운 '계승'이 유려하게 되풀이되는 한편, 군 내부의 조직적 병리나 폭력에 주목하는 일은 드물다. 그렇다면, 체험이나 기억을 '계승'한다는 미명에 빠지는 것 자체가 실은 봐야 할 대상에 대한 시선을 돌리게 하고, '풍화'와 '단절'을 진행하게 만들고 있는 것은 아닌가?

증언된 것의 후경화

이같은 일은 체험자를 마주하는 자세와도 통하는 부분이 있다. 전후 70년 남짓이 흘렀고, 전쟁을 체험한 세대 중 생존자는 점점 줄어들고 있다. 기억이 선명하고 대화에 지장이 없는 당사자는 매우 드물다. 그러기에 "빨리 체험한 이야기를 들어 두어야 한다"는 절박한 이야기를 자주 듣는다. 실제로 연구자나 미디어가 인터뷰 작업도 진행하고 있고, 수학여행 등에서 증언자로서의 '내레이터語り部'에게 이야기를 듣는 경우도 많이 본다. 물론 이런 일은 유의미한 일이기는 하다.

그러나 당연한 일이지만, 체험자는 현재뿐 아니라, 과거에도 많은 것을 증언해왔다. 이들이 남긴 이야기를 활자화한 기록 또는 출판물은 방대한 분량에 이른다. 그런데 이런 기록물은 오늘날 어느 정도로 주목받고 있을까? 더 말하자면, 오늘날 '체험자'라든지 '내레이터'들이 전하는 이야기는 전후 70여 년 동안 체험자들이 남긴 기록과 비교해서 어디가 얼마나 새로운가? 아니면 거꾸로 '비슷한 이야기'를 현대를 사는 우리가 그들에게 강요하고 있는 것은 아닌가?

그런 의미에서 '지금 들어야 한다'는 '계승'에 대한 욕망은 체험자의 과거에 대한 '망각'을 낳고 있다. 바꾸어 말하면, 미디어나 교육의 장에서는 현재 살아계시는 체험자에게 이야기를 듣는 것과 과거의 방대한 자료에 대한 독해작업을 생략할 수 있다는 것이 때로는 표리일체가 되어 있는 경우도 있는 것이 아닌가?

이러한 물음을 염두에 두면서, 이 책에서는 주로 2015년 이후에 잡지, 논문집 등에 발표한 개별논문, 논설을 모아서 전후 중기부터 현대에 걸친 '계승이라는 단절'의 제상諸相을 그려보고자 한다.

당사자나 미디어의 '전쟁 기억'에 관한 연구는 2000년대 이후 많이 축적되어 있다. 체험자에 대한 인터뷰나 위령 실천을 관찰한 내용을 기초로 사회학, 종교학, 문화인류학 방면의 연구에 많은 축적이 있다. 미디어와 미디어사 연구에서도 영화나 만화, 신문 논설 등에 나타난 전쟁에 대한 표상을 내셔널리즘이나 젠더의 시각에서 비판적으로 검증한 것은 많다.

그러나 '계승'을 위한 움직임이나 욕망 속에 어떠한 '망각'이 만들어졌는가에 대해 다룬 연구는 의외로 눈에 띄지 않는다. 지금 '기억'되는 것을 '계승'하는 것도 물론 중요할 것이다. 그러나 그런 기억이 망각을 거친 '축적'이라 할 수 있는 것들이라면, 과연 어떠한가? 이 경우, '계승' 자체가 '망각'의 재생산을 촉진하게 된다. 그렇다면 우리가 문제 삼아야 할 것은 "어떤 논점을 우리가 잃고 있는가?", "그런 상황을 만들어낸 사회적 메커니즘은 무엇인가?"가 될 것이다.

'계승'이라는 단절

이런 문제를 생각함에 있어 '야스쿠니靖国 문제'를 둘러싼 하시카와 분조橋川文三의 글은 흥미롭다. 하시카와는 당시 한창 논쟁의 중심에 있던 야스쿠니신사 국가호지國家護持 문제를 염두에 두고 「야스쿠니 사상의 성립과 변용靖国思想の成立と変容」『주오코론(中央公論)』, 1974.10에서 다음과 같이 이야기하고 있다.

예를 들면 특공대원으로 전사한 개인이 얼마나 당시 그 전쟁을 저주했으며, "저는 죽음이 두려운 것이 아닙니다. 다만 지금의 일본을 보면서 죽는 것은 개죽음으로밖에 보이지 않습니다. 오히려 장관이라든지 대장大將이라면서 말도 안 되는 엉터리만 늘어놓고 있는 놈들에게 폭탄을 집어던지는 것이 훨씬 깔끔한 마음으로 죽을 수 있을 것 같습니다"児玉譽士夫, 「われ敗れたり」와 같은 비판을 속에 품고 전사했다고 하더라도, 국가는 아무렇지도 않은 얼굴로 이 젊은 영혼도 야스쿠니의 가미神로 모시고 맙니다. 단순히 이 청년이 신토神道의 가미를 믿지 않고 예를 들면 기독교 신자였다는 경우뿐 아니라, 당시 이 전쟁이 옳지 못하다는 것을 깨닫고 있던 영혼까지도 포함하면, 야스쿠니에 합사된 것을 좋게 생각하지 않을 '영령英靈'의 수는 훨씬 많아질 것입니다.[1]

국가가 야스쿠니를 호지護持한다는 것은 국민 전체의 심정이라는 논법은 때로는 죽음에 직면한 순간에 전사자 개개인이 느끼는 심정이나 심리에 대한 배려가 결여한 것이며, 살아 있는 자의 입장에서 죽은 자의 영혼의 모습을 마음대로 그려 내고 규제해 버리는 정치의 오만함이 엿보입니다. 역사 안에서 죽은 자가 남긴 온갖 고뇌, 회의는 버려지고 봉인되고 마는 것입니다.[2]

죽은 자를 현창顯彰하는 것이 죽은 자의 고뇌와 회의를 잘라내 버린다. 이러한 위구심이 하시카와의 책에서 지적되어 있다. 하시카와에게 죽은 자의 심정에 다가선다는 것은 '야스쿠니 국가호지'에 의해서 죽은

---

1   橋川文三, 「靖国思想の成立と変容」, 『中央公論』, 1974年 10月号, 36쪽.
2   위의 책, 236~238쪽.

자를 '모시는' 것이 아니라, 그들의 고뇌를 직시해서 그런 고뇌를 낳은 국가의 폭력에 대해 책임을 묻는 일인 것이다.

더 말하자면, 전몰자를 비판하는 일과 그들에게 공감하는 것은 때로는 중첩되는 일이기도 했다. 교토제국대학 재학 중에 학도學徒 출정出征으로 남방전선南方戰線에 파견된 신학자 후나키 준이치舟喜順一는 반전 색이 짙은 도쿄제국대학 출신 전몰자 학도 유고집 『머나먼 산하에はるかなる山河に』1947를 평하면서 "탄압에 굴하지 않고 반항한 인간성을 재확인하고 기뻐하는 것은 그들에게서 비극을 찾아보는 일로 그치고 만다. 그리고 우리는 비극으로는 구제 받지 못한다", "슬프게 피는 즐거움임에도 불구하고, 또한 언제나 구원을 구하고 있음에도 불구하고, 자력으로 암흑을 떨쳐낼 힘은 가지지 못했던 것이다"라고 말하면서 교양 있는 전몰 학생의 무력함을 지적했었다.[3] 그러나 후나키는 뒤이어서 스스로의 전쟁 체험을 상기하면서 다음과 같이 논하고 있다.

이렇게 말하는 것은 불손한 일일까? 그러나 전몰자 스스로 생전에 이러한 반성을 과거에 했던 사람도 있었을 것이다. 학도가 가진 순수성, 추상성은 군대 생활, 전장의 전투를 치르면서 이윽고 더럽혀지고 상처 입고 파괴되곤 한다. 둔감해짐으로써 현실에서 도피하지 않는 자는 현실에 압살당했지만, 반대로 진실이 우리 편에 있지 않다는 사실을 감지한 자는 자기 내부에 두려울 정도의 죄성罪性의 강렬함을 인정하고 구제를 위해서 몸부림쳐야 했던 것

3   舟喜順一, 「書評 『はるかなる山河に』」, 『基督教文化』 1948年 7月号, 53쪽.

은 아니었던가?

혹은 그러함에도 절망적인 정신을 이어간 것일까? 만약에 그들이 살아서 귀환했다고 하더라도, 결코 위에서 말한 반성에 대해 뭐라고 하지 않았을 것이다.[4]

후나키에게는 전몰戰歿 학도의 한계를 지적하고 비판하는 것은 전후의 가치관으로 그들을 단죄하기 위함이 아니었다. 오히려 전장에 끌려가서 죽음을 직면하면서 그들 자신의 한계를 느꼈을지도 모를 그들의 무언의 목소리를 대변하기 위함이었다.

예컨대, 후나키는 제4고등학교 학생 당시인 1904년에 쓴 글에서 구스노키 마사시게楠木正成나 와케노 기요마로和気清麻呂, 요시다 쇼인吉田松陰 등의 사상을 흡수해서 형성된 일본주의적인 교양의 중요성을 설파하면서 "나는 내 몸을 바쳐서 아시아를 일으켜 세우는 흥아興亞의 대업을 익찬翼贊할 것이다"라고 적고 있다.[5] 전쟁을 찬미하는 데 한 치의 의구심도 품지 않았던 당시의 자신을 추궁하는 연장선상에서 죽은 자에 대한 '비판이라는 공감'이 도출되어 있다고 할 수 있다.

지금으로서는 이러한 주장은 크게 주목받지 않는다. 요즘 같으면 야스쿠니신사를 둘러싼 논의로는 '사자死者에 대한 현창'에 무게를 두는 입장과 '전쟁책임', '가해책임'에 무게를 두는 두 입장이 이항대립을 보이는

---

4   위의 책, 53~54쪽.
5   舟喜順一, 「大陸への船中生活」, しやんりく 会 編, 『第一回海軍指導中支派遣興亜学生勤労報国隊紀行録』, しやんりく 会, 1940, 15쪽.

상황이라 할 수 있다. 그러나 예전에는 사자에 다가서는 끝에 '현창'을 두는 것을 부인하며, '책임'을 묻는 논리가 활발했다. 이러한 '계승'의 로직을 망각한 채로 다른 새로운 '계승'이 나날이 생성되고 있는 것이 현대의 상황이라 할 수 있다.

이 책의 구성

이 책은 이러한 '계승이라는 단절'이 생성되는 사회적 배경과 구조에 대해서 검토를 가한다.

먼저, 제1부 「공간의 역학－'기억의 장소' 구축과 괴리」에서는 사자와 체험·기억을 둘러싼 공간이 구축되는 프로세스에 대해 검토한다. 그중에서 제1장 「야스쿠니신사靖国神社, 지도리가후치千鳥ヶ淵－'야시로社'와 '유골'의 투쟁」에서는 전후 이른 시기의 야스쿠니신사·지도리가후치 전몰자 묘원千鳥ヶ淵戦没者墓苑에 관한 담론을 들어서 '영령'을 둘러싼 정치주의와 논쟁이 어떻게 해서 만들어졌는가, 거기서 개개의 전몰자의 무엇이 상기되었으며, 무엇이 삭제되었는가를 검토한다. 이 작업은 전후 일본에서 '모든 전몰자의 상징'이 될 수 있는 공간이 성립하기 어려웠다는 점을 부각한다.

이에 반해서 원폭 돔이나 평화기념공원, 우라카미浦上성당, 평화기념상, 마부니摩文仁 전적지 등 히로시마, 나가사키, 오키나와를 둘러싼 '기억의 공간'은 어떻게 만들어졌는가? 여기에 전후 사회의 변용이나 미디어의 역학이 어떻게 관여했는가? 제2장 「히로시마, 나가사키－'피폭 흔적'의 정치학」 및 제3장 「오키나와·마부니－'전적지戦跡地라는 미디어'의 성립과 변용」에서는 이들 문제에 대해서 논한다.

제2부 「문화의 역학 — 대중문화와 사자의 정념」에서는 주로 대중문화에서 '사자의 정념'이 어떻게 다루어지는지에 대해 검토한다. 제4장 「영화 〈들불野火〉 — '난사難死'와 '조소嘲笑'의 후경화」는 이치카와 곤市川崑 감독의 영화 〈들불〉1959을 다루어, 오다 마코토小田実가 말하는 가해와 난사難死, 군의 조직적 병리를 미디어 문화 안에서 다루게 된 사회적 배경에 대해서 고찰한다. 제5장 「영화 〈군기는 똥구덩이 아래에〉 — 계속해서 뒤집히는 '예상'」에서는 후카사쿠 긴지深作欣二 감독의 영화 〈군기는 똥구덩이 아래에軍旗はためく下に〉1972를 풀어나가면서, 사자의 분노와 '유족에 대한 배려'가 서로 받아들여지지 않는 점을 검토하고, 편안한 '사자'의 이야기로 은폐되는 '기억을 둘러싼 인의仁義 없는 싸움'을 묘사한다. 그 다음에 제6장 「쓰루미 슌스케鶴見俊輔와 카운터 크라임counter crime의 사상 — '준법順法'에 대한 의심」에서는 2015년에 서거한 쓰루미 슌스케의 전쟁체험론에 주목해서 전중파戰中派 세대의 회한悔恨과 '우등생'적인 사고방식에 대한 비판에 대해서 검토한다. 이는 〈들불〉이나 〈군기는 똥구덩이 아래에〉에 떠오르는 '감명感銘의 거절'로도 이어지는 것이다.

제3부 「사회의 역학 — '무난함'의 전경화와 현대」에서는 기존의 논의를 바탕에 두면서 큰 목소리로 '계승'이라는 말을 외치는 현대 사회를 되묻고자 한다. 구체적으로는 제7장 「가고시마·지란 — '평화의 고귀함'과 탈역사화의 현대」에서 전후 초기부터 현대에 이르는 지란知覧특공 전적지가 구축되는 과정을 부감俯瞰하고, '위령'과 '평화'라는 '무난함'에 의해서 무엇이 은폐되어 있는가, 또한 이러한 '무난'한 서사는 어떠한 사회적

배경에 의해서 생성되었는가를 고찰한다. 제8장「'위령제'의 담론 공간과 '히로시마'-'무난함'의 정치학」에서는 2016년에 있었던 오바마 미국 대통령의 히로시마 방문을 염두에 두면서, 현대의 '평화'라는 서사가 무엇을 불문에 부치고 무엇을 망각시키고 있는가를 논한다. 제9장「'단절'의 풍화와 미디어 문화-'계승'의 욕망을 묻는 시선」에서는 지금까지의 논점을 전체적으로 조감하면서 근래의 영화나 전적 관광에서의 '무난함'에 대해서 고찰하고, '계승'이라는 욕망이 과잉했기에 현대의 '단절'을 직시하지 못하는 사회 상황을 비판적으로 검토할 것이다.

그리고 에필로그「포스트 전후 70년'과 '전쟁'을 둘러싼 물음」에서는 이상의 논점을 중심에 두면서, 전후 1970년대 이후의「전쟁(의) 사회학」의 과제와 전망에 대해서 논할 예정이다.

공간의 역학

'기억의 장소' 구축과 괴리

제 1 장

야스쿠니신사, 지도리가후치

'야시로社' 와 '유골' 의 투쟁

전후戰後 일본에서는 다양한 전쟁 유적이 만들어져 왔다. 히로시마広島라면 평화기념공원이나 원폭 돔, 오키나와전沖縄戰 관련이라면 마부니摩文仁 전쟁 유적과 히메유리탑ひめゆりの搭, 특공特攻에 관한 것이라면 지란특공평화회관知覽特攻平和會館 등이 바로 떠오를 것이다. 그러나 이들이 특정 지역이나 전투에 국한된 전쟁 유적인 데 비해 '일본의 전몰자' 전체를 상징하는 것으로 사회적으로 널리 수용되고 있는 것은 찾아보기 어렵다.

굳이 말하자면 야스쿠니신사와 지도리가후치 전몰자 묘원千鳥ヶ淵戰没者墓苑을 들 수 있다. 야스쿠니신사는 메이지明治 이후의 '국사國事로 순직한 전몰자'를 모시는 추모 시설이며, 지도리가후치 전몰자 묘원은 아시아·태평양전쟁에서 '유족에게 인도할 수 없는 전몰자의 유골'[1]을 안치하기 위해 설립된 묘소이다. 하지만 이들이 '일본의 전몰자'를 상징하는 것으로 널리 수용되고 있다고 말하기는 어렵다.

마부니와 히로시마·평화기념공원이라면 매년 위령의 날이나 원폭 피해일에 공적인 위령 식전이 거행되고 있으며, 지역 미디어도 이에 맞추어 다양한 특집 기획을 편성하고 있다. 지란특공평화회관을 보더라도 관광 가이드북에서 크게 다뤄지고 있어 일반 관광객뿐만 아니라 수학여행 방문도 적지 않다. 그리고 인접한 특공평화관음당特攻平和観音堂에서 열리는 위령제는 지역소식지에서 매년 크게 다뤄져 왔다. 공적인 위령 식전과 미디어 표상이 겹치면서, 이들은 '지역의 전쟁 기억의 상징'으로 성립해 왔다.[2]

---

1   財団法人千鳥ヶ淵戦没者墓苑奉仕会 編, 『千鳥ヶ淵戦没者墓苑創建五〇年史』, 2쪽.
2   이들이 전쟁 유적으로 발견·구축되는 프로세스에 대해서는 졸저 『「戦跡」の戦後史―

〈그림 1-1〉 야스쿠니신사(1965년경)

　　반면 야스쿠니신사는 A급 전범 합사 문제와 총리·관료의 공식 참배
여부를 놓고 논쟁이 끊이지 않고 있다. 지도리가후치 전몰자 묘원은 마
치 논쟁이 과열되는 야스쿠니신사의 그림자에 가려지듯이 그 존재가 사
회적으로 주목받는 경우는 적다. 공적인 위령제 식전도 거행되고는 있지
만, 주최는 정부가 아니라 후생노동성厚生勞動省, 2000년까지는 후생성이다. 그리
고 그 식전의 보도는 눈에 띄지 않아서 미디어·이벤트로 성립하고 있다
고는 말하기 어렵다.

　　그렇다면 '일본의 전몰자'를 상징하는 장場의 불성립은 과연 전후 초

せめぎあう遺構とモニュメント』(岩波現代全書, 2015)를 참조.

기부터일까. 만약 거기에 변용이 보인다면 어떤 사회적 배경이 관련되어 있었던 것일까.

이 장은 이러한 물음을 염두에 두면서 야스쿠니신사와 지도리가후치 전몰자 묘원의 전후사를 확인하고, '일본 전몰자 전체를 상징하는 장'이 사회적으로 성립하기 어려운 상황이 어떻게 만들어졌는지를 검토한다.[3]

---

3   야스쿠니신사사에 관한 연구에는 많은 축적이 있다. 주요한 것으로는 村上重良, 『慰霊 と招魂』, 岩波新書, 1974; 大江志乃夫, 『靖国神社』, 岩波新書, 1984; 小堀桂一郎, 『靖国 神社と日本人』, PHP新書, 1998; 田中伸尚, 『靖国の戦後史』, 岩波新書, 2002; 赤澤史朗, 『靖国神社』, 岩波書店, 2005; 國學院大學硏究開発推進センター 編, 『招魂と慰霊の系譜 ―「靖国」の思想を問う』, 錦正社, 2013; 保阪正康, 『『靖国』という悩み』, 中公文庫, 2013 등을 들 수 있다. 2000년대의 야스쿠니 문제를 윤리학과 내셔널 아이덴티티론, 포스트 콜로니얼 연구의 관점에서 되묻은 것으로는 高橋哲哉, 『靖国神社』, ちくま新書, 2005가 있다. 지도리가후치 전몰자 묘원에 대해서는 유골수집사업사를 다룬 浜井和史, 『海外 戦没者の戦後史』, 吉川弘文館, 2014가 그 1부에서 지도리가후지 전몰자 묘원의 설립과 정을 다루고 있다. 그리고 伊藤智永, 『奇をてらわず―陸軍省高級副官美山要蔵の昭和』, 講談社, 2009는 미야마 요조(美山要蔵) 일기를 단서로 하면서 후생성 원호국 차장을 지낸 미야마 요조의 전후 반생을 그리고 그 속에서 야스쿠니신사의 존속과 지도리가후 치 전몰자 묘원의 설립을 둘러싼 관계자의 움직임을 주의 깊게 기술하고 있다.
이 장은 이들 선행연구를 참조하면서 야스쿠니신사와 지도리가후치 전몰자 묘원의 알 력에 착안하여 유골의 아우라를 띤 '무명전몰자의 묘'와 종교시설의 야스쿠니신사가 각각 왜 국민적인 '전쟁의 기억'을 상징할 수 있는 것이 되지 않았는지에 대해 고찰한다. 야스쿠니신사와 지도리가후치의 묘원에 언급하고 있는 것으로는 赤澤史朗(2005)와 伊藤智永(2009)를 들 수 있다. 이들 연구는 관계자의 동향과 정치과정 등이 실증적으 로 검증되고 있는 한편 야스쿠니신사와 지도리가후치 묘원이 '일본의 전몰자'의 '기억 의 장'의 (불)성립에 어떻게 관련되어 있는지를 논의하는 것이 아니다. 이 장은 두 선행 연구에 시사를 얻으면서 '일본의 전몰자'를 기억하는 전쟁 유적이 왜 사회적으로 널리 수용되지 못했는지를 역사사회학적으로 검증한다.

1. 고유의 사자死者를 마주하는 장

전몰자의 야시로社

1869년 메이지유신 시기 관군 측 전몰자를 모시는 장소로 도쿄초혼사東京招魂社가 창건되었다. 이것이 야스쿠니신사로 개칭된 것은 1879년이며, 동시에 별격관폐사別格官幣社가 되었다. 이후 청일·러일전쟁, 만주사변, 중일전쟁, 태평양전쟁 등 대외전쟁 전몰자들이 모셔졌다.

관폐사官幣社가 역대 천황·황족 등을 모시는 반면 별격관폐사는 구스노키 마사시게楠正成를 모시는 미나토가와신사湊川神社 등 천황의 '충신'을 제신으로 하는 신사의 사격社格이었다. 별격관폐사 중에서 야스쿠니신사의 서열은 제신의 죽은 해와 창건 시기에 따라 종전終戰 시점에서 봤을 때 28개 별격관폐사 중에 16위별격관폐사로 되었을 당시 10개 별격관폐사 중 최하위로 결코 높은 것은 아니었다.[4] 하지만 제사 때는 지방장관地方長官이 칙사勅使로 나가는 다른 관폐사·별격관폐사와 달리 천황 혹은 궁내성宮內省 칙사가 참배했다.[5] 별격관폐사 중에서는 이례적인 특별한 대우를 받았다.

관할 관청 또한 다른 신사와는 달랐다. 일반 신사는 내무성內務省 신사국神社局, 후에 신기원(神祇院) 관할하에 있었지만, 전몰자를 모시는 야스쿠니신사는 육해군陸海軍이 관리했다.[6] 필연적으로 군과의 관계는 밀접했다. 특히 전시기의 야스쿠니신사는 활황活況을 보였다.

---

4   村上重良, 『慰霊の招魂』, 岩波新書, 1974, 113~114쪽.
5   靖国顕彰会 編, 『靖国』, 1965, 44쪽.
6   위의 책, 43쪽; 村上重良, 앞의 책, 129쪽.

난징 함락1937.12 때의 봉고제奉告祭는 많은 참배객이 방문하여 예대제
例大祭와 같이 붐볐다. 태평양전쟁 개전 직후인 1942년 1월 1일에는 일반
참배객 수가 89만 명에 달했다. 그 후에도 전몰자 초혼제招魂祭와 함께 싱
가포르 함락과 난인蘭印, 네델란드령 동인도 항복 등의 봉고제가 거행되었는데
그때마다 많은 참배객이 방문했다.[7]

야스쿠니신사의 적요감寂寥感

그러나 종전에 따라 야스쿠니신사를 둘러싼 환경은 크게 변화했다.
1945년 12월에 GHQ연합국최고사령부가 발표한 신도지령神道指令으로 야스
쿠니신사뿐만 아니라 국가신도國家神道 전체의 존립 기반이 부인되었다.

문부성文部省 종교국宗教局이 아닌 내무성야스쿠니신사의 경우는 육해군의 관할
하에 있던 신사는 '종교가 아니다'라는 해석이 이루어져, 일본제국 헌법
하에서는 다른 종교에 우월한 위치에 있었으며 신교神敎의 자유의 범위
밖에 놓여 있었다.[8] 조치上智대학 학생들의 야스쿠니신사 참배 거부 사건
은 이를 여실히 보여주는 것이었다.

1939년 봄에 열렸던 임시대제臨時大祭에는 도쿄 시내의 각 학교의 학
생·학생이 배속 장교 또는 교원에 인솔되어 참배했지만, 조치대학의 일
부 학생은 신앙상의 이유로 참배를 거부했다. 군과 문부성은 사태를 중
대시했고 군은 배속 장교를 대학에서 철수시키는 태도를 보였다. 배속

---

7   小川原正道, 「靖国神社問題の過去と現在」, 『近代日本の政治』, 法律文化社, 2006, 241
     ~242쪽.
8   靖国顕彰会 編, 앞의 책, 49쪽.

장교가 없으면 군사 교련을 못하기 때문에 대학생에게 허용되던 징병 유예 조치가 적용되지 않게 된다. 이는 곧 대학의 존망과 관련된 것이었다. 문부성은 신사참배가 종교 행위가 아니라 교육상의 행위이며 애국심과 충성의 표현이라는 공식 견해를 보이고, 야스쿠니신사를 비롯하여 국가 신도의 타 종교에 대한 우월적 지위를 보여주었다.[9]

신도지령은 정교분리의 원칙을 철저히 하는 것을 목표로 신사신도神社神道에 대한 국가 및 관공리官公吏에 의한 지원·보전·감독 등의 금지, 공적인 재정 원조의 금지, 신기원내무성 외국(外局)의 폐지, 공립 교육기관에서의 신도 교육의 금지 등을 내세웠다.[10]

덧붙여 야스쿠니신사를 관리하고 있던 육해군이 1945년 12월에 폐지되어 제1·2 복원성復員省을 거쳐 후생성 복원국復員局으로 개편·축소되었다. 이러한 상황에서 야스쿠니신사는 GHQ에 '군국주의 신사'로 경계를 받으면서도 1946년 9월 단일 종교법인으로 인정받았다.

하지만 그렇다고 존속을 낙관할 수 있는 상황은 아니었다. 국가신도 시대에 공법인公法人으로서 국유지였던 신사의 경내는 대부분 무상으로 양도되었지만, 야스쿠니신사 및 지역의 전몰자를 모시는 호국신사護國神社에 대해서는 샌프란시스코강화조약 조인 후 1951년 9월까지 양도가 보류되었다.[11] 야스쿠니신사 측은 '국유지는 경내로서 절대 양도하지 않는다'라는 GHQ의 '강한 의사표시'를 감지하고, '직원을 비롯한 관계자

9   村上重良, 앞의 책, 168~169쪽.
10   田中伸尚, 『靖国の戦後史』, 岩波新書, 2002, 11쪽.
11   大江志乃夫, 『靖国神社』, 岩波新書, 1984, 38쪽.

〈그림 1-2〉 종전 직후의 야스쿠니신사 제1도리이(鳥居) 앞(1945)

들은 종교법인으로 있으면 일단 안심이라고 생각한 것도 잠시, 역시 최악의 경우 해체되는 것은 아닌지 걱정이 깊어져 살얼음판을 걷는 심정이었다'라고 한다.[12]

필연적으로 야스쿠니신사 운영은 어려움을 겪었다. 종전 전에는 육해군 각 100명에 가까운 전임자를 두고 합사合祀 사무가 이루어져 왔지만, 전후에는 그러한 사무체제를 취할 수 없었고 1953년 시점에서도 합사 사무 전임자는 10명이 채 되지 않았다.[13] 야스쿠니신사의 기관지『사보 야스쿠니社報靖国』1953.4.10에는 종전 직후의 일을 회상하면서 "종전으로

12 高原浩一(靖国神社宣徳部長・禰宜),「靖国神社戦後30年の歩み」,『社報靖国』, 1975.6.1, 5쪽.
13 「完遂には全国的な支持を期待」(「特集合祀問題解説」),『社報靖国』, 1953.4.10.

외지外地의 연락이 끊기고 육해군의 해체, 점령하 여러 사정으로 합사의 제1단계인 조사를 계속하기가 우선 어려워졌다"라고 기술하고 있다.[14]

전전戰前 시기와 같은 야스쿠니신사의 붐비는 모습도 볼 수 없게 되었다. 『도쿄신문東京新聞』 문화부 기자였던 안도 쓰루오安藤鶴夫는 1945년 가을날 오후에 야스쿠니신사를 방문했을 때의 소감을 다음과 같이 썼다.

넓은 야스쿠니신사 경내에 어디를 보아도 사람 하나 없었다. 나는 바로 얼마 전까지의 일을 생각하면, 순식간에 그 똑같은 야스쿠니신사가 이렇게 변해버린 것 같아 갑자기 기분이 나빠져서 잠시 멈춰 서서 뒤를 보았다.

뒤에도 전혀 사람의 그림자가 없다. 당황해서 넓은 경내 안을 빙글빙글 둘러보아도 역시 사람이라고 하면 나밖에 없다. (…중략…)

3시, 4시, 5시 — 그러니까 대략 3시간 가까이 나는 사무실의 열린 창문으로 경내가 확실히 시선 속에 들어오는 곳에서 취재하고 있었지만, 그 사이 전혀, 누구 하나 지나가지 않았다.

돌아가는 길에 미야케드宅 씨사무소 직원에게 매일 이렇게 아무도, 이제 야스쿠니신사에 참배하는 사람은 없습니까, 하고 물었더니 네, 뭐, 그렇군요, 하고 말했다.

혼자, 또 자갈을 밟고, 신전社殿에 머리를 숙여 절을 했다. 아무도 없어서 누구에게도 거리낌 없이 울었다. 결국에는 목소리가 나와, 그것이 통곡이 되었다.[15]

---

14 「合祀は今も行はれてゐる―戦後の合祀」,『社報靖国』, 1953.4.10.
15 安藤鶴夫,「歳月」(1967.8),『わたしの東京』, 求龍堂, 1968, 113~116쪽.

안도 쓰루오는 같은 문장 속에서 "그러고 보니 전쟁이 끝나고 1년 정도의 시간 동안 자주 나는 그런 뭐라고 말할 수 없는 고독감에 사로잡혔다. 하지만 이때의 야스쿠니신사 때만큼 심한 고독감은 없다"[16]라고 말하고 있다. 종전 직후의 야스쿠니신사 상황을 여실히 보여주는 한 문장이다.

유족과 사자의 대화

하지만 그 한편 야스쿠니신사의 사두社頭는 유족과 전몰한 혈육이 대화를 나누는 장소이기도 했다. 전후 7년 정도의 시기가 지났지만,『사보 야스쿠니』1953.1.15에는 젊은 나이에 전몰한 아들의 어머니가 그 생각을 죽은 아들에게 애절하게 이야기하는 다음과 같은 편지가 담겨 있다.

> (쇼와) 18년 9월 6일 헤어지고 나서, 7년 만에 (전몰한) 아버님을 만나 뵙게 되어 분명 산더미 같은 이야기를 어느 것부터 이야기해야 할지 모를 것입니다. (…중략…) 동생은 형 이야기를 하면 눈물이 글썽거리고 그리워하며 아버지는 형을 정말 만날 수 있을까 하고 꿈을 꾸는 듯한 얼굴로 생각에 잠깁니다.
>
> 시즈오静夫, 정말 아버님과 만날 수 있는 거지요. 많은 이야기하고, 어머니에게도 전해주세요. 기대하고 있겠습니다. 그리고 건강하세요. 이제 눈물이 나서 쓸 수가 없습니다. 이만 작별하겠습니다. 안녕히 계세요.
>
> 10월 17일 밤 엄마로부터[17]

---

16 위의 책, 114쪽.
17 「母の声 子の声」,『社報靖国』, 1953.1.15.

이 편지는 게재를 염두에 두고 쓴 글이 아니다. 어디까지나 죽은 사람에게만 쓴 편지로 어머니가 야스쿠니에 참배했을 때 새전함에 그것도 야간에 몰래 넣은 것이다. 유골조차 돌아오지 않은 전몰자는 적지 않았다. 그래서인지 어머니로서는 야스쿠니신사가 죽은 아들과 대화할 수 있는 유일한 장소였는지도 모른다.

또한 히로시마에 거주하는 노령의 아버지는 "야스쿠니신사에서 대면하고 싶은 생각으로 가득했지만, 이제는 해를 거듭하여 92세, 기차 여행도 불가능해 만날 수 없는 너에게 한마디 전하고 싶다"라고 적고, 전몰자 앞으로 "유복자로 태어난 아이"의 성장을 담은 편지를 야스쿠니신사에 보냈다.[18] 이것도 『사보 야스쿠니』에 게재된 것이지만, 가족의 근황을 전몰자에게 전하는 편지가 야스쿠니신사에 보내져 있는 상황에서 유족에게 야스쿠니의 위상을 알 수 있다. 그래서 야스쿠니신사는 어디까지나 죽은 자와 극히 사적인 대화를 가능하게 하는 장소이기도 했다.

당시는 종전 직후의 시기와 달리 이미 GHQ의 점령도 종결되어 "지방에서 먼길을 상경하는 유족의 참배는 (…중략…) 격증하고 있었으며, 특히 올해는 전몰자 유아遺兒 참배의 증가가 두드러져 한 달에만 22건 5,460명에 이르는" 상황도 볼 수 있었다『사보 야스쿠니』, 1952.10.1. 하지만 야스쿠니신사가 떠들썩함을 되찾고 있는 한편 죽은 자와의 사적인 대화에 조용히 잠기는 유족도 볼 수 없는 것은 아니었다.

그래서인지 당시의 『사보 야스쿠니』를 읽어보면 죽은 자를 공적으로

---

18 「遺族の声—故哲市の霊に告ぐ 広島・父より」, 『社報靖国』, 1953.4.10.

현창하려고 하는 기술은 의외로 적다. '호국의 방패'와 같은 찬사는 대체로 적고, 극히 사적인 관계성에 닫힌 대화가 눈에 띈다. 앞에서 언급한 히로시마에 거주하는 아버지의 편지에는 "국가의 꽃으로 산화한 고귀한 수백만의 영혼", "조국 일본의 재건이 하루라도 앞당겨지기를"이라고 하는 기술도 볼 수 있지만, 그것은 예외적인 기술이다. 어디까지나 글의 중심은 사적인 근황에 관한 기술이다.[19] 야스쿠니신사는 공적인 '영령현창'을 드높이 외치는 곳이라기보다는 오히려 유족과 죽은 자가 조용히 사적인 대화를 가능하게 하는 장이었다.[20]

'전쟁비판', '책임추궁'과의 친화성

더 말하면 『사보 야스쿠니』에 거론된 유족들의 수기 중에는 전쟁비판과 책임추궁으로 이어지는 것도 적지 않다. 어느 전몰자 유아는 야스쿠니신사에 참배했을 때의 생각을 다음과 같이 적고 있다.

아버지가 돌아가신 후 지금까지 풍족했던 생활도 점점 힘들어졌습니다. 별로 몸이 좋지 않은 어머니가 불쌍했습니다. (…중략…) 저는 이런 어머니를 보면 항상 아버지가 계셨으면 좋겠다는 생각이 들 때가 종종 있습니다. 아버지

---

19 위의 책.
20 전후 초기의 야스쿠니신사가 후년과는 달리 순국 찬미와 '대동아전쟁'의 적극적인 긍정과는 다른 것이었던 것에 대해서는 赤澤史朗(2005)의 연구에서도 지적되고 있다. 거기에서의 논의는 이 장을 생각하는 데 있어서 깊은 상상력을 불러일으키는 것이었지만, 이 장에서는 이 책과는 달리 '평화주의'였는지 아닌지를 축으로 담론을 분석하지는 않는다. 물론 여기서는 고유의 죽은 자와의 사적으로 닫힌 대화가 의식되고 있었는지, 아니면 죽은 자를 공적인 '호국', '순국'의 맥락으로 규정하는 것이었는지에 주목한다.

도 분명 우리를 걱정하며 돌아가셨을 것임에 틀림없습니다. 또 아버지가 계셨으면 우리도 얼마나 행복했을까 하는 생각을 한 적이 종종 있습니다. 이것도 저 무서운 전쟁 때문입니다. 다시는 전쟁 같은 것이 없기를 바랍니다.[21]

또 다른 전몰자 유아도 "전쟁 때문에 소중한 아버지를 잃고 지금은 슬프게 생각하고 있습니다", "아버지만 있으면 가족은 즐겁게 살 수 있다고 생각합니다"라고 적었다.[22]

여기에 떠오르는 것은 사적인 생활이 파괴된 상황과 그 때문에 찾아내게 되는 전쟁비판이다. "다시는 전쟁 같은 것이 없기를 바랍니다", "아버지만 있으면 가족은 즐겁게 살 수 있습니다"라는 기술에는 '대동아전쟁大東亞戰爭'을 '성전聖戰'으로 평가하는 논리가 보이지 않는다.

한 중학생은 유아참배단遺兒參拜團의 대표로서 1954년 10월 31일에 아래의 문장을 "야스쿠니신사 신전 깊숙이 나아가 무슨 소리 하나 없는 조용한 신전 안에서 목소리를 떨면서 애틋하게"[23] 읽어내려갔다.

이런 모습으로 돌아오다니 아버지 바보, 왜 신 같은 것이 되어버렸어. (…중략…) 나는 전쟁만큼 싫은 것이 없다고 생각합니다. 저의 착한 아버지와 많은 친구의 아버지와 오빠들까지 빼앗아 일본의 평화를 어지럽힌 것이 아닙니까. 이 지구상에 전쟁 같은 것이 없었다면 얼마나 좋을까요, 나는 가끔 이런 생각

---

21 「特集 遺族の声」, 『社報靖国』, 1952.10.1.
22 위의 책.
23 「遺児の声─捧げ奉る切々の願ひ」, 『社報靖国』, 1955.2.1.

을 합니다. 장례식이 끝난 다음 날부터 다시 우리의 힘든 생활이 시작되었습니다.[24]

다시 말하지만, 위의 글들은 야스쿠니신사의 기관지인 『사보 야스쿠니』에 게재되어 있던 문장들이다. 그것은 곧 '대동아전쟁' 비판과 당시 야스쿠니신사 사이에 일정한 친화성親和性이 있었음을 보여주는 것이다.

다른 전몰자의 유아는 "저, (출정한 아버지의) 죽음의 소식이 전해졌던 그때야말로 우리 평생 잊을 수 없는 정말 서글픈 마음이었습니다", "곧바로 누나는 학교를 자퇴하고 가업에 힘썼고, 그 사이 저도 졸업해 겨우 매일의 생활은 '개미' 걷듯이 지냈습니다. 아버지의 죽음과 함께 계모는 집에 있는 돈을 가지고 나가 버렸습니다. 지금 생각하면 뭐라고 말할 수 없는 기분입니다"라고 적고 있다.[25] 전쟁이 가져온 곤궁한 생활의 가혹함과 가족의 붕괴가 그려져 있다.

같은 기술은 그 밖에도 볼 수 있다. 중학교 2학년인 어느 전몰자의 유아는 다음과 같은 작문을 썼다.

집 안에서는 형과 어머니가 싸워서 내가 사이에 끼어 어쩔 줄 몰라 죽을까 생각한 적이 몇 번이나 있었습니다.

어머니는 아버지가 전쟁에 나가자마자 일을 해야 해서 여동생을 업고 숯을 2섬도 3섬도 짊어졌기 때문에 척수에 손상이 생겨 일하러 가지 않고, 영

---

24 위의 책.
25 「特集 遺族の声」, 『社報靖国』, 1952.10.1.

양에도 신경 써야 하고, 주사도 맞아야 해서 돈이 많이 들기 때문에 어머니는 기분이 좋지 않습니다. 그때는 무료 의사가 있었으면 좋겠다고 생각합니다.[26]

여기에서도 전쟁에 따른 가족의 붕괴에 더해 사회보장이 미흡해서 빈곤에 빠질 수밖에 없는 사회계층의 존재가 두드러지고 있다. 이 유족은 심지어 "전쟁을 시작한 사람을 이렇게자신과 같은 처지로 만들고 싶다고 생각한 적은 여러 번 있었습니다. 또 이웃 사람들에게 바보 취급을 당하거나 갈 곳이 없습니다"라고 적었다. 전쟁이 시작된 것에 대한 증오와 그 책임을 묻으려는 자세가 이 글에는 드러난다.

이러한 논의는 『사보 야스쿠니』의 논설에서도 볼 수 있다. 『사보 야스쿠니』1953.8.1 칼럼 「세이토靖濤」에는 "합사 통지는 그나마 위안이 될지언정 죽은 사람은 다시 돌아오지 않는다면, 이제 다시 이 합사 통지가 없는 세상이 되기를 바랄 뿐이다"[27]라고 기술되어 있다. 거기서 전쟁 수행을 반드시 긍정하지 않는 자세를 엿볼 수 있다. 영령 현창과 유족에 대한 합사 통지는 어차피 위안밖에 안 된다는 기술이 그 사실을 여실히 말해주고 있다.

재군비와 야스쿠니신사

이들의 배후에는 재군비를 둘러싼 정치 상황이 있었다. 이미 한국전쟁 발발1950.6로 맥아더 지령 아래 경찰예비대가 창설되었고, GHQ 점령이

---

26   위의 책.
27   「靖濤」, 『社報靖国』, 1953.8.1.

끝나고 얼마 되지 않은 1952년 10월에는 보안대로, 2년 후에는 자위대로 확충되었다. 그러면서 헌법 개정 움직임도 두드러지기 시작했다. 1952년 5월에는 미국 해군 장관이 "육해군을 가질 수 있도록 헌법을 개정해야 한다"라고 일본 정부에 요청했고, 1953년 4월 총선에서는 하토야마 이치로鳩山一郎 파벌 자유당이 헌법 개정과 재군비를 공약으로 내걸었다.

이런 상황은 국민 사이에 또다시 전쟁 피해에 휘말릴 것이라는 불안감을 조성했다. 특히 징병제가 시행되는 것에 대한 우려는 컸다. 일본전몰학생기념회日本戦歿学生記念會는 1952년부터 1954년까지 징병제 반대 서명운동을 벌여 약 30만 명의 서명을 받았다. 또한 『세카이世界』1952.5에서는 「평화헌법과 재무장 문제平和憲法と再武装問題」가 특집으로 다루어졌고, 『가이조改造』는 「위협할 수 있는 일본 – 재군비인가 미일조약 반대인가脅える日本 – 再軍備か日米条約反対か」를 주제로 내건 증간호를 1952년 10월에 발행했다.

『사보 야스쿠니』의 지면에서도 재군비에 대한 위화감과 같은 것을 종종 볼 수 있었다. 『사보 야스쿠니』1952.7.1의 「6년째의 미타마마쓰리6年目のみたままつり」라는 제목의 기사에는 다음과 같은 내용이 있다.

행사가 아무리 성대하게 거행된다 하더라도 바로 그 뒤에서 다시 전쟁이 얼굴을 내밀고 있으면 돌아가신 분들의 영혼도 안심할 수 없을 것이다. 이런 성대한 행사를 치르면서 신 앞에서는 저런 전쟁 피해가 이제는 오지 않도록 계속 기도해야 하는 모순은 슬픈 일이다. 마쓰리의 즐거움이 그대로 평화를 구가歐歌하는 그런 시대로 빨리 가고 싶다고 생각한다.[28]

같은 문장 안에는 "(야스쿠니신사에 모셔져 있는 분은) 전쟁의 참화를 가장 깊이 체험하신 분들이었고, 그래서 평화를 가장 열렬히 염원하시는 분이었는데"[29]라고 적혀 있다. '저런 참화'로 전몰한 죽은 자들의 죽음의 허무감과 함께 '다시 전쟁이 얼굴을 내밀고' 있는 상황에 대한 우려가 엿보인다. 앞에서 칼럼 「세이토」『사보 야스쿠니』, 1953.8.1의 '이제 다시 이합사 통지를 필요로 하지 않는 세상이 되었으면 좋겠다'라는 기술도 재군비와 개헌의 문제가 논단을 떠들썩하게 하는 상황을 생각하면 적지 않은 독자들에게는 재군비에 대한 위화감을 상기시키는 기술이었을 것이다.

그런 의미에서 당시의 야스쿠니신사는 지난날의 전쟁 수행을 전면적으로 긍정하고 죽은 자를 '호국의 방패'로 현창하는 점에서는 다소 먼 곳에 있었다. 오히려 야스쿠니는 전쟁비판이나 재군비 비판과도 접속해 때로는 책임추궁에도 논의가 미치는 경향조차 보였다. 물론 노골적인 '반전反戰'의 정치주의政治主義를 내세우지는 않았지만, 그런 만큼 유족들은 야스쿠니를 앞에 두고 고유의 육친을 잃은 슬픔에 잠길 수 있었을 것이다. 야스쿠니는 많은 얼굴이 보이지 않는 죽은 자를 공적으로 현창하기보다는 얼굴이 보이는 고유의 죽은 자를 잃은 사적인 비통을 상기시키는 장소였다. 그 때문에 전쟁비판과 책임추궁이 미미하지만 논의되는 장소였다. 재군비에 대한 거리감도 이런 정념情念에서 비롯되었다.

---

28 「6年目のみたままつり」,『社報靖国』, 1952.7.1.
29 위의 글.

'사私'의 후경화後景化와 '공公'의 전경화前景化

그러나 1950년대 후반에 이르러 분노한 유족들의 정념은 『사보 야스쿠니』에서 그다지 찾아볼 수 없게 되었고, 대신 '호국'이나 '순국殉國의 지정至情'과 같은 공적인 이야기가 전경화하게 되었다. 『사보 야스쿠니』 1955.6.15의 「어머니의 목소리 아들의 목소리母の声 子の声」 지면에는 "우리 유아도 아버님의 전사를 하나의 명예로 느낄 정도로 마음도 차분히 가라앉아 있습니다"[30]라는 전몰자 유아의 글이 보인다. 『사보 야스쿠니』 1957.12.15에는 누마즈시沼津市의 전몰자 유아 대표에 의한 「맹세의 글誓いの辞」이 실려 있는데, 그 안에는 "공을 위해 목숨을 바쳐 일해주신 아버님의 마음을 이어받아 평화로운 살기 좋은 사회를 만드는 일원으로서 나는 드디어 각오를 새로이 하고 노력할 것을 다짐합니다"[31]라는 문장이 있다.

『사보 야스쿠니』 1959.4.15에는 「자라나는 유아들のびゆく遺児たち」이라는 제목의 유아작문특집遺児作文特集이 편성되어 있는데, 거기에는 "아버지들이 쌓은 명예로운 공적을 훼손하는 일이 없는 일본 국민으로서 나라를 위해 최선을 다할 생각입니다"[32]라는 전쟁 시기에 보였을 표현을 볼 수 있다.

거기에는 고유성을 띤 죽은 자의 미련에 연연하기보다는 죽은 자 속에 '명예로운 공적', '하나의 명예'를 이해하고 그것을 공적으로 자리매김하려는 자세가 나타나고 있었다. 죽은 자의 현창이 전경화되면서 사적 고유성은 후경後景으로 물러나 거기에서 유리遊離한 상징적이고 공적인

---

30   「母の声 子の声」, 『社報靖国』, 1955.6.15.

31   加藤喜子, 「誓ひの辞」(「遺児の声」欄), 『社報靖国』, 1957.12.15.

32   高橋義昌, 「遺児一同を代表して」, 『社報靖国』, 1959.4.15.

이야기가 전면에 나타나고 있다. 이에 따라 전쟁비판의 원념怨念 같은 것은 눈에 띄지 않게 되었다.

이러한 변화는 전몰자 유아 작문에 그치지 않는다. 『사보 야스쿠니』 1959.3.15의 칼럼 「세이토」에는 다음 문장이 적혀 있다.

일본의 신사는 본래 역사적으로 사회 공공성을 많이 가지고 있지만, 특히 야스쿠니신사에는 그 공공적인 성격이 현저하게 짙다. 그 사람의 종교, 종파를 넘어 모두 일본인으로서, 일본국의 위급존망危急存亡을 위해 목숨을 걸고 국운에 돌아가시는 분을 나라 스스로 말하자면 국가의 의지로서 제사하여 오늘에 이르고 있기 때문이다.

따라서 야스쿠니신사 참배자는 특정 신앙을 추구하거나 또 특정 현세 이익을 지향하는 것이 아니라 오로지 국민으로서 순국 영령에게 감사의 기도를 드리는 사람들이다. 이 감사의 마음은 전 국민의 야스쿠니신사에 대한 관심으로 이어지고 있다.

이에 대응하여 온 국민이 한결같이 우러러보는 이 구단자카우에九段坂上의 위령의 재장齋場, 제사 지내는 장소을 둘러싼 모든 움직임을 전국적으로 소개하는 것이 이 잡지의 사명일 것이다.[33]

예전 같으면 '합사 통지는 적어도 위로일 수는 있어도, 죽은 사람은 다시는 돌아올 수 없는' 허망함과 '이런 성대한 행사를 치르면서, 신 앞에

---

33 「靖壽」, 『社報靖国』, 1959.3.15.

서는, 저런 참화가 이제는 오지 않기를 계속 기도해야 하는 모순'이『사보 야스쿠니』속에 드러나고 있었다. 하지만 1950년대 말에도 그 모순이나 허무함은 '순국 영령에 대한 감사의 기도', '일본국의 위급존망을 위해 목숨을 걸고 국운에 돌아가신 분들'과 같은 영령상英靈像에 의해 덮이게 된다. '특정 신앙을 추구하거나 특정 현세 이익을 목표로 하는 것이 아니'라고 강조하는 것에서 분명히 전전 시기의 사회적 지위로의 회귀를 목표로 하려는 의도가 엿보인다.

그렇다면 이러한 변화의 배경에는 무엇이 있었을까.『사보 야스쿠니』나아가 야스쿠니신사는 왜 사적 고유성을 띤 죽은 자의 상기想起에서 공적·상징적 현창의 언사로 역점을 바꿨을까. 그 요인 중 하나로 들 수 있는 것은 합사 작업의 어려움이었다.

2. 합사의 곤란

임시대초혼제臨時大招魂祭

1945년 11월 야스쿠니신사는 쇼와천황昭和天皇이 참석한 가운데 임시대초혼제를 거행하고 항복문서에 조인한 날까지의 모든 전몰자를 초혼하여 성명 미상인 채 일괄 합사했다. 이는 극히 이례적인 일이었다.[34]

원래는 전몰자 개개인의 전몰에 이르는 상황을 조사하고 합사 기준

---

34   田中伸尚, 앞의 책, 9쪽; 赤澤史朗, 앞의 책, 35쪽.

에 합치하는지를 판정한 후 제신 명부인 영새부靈璽簿를 천황에게 상주上奏하여 재가裁可를 거쳐 그 영혼을 신전에 모시고초혼제, 다음날 합사제를 지내는 절차를 밟았다.

그러나 중일전쟁·태평양전쟁의 전몰자 수는 방대하여 조사에 정신이 아찔해질 정도의 시간과 경비가 필요한 것은 분명했다. 더구나 야스쿠니신사를 주관하고 전몰자 기록을 관리하는 육해군의 해체는 불가피한 상황이었다. 위기감을 품은 육군이 "군 해산 전에 중일전쟁·대동아전쟁 등으로 사망한 영령에 대해 군으로서 마지막 봉사를"[35] 하려는 의도에서 거행한 것이 이 임시대초혼제였다. 다만 성명과 전몰시기 등은 알지 못해 영새부에 기재되지 않았고, 따라서 영새부에 초혼한 영혼을 신체神體, '거울', '검'로 옮기는 합사제는 거행되지 않았다.[36]

이후 조사에서는 성명 등이 밝혀진 약 27,000명에 대해서는 1946년 4월에 합사제가 거행되었고, 같은 해 8월 말에 유족에게 합사통지장을 보냈다.[37] 그러나 그 이후 새롭게 판명된 전몰자 합사제를 1946년 가을로 예정하고 있었는데, GHQ에 중지 명령을 받아 '합사통지장 발송도, 그동안의 사정을 공표하는 것도 금지'되었다.[38] 점령군은 이후 합사 통지 절차가 중지되고 비공개로 '영새봉안제靈璽奉安祭'를 지내는 데 그쳤다.[39]

---

35   靖国神社 編, 『靖国神社百年史 資料篇上』, 靖国神社, 1983, 69쪽.

36   田中伸尚, 앞의 책, 9쪽; 赤澤史朗, 앞의 책, 35쪽.

37   靖国神社 編, 앞의 책, 281쪽; 「遂に発送さる 待望の合祀通知状」, 『社報靖国』, 1953.8.1.

38   「遂に発送さる 待望の合祀通知状」, 『社報靖国』, 1953.8.1; 靖国神社 編, 앞의 책, 292쪽.

39   赤澤史朗, 앞의 책, 52쪽.

영령에 혹사당하는 야스쿠니

GHQ 점령이 종결되자 야스쿠니신사는 공공연히 합사제를 거행하고 유족에게도 합사 통지장을 발송할 수 있게 되었다. 하지만 그런데도 합사 관계 업무의 어려움은 계속되었다.

말할 것도 없이 중일전쟁·태평양전쟁의 전몰자 수는 그 이전의 수와 비교해 방대했다. 따라서 그들의 성명·사망일 등을 밝히고 합사 통지장을 유족에게 발송하려면 많은 경비가 필요했다. 『사보 야스쿠니』1953.1.15 에는 이 문제에 대해 다음과 같이 서술하고 있다.

앞에서 말한 바와 같이 전시기에 충분한 경비와 인력으로 이루어진 합사도 연간 약 4만 주가 한도였다. 무려 200만 주에 이르는 이번 전몰자 중 미합사 170만 주를 가령 연 10만 주씩 합사한다고 해도 20년 가까운 세월이 필요하다. 반면 전임 직원은 10명이 채 안 돼 이 이상 증원은 신사 현재의 경제라면 어렵다. 이미 합사된 분들에 대한 통지장 발송에만도 1억 가까운 경비가 필요한데 여기에 일상적인 제전祭典, 전쟁 피해나 낡은 곳이 많은 신전, 경내 복구와 병행하는 것은 연간 예산 5천만 엔인 신사의 독자적인 힘으로는 도저히 어려운 일이다.[40]

170만 정도의 미합사자에 대한 합사 통지 발송료는 물론 조사와 합사 작업명단 작성 등을 신속히 진행하려면 막대한 경비가 필요했다. '영령'의

---

40 「合祀は今も行はれてゐる」, 『社報靖国』, 1953.1.15.

수가 급증한 데 따른 경제적 대응의 어려움이 여실히 기록되어 있다.

직원들의 작업량이 많은 것도 사실 가혹했다. 당시의 야스쿠니신사 노동의 가혹함에 대해서는 『사보 야스쿠니』1952.7.1의 논설 「야스쿠니신사 현상과 장래」에서 다음과 같이 상세히 서술되었다.

(예대제 거행에 덧붙여) 일상 끊임없이 계속해 나가야 하는 큰 문제로 150만 주에 달하는 제신 유족에 대한 통지장 발송이라는 일이 있다. 이들 산적한 여러 문제에 대해 직원 수는 현재 50명 정도, 연간 3천만 정도의 예산으로는 더는 증원이 어렵다. 그렇다고 해도 산적한 여러 문제를 처리해 나가기 위해서는 전 직원의 노력이 유감없이 발휘되어야 한다. 그 때문에 하계 2개월을 제외하고는 토요일 반휴도 없고, 야근, 일요일 출근 등 불규칙, 과로 근무가 계속되므로 건강을 해치는 경우도 많아 현재 5명의 장기요양 또는 요주의자가 나오고 있다. 이것을 유슈칸遊就館을 빌려 사용하고 있는 부국생명富國生命, 전시기의 부국징병생명보험과 비교하면, 이 회사 종업원 약 200명 중 2명만이 요주의자인 것에 반해 얼마나 과로하고 있는지를 짐작할 수 있을 것이다. (…중략…)

문제는 개별 직원의 신상身上에만 있는 것이 아니라 이런 복무가 언제까지 계속될 수 있느냐는 것이다. 업무량에 대해 최소한도 게다가 예산상은 최대한도의 인원이라면 한 명 쓰러지더라도 사무는 정체되는 것이고, 또 유족숭경자遺族崇敬者 모든 분의 처우에 대해서도 충분히 할 수 없다면 현 직원이 최대의 노력을 하고 있다는 것만으로는 해결되지 않을 것이므로, 거기에 국가의 힘으로 충분한 관리를 해야 하는 것이 아닌가 하는 문제도 생길 것 같다.[41]

전술한 바와 같이 종전 전에는 육해군 각 100명에 가까운 전임자에 의해 합사 사무가 이루어져 왔지만,[42] 당시에는 야스쿠니신사 직원 모두 합쳐도 50명이 채 되지 않아 합사 작업을 전담하는 직원은 10명도 되지 않았다.『사보 야스쿠니』, 1953.1.15 이들에 의해 전몰자 조사와 '150만 주에 달하는 제신 유족에 대한 통지장 발송'을 분담했다고 해도 '토요일 반휴半休도 없고, 야근, 일요일 출근 등 불규칙적 과로 근무가 계속되어' 많은 사람이 '건강을 해치는 일'이 발생했다. 장기요양이 필요한 사람이 유슈관을 임대해 영업하고 있던 부국생명에서는 전체 종업원의 1%였던 데 비해 야스쿠니신사는 10%에 달했다. 노동환경의 가혹함을 엿볼 수 있다.

1953년 가을에는 임시조사부가 발족하여 총 150명의 직원이 배치되었는데[43] 합사해야 할 전몰자 수를 고려하면 작업량이 방대하다는 점은 변함이 없었다. '업무량에 대해 최소한도 게다가 예산상으로는 최대한도 인원이라면 한 명 쓰러지더라도 사무는 정체되는 것이고, 유족 숭경자 모든 분의 처우에 대해서도 충분히 할 수 없다'라는 표현에는 합사해야 할 영령에게 혹사당하는 야스쿠니신사의 모습이 비쳐 보인다. 혹은 총력전에 대한 부적응을 볼 수도 있을 것이다.

또 유족에게 합사 통지를 발송하려고 해도 전후 유족의 거주지를 특정하는 것은 상당히 어려웠다. 1946년 8월에 발송한 합사 통지는 그중 3분의 1이 이사불명으로 반송되었다. 야스쿠니신사 궁사宮司 쓰쿠바 후지

---

41 「靖国神社「現状と将来」—国の手をはなれて六年 慎重要するお社のあり方」, 『社報靖国』, 1952.7.1.
42 「特集 合祀問題解説」, 『社報靖国』, 1953.4.10.
43 「臨時調査部発足」, 『社報靖国』, 1953.10.10.

마로筑波藤麿는 1953년 문장에서 "(쇼와) 21년에 드린 합사 통지의 3분의 1이 유족들의 거주지 불명의 이유로 반송되어 온 사실에 판단하면 정확하게 유족에게 전달하는 것이 얼마나 어려운지를 생각하게 합니다"라고 한탄했다.[44]

헌법의 정교분리 규정도 전몰자와 유족 조사를 진행하는 데 큰 걸림돌이 되었다. 쓰쿠바 후지마로는 앞의 문장에서 "다행히 작년에 정부에서 실시되었던 유족실태조사는 최근의 유족 주소를 아는 데에 하나의 단서가 되겠지만, 신도국가분리 법률이 있는 이상 과연 이용할 수 있을지 의문이 들지 않을 수 없습니다"[45]라고 서술하고 있다. 『사보 야스쿠니』1953.1.15에도 "우선 합사 조사 자료이다. 이들 자료는 각 부현세화과府縣世話課, 제2복원第二復員 잔무처리부殘務處理部, 각 지방 복원잔무처리부 등의 조사에 의한 사망공보에 근거하는데, 이 차용에 대해서는 정교분리 정책이 큰 장애가 되고 있다"[46]라고 기록되어 있었다. 정교분리로 인해 전몰자와 유족 주소 파악의 어려움이 엿보인다.

1950년대의 국가호지國家護持 문제

이러한 가운데 전경화하게 된 것이 야스쿠니신사의 국영화를 요구하는 움직임이었다. 『사보 야스쿠니』1956.4.1에는 합사 작업의 어려움과 국영화 요구의 관계에 대해 다음과 같이 기술되어 있다.

---

44   筑波藤麿, 「昭和二十八年元旦 年頭にあたりて」, 『社報靖国』, 1953.1.15.
45   위의 글.
46   「合祀は今も行はれてゐる」, 『社報靖国』, 1953.1.15.

합사를 몇 년 안에 완수하기 위해서는 수억의 비용이 듭니다. 야스쿠니신사의 재력으로는 어떻게 할 수 없습니다. 그래서 봉찬회를 결성하여 국민 여러분의 영령을 생각하는 마음에 호소하여 정재淨財를 모으는 노력도 하고 있습니다. 하지만 아무리 노력해봐도 그 조직을 만드는 것이 쉽지 않습니다. 결국에는 국비를 기다리는 것이 가장 좋은 방법이라는 결론이 내려졌고, 국비로 하루라도 빨리 합사해달라는 요구가 나오는 것도 지극히 당연한 일입니다. 원래 순국의 영을 모시기 위해 나라가 시작한 야스쿠니신사이기 때문에, 점령하라면 어쨌든, 독립한 이상 먼저 영령 합사를 끝마치게 하는 것은 전쟁의 뒤처리로서 당연한 일입니다.[47]

합사 작업에 따른 작업량과 방대한 경비가 국비에 의한 신사운영 요구로 이어지고 있음을 알 수 있다.

그리고 『사보 야스쿠니』에서 '순국', '호국의 방패'와 같은 추상적인 언사가 늘어나는 데에는 이러한 배경이 있었다. 앞 절에서 언급했듯이 과거 야스쿠니신사는 유족이 고유의 죽은 자와 사적인 대화를 나누는 장이기도 했지만, 1950년대 중반 이후에는 '나라에 목숨을 바쳐'와 같은 공적이고 추상적인 죽은 자의 이야기가 두드러지는 경향을 보였다. 그것은 기이하게도 야스쿠니신사의 합사 작업이 크게 지체되어 국비로 운영을 요구하려는 움직임과 겹치게 되었다. 국영화를 정당화하기 위해 '순국의 영을 모신다'라는 점이 강조되는 것은 어찌 보면 필연적인 일이었다.

---

47 「御遺族各位に訴える!! 合祀は一日も早く国の手で しかし靖国神社を変へてはならない」,『社報靖国』, 1956.4.1.

야스쿠니와 국가호지의 괴리

그러나 원래 야스쿠니신사와 국영화·국가호지는 전시기에도 반드시 친화적인 것은 아니었다. 아카자와 시로赤澤史朗의 연구에 따르면 군 관할 하에 있던 야스쿠니신사에서는 육해군 군인이 군을 대표하여 예대제 등 의 제식을 주관하고 있어 신직神職에게는 그 권한이 충분히 주어지지 않 았다.[48]

또한 우지코총대氏子總代, 숭경자총대는 '제신과 가장 밀접한 관계가 있는 군인으로 하는 것이 지당하다'라는 것이 육군의 주장이었는데, 그것은 '유족'이 아닌 '군인'만이 우지코총대에 취임할 수 있다는 것을 의미했다. 다이쇼大正 말기에는 다른 신사와 마찬가지로 내무성으로 이관하려는 움 직임도 있었지만, 육군대신陸軍大臣은 앞의 견해를 내각회의에서 밝히고 내무성 이관에 저항했다.[49]

이에 대해 당시 궁사 가모 모모키賀茂百樹는 '이관은 오히려 신사 장래 를 위해 좋은 결과를 얻을 수 있는가'라며 내무성 이관에 호의적인 태도 를 보였다. 아카자와 시로가 지적하듯이 이것은 "야스쿠니신사의 육해군 성 관리는 군인 교육에는 도움이 되지만, 그로 인해 오히려 '일반 국민'과 의 유대가 약해지고 있다는 이해에 근거한" 것이었을 것이다.[50]

애초 야스쿠니신사는 유족을 널리 받아들이는 것도 아니었다. 예대 제 등 제전祭典에 정식 참배할 수 있는 사람은 군과 국가의 대표자뿐이고

---

48   赤澤史朗, 앞의 책, 19쪽.
49   위의 책, 21쪽.
50   위의 책.

유족들은 거기에서 배제되었다. 전전 시기에는 유족이 합사제에 참석하는 것조차 허용되지 않았다. 유족에게 허락된 것은 영새부제신명부를 싣고 초혼재정招魂斎庭에서 본전으로 향하는 오하구루마御羽車를 어둠 속에서 배례하고 배웅하는 것과 제전이 끝난 뒤 승전참昇殿参拝뿐이었다.[51]

다시 말하면 야스쿠니신사에 합사하는 것은 유족으로부터 죽은 자를 빼앗는 것이기도 했다. 전기 야스쿠니신사 궁사였던 육군 대장 스즈키 다카오鈴木孝雄, 패전 시 총리였던 스즈키 간타로(鈴木貫太郎)의 친동생는 「야스쿠니신사에 대해서靖国神社について」『개행사기사(偕行社記事)』, 1941.10 수록라는 제목의 강연에서 합사제의 흐름을 언급하면서 이렇게 말했다.

이 초혼장招魂場에서의 제사는 인령人靈을 그곳으로 초대한다. 이때는 사람의 영혼입니다. 일단 여기서 합사 보고제를 거행합니다. 그리고 본전에서 제사를 지내면 그곳에서 비로소 신령이 되는 것입니다. 이것은 잘 생각하지 않는다고 하면, 특히 유족분들은 그것을 생각하지 않으면 언제까지나 자신의 아들이라는 생각이 있어서는 안 된다. 내 아들이 아니라 신이라는 생각을 해주셔야 하는데 인령도 신령도 별로 구분을 하지 않는다는 생각이 여러 정신 방면으로 잘못 나타나는 것이 아닌가 하는 생각이 듭니다.[52]

국가나 군에 의해 관리되는 야스쿠니신사에 죽은 자가 모셔져 인령에서 국가적인 신령이 된다는 것은 죽은 자가 유족의 손에서 빼앗긴다는 것을 의미하고 있었다.

국영화에 대한 망설임

이러한 과거의 상황에 대한 위화감도 있었기 때문인지, 점령 종결 후에도 잠시 국영화에 대해 신중한 자세를 보였다. 『사보 야스쿠니』[1952.7.1]에는, 「야스쿠니신사 '현상과 장래' — 국가의 손을 떠난 지 6년, 신중을 요하는 신사 본연의 자세靖国神社「現状と将来」—国の手をはなれて六年 慎重要するお社のあり方」라는 제목의 논설이 게재되어 있다. 거기서 "야스쿠니신사는 본래 국가가 관리해야 하며, 그것으로 돌아가기 위해서는 현재가 가장 좋은 시기인 것처럼 생각되기 쉽다. 그러나 문제는 그리 단순하지도 않을 것 같다"[53]라고 하며 다음과 같이 말했다.

> 탁상에서 생각할 수 있는 새로운 양식으로는 이해할 수 없는 깊은 연결고리가 유족과 야스쿠니신사 사이에는 이루어져 있다고 보아야 하며, 무종교적 형식 또는 각종各宗 공동관리적인 것으로는 '야스쿠니신사'를 따르는 심정은 충족되지 않을 것이다. 그렇다면 야스쿠니신사가 국가 관리로 옮겨지는 경우는 어디까지나 현재 그대로 신사의 형식이어야 한다.[54]

여기서 염두에 두고 있는 것은 새 헌법의 정교분리 규정이다. 야스쿠니신사가 국가 관리 하에 놓인다면 당연히 요구될 수 있는 종교성 배제

---

51   위의 책, 20쪽.

52   鈴木孝雄,「靖国神社に就いて」,『偕行社記事』, 1941.10, 11쪽(靖国神社偕行文庫所蔵).

53   「靖国神社「現状と将来」—国の手をはなれて六年 慎重要するお社のあり方」,『社報靖国』, 1952.7.1.

54   위의 글.

에 대해 미리 견제가 이뤄지고 있다. '탁상에서 생각할 수 있는 새로운 양식'에 대한 불쾌감이 그 사실을 말해주고 있었다.

그러나 흥미로운 것은 헌법을 개정하여 '현재와 같은 형태의 국가 관리'에 들어가는 것을 결코 바람직하다고 생각하지 않는 점이다. 『사보 야스쿠니』에는 이어서 다음과 같이 적혀 있다.

그러나 지금의 헌법을 개정해 현재와 같은 형태로 국가 관리로 돌아간다면 어떤 결과를 가져올 것인가.

오늘 신문지상 등에서 전하는 복고조 또는 역코스라는 표현에는 상당히 과장도 있고 예상을 벗어난 시각도 있는 것은 분명하지만 강화조약에 의해 일본이 어느 한 입장으로 급속히 정리되고 있다는 것, 그에 따라 정부의 답변이 어떻게 되든 현재 상황은 재군비로 향하고 있다는 것, 또한 그 시기를 눈앞에 두고 유족연금 문제, 상이자傷痍者 처우 문제, 군인 은급 부활, 유해 발굴 문제, 위령제 등 일련의 정책이 거론되어왔다는 것이 무엇을 의미하는지는 오늘날 국민 사이에서는 상식이 되고 있다고도 할 수 있다. (…중략…)

이러한 정세 속에서 회사가 국가 관리로 옮겨졌다면 다른 문제들과 마찬가지로 재군비 또는 다시 전의고양戰意高揚의 도구가 되지 않을 것이라고 누가 보증할 수 있을까.[55]

여기에는 앞에서 말한 재군비에 대한 염려와 위화감이 있다. 점령 종

---

55 위의 글.

결 후 군인 은급과 유족연금이 부활하면서 재무장도 가속화되고 있었다. 이것들은 '역코스'로 불리며 전시기로의 회귀를 보이는 움직임으로 우려되었다. 야스쿠니신사도 이러한 사회 상황을 경계하여 '재군비 또는 다시 전의고양의 도구'로 여겨지는 것을 피하려고 했다.

같은 논설에서는 나아가 '현 상황에서 즉시 국가 관리에 들어간다는 것은 앞서 언급한 바와 같이 전쟁 재해를 반복하는 방향으로 한 걸음 나아가는 계기가 될 수 있다고 한다면 현재 유족들의 슬픔을 다시 한번 반복하게 되어 긍정할 수 없을 것이다. 어쨌든 현재와 같은 정세 하에서 나오는 국가 관리에는 신중해야 할 것으로 생각된다'[56]라고 서술하고 있다. 국영화됨으로써 야스쿠니신사가 재군비와 새로운 전쟁 수행을 위해 이용되고 그 결과 '유족의 슬픔을 다시 한번 반복하는' 일이 될 수도 있다. 이러한 상황에 항거하려는 자세가 점령 직후의 『사보 야스쿠니』에 명확하게 보였다.

망설임의 소실

하지만 1950년대 후반이 되면 '재군비 또는 다시 전의고양의 도구'로 여겨지는 것에 대한 우려는 보이지 않게 되어 야스쿠니신사를 개편하지 않고 국영화해야 한다는 주장이 강하게 주장하게 된다.

앞서 언급했듯이 『사보 야스쿠니』1956.4.1에는 '결국은 국비로 하는 것이 가장 좋다', '순국의 영혼을 모시기 위해 국가가 시작한 야스쿠니신사

---

56 위의 글.

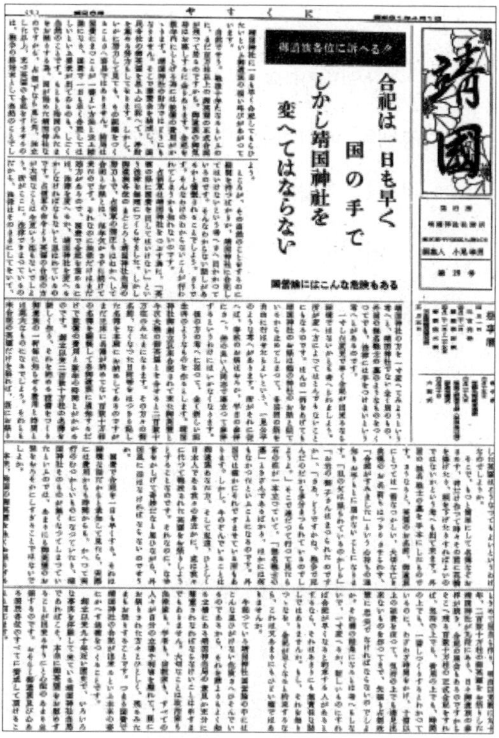

靖国

御遺族各位に訴える!!

合祀は一日も早く 国の手で しかし靖国神社を 変へてはならない

国営論にはこんな危険もある

〈그림 1-3〉 국영화를 호소하는 『사보 야스쿠니』, 1956.4.1

이므로 점령하라면 다르지만 독립한 이상 먼저 영령의 합사를 마치게 하는 것은 전쟁의 뒤처리로서 당연하다'라고 기술되어 있었다. 무엇보다 거기에는 '국영론에는 이런 위험도 있다'라고 하며, 국영화에 의해서 야스쿠니 신사의 본연의 자세에 변경을 강요당하는 것에 대한 염려가 서술되어 있다. 그러나 과거와 같은 재군비나 전쟁 수행에 이용될 것이라는 우려는 언급되지 않았다. 이 글의 말미 가까이에 "중요한 것은 정치인도 법률가도 학자도 종교인도 모든 사람이 자신의 입장이나 이해를 떠나서 이미 모셔진 분들과 똑같이 남아 있는 영혼도 모시는 것입니다. 즉 국비로 야스쿠니 신사의 합사가 가능한 본래의 모습으로 돌아가는 법률을 만드는 것입니다"라고 쓰여 있다.[57] 이 논설의 제목은 「합사는 하루빨리 국가의 손으로 그러나 야스쿠니신사를 바꿔서는 안 된다」이지만, 그것은 취지를 단적으로 표현한 것이었다.

---

57 「御遺族各位に訴える!! 合祀は一日も早く国の手で しかし靖国神社を変へてはならない」, 『社報靖国』, 1956.4.1.

그렇다면 왜 1950년대 후반에 이르러 '야스쿠니신사를 바꾸지 않는 형태의 국영화론'이 전경화하면서 재군비와 다시 전쟁에 대한 우려가 후경으로 물러난 것일까.

이점을 고려할 때 1950년대 중반부터 구상이 구체화하기 시작한 '무명전몰자의 묘'의 움직임을 살펴볼 필요가 있다.

3. '무명전몰자의 묘'와 '야시로'의 부조화

'무명전몰자의 묘' 구상

패전에 따라 많은 유골이 일본 본국으로 송환되었다. 전장에서 돌아온 귀환자가 가져온 유골은 1950년 1월에 미군으로부터 필리핀 전선 전몰자의 유골 4,822구가 송환되었다. 또한 샌프란시스코강화조약 발효 1952.4.28를 계기로 후생성의 유골수집사업도 개시되어 후생성 관할청과 이치가야市ヶ谷 청사廳舍에는 임시 안치 유골이 증가하고 있었다.

유족에게 전달할 수 있는 것은 그와 같은 준비가 이루어졌으나 전몰자 유족 중에는 성명이 밝혀지지 않거나 유족이 불분명해 전달할 수 없는 것도 적지 않았다. 유골수집사업이 오키나와沖縄·이오토硫黄島섬에서 뉴기니아, 필리핀, 버마·인도 방면으로 확대되면서[58] 유골은 갈수록 누적되었고 후생성 임시 보관장소도 협소해졌다.

---

58   千鳥ヶ淵戦没者墓苑奉仕会 編, 『千鳥ヶ淵戦没者墓苑創建三十年史』, 1989, 4·89쪽; 厚生省 編, 『続々·引揚援護の記録』(復刻版), クレス出版, 2000, 229쪽.

〈그림 1-4〉 지도리가후치 전몰자 묘원(1963년경)

　이런 상황에서 일본유족회와 일본종교연맹日本宗教連盟, 해외전몰자 위령위원회海外戰沒者慰靈委員會 등이 전몰자 묘소 건립에 대해 회의를 열고 1953년 11월 의견서를 정부에 제출했다.[59] 제3차 요시다 내각吉田内閣은 같은 해 12월 11일 내각회의를 열어 "유족에게 인도할 수 없는 전몰자의 유골을 안치하기 위해 국가는 '무명전몰자의 묘소'를 건립하기로"[60] 결정했다. 지도리가후치 전몰자 묘원의 창설은 이것에 유래한다.

　그러나 내각회의 결정부터 묘원 준공1959.3까지는 5년에 가까운 세월이 걸렸다. 거기에는 건설 장소 선정 등 여러 문제가 얽혀 있었지만 가장 큰 요인은 야스쿠니신사와의 관계였다.

59　千鳥ヶ淵戦没者墓苑奉仕会 編, 앞의 책, 4쪽.
60　国立国会図書館調査立法考査局 編, 「「無名戦没者の墓」に関する件」(1953.12.11 閣議決定), 『靖国神社問題資料集』, 国立国会図書館, 1976, 223쪽.

야스쿠니신사의 초조감

『사보 야스쿠니』1954.3.1에는 「야스쿠니신사와 무명전사의 묘靖国神社と 無名戦士の墓」라는 제목의 특집이 편성되어 있는데, 거기에서는 앞의 내각 회의 결정을 언급하면서 '무명전몰자의 묘'에 대한 위화감이 이상과 같 이 적혀 있다.

인수 유족이 없는 유골의 봉안시설은 만들어야 하지만 그것과는 다른 외국 무명전사의 묘소 같은 것, 즉 전몰자 전체의 위령과 추억의 시설을 지금 만들 필요가 있는가. 필요하다고 하면 종래에는 그런 시설이 없었다는 것인가. 패 전까지 그 시설로서 야스쿠니신사가 있었다는 사실은 아무도 부정하지 않을 것이다. 문제는 현재의 야스쿠니신사가 그렇지 않다고 생각하는 점에 있는 것 같다.[61]

거기에 떠오르는 것은 전몰자 추도의 대표적인 시설의 지위를 '무명 전몰자의 묘'에 빼앗길 수 있다는 것에 대한 위기감이다. 이런 우려는 국 회에서도 자주 논의되었다. 일본유족회 부회장이며 중의원 의원인 자민 당 아이자와 간逢沢寛은 1956년 12월 28일 특별위원회중의원 해외동포 인양 및 유 가족 원호에 관한 조사특별위원회에서 일본유족회의 의견을 대변하는 형식으로 다 음과 같이 말하고 있다.

---

61 「靖国神社と無名戦士の墓」,『社報靖国』, 1954.3.1.

일본유족회의 의견은 무명전몰자의 묘지 건립에 반대하는 것이 아니라 물론 찬성이지만 묘지의 성격에 대해서는 몇 가지 의문이 있다. 그것은 야스쿠니 신사에 대한 신앙의 대상이 양분화되는 것 아니냐는 것이다. 야스쿠니신사에 대해 국가가 아무런 조치도 취하지 않았는데도 8만 수천 구의 무명전몰자 묘 지에 대해서는 국비를 들여 호지해 나간다. 한편 극소수에는 국비를 지출해 서 따뜻한 손길이 뻗치는데 본체인 야스쿠니신사에는 아무런 조치가 취해지 지 않는 것에 매우 불안을 느끼고 있다.[62]

아이자와 간은 또한 지난달 다른 위원회에서도 "야스쿠니신사 자체 국가 관리가 안 되기 전에 무명전사의 묘소를 국가가 만들어 관리한다면 지금은 전사자 유족이 있어 야스쿠니신사에 참배하지만, 머지않아 참배 자도 적어지고 풀이 자란다"라고 발언했다.[63] 정교분리에 따라 국가 관리 를 떠난 야스쿠니신사가 국립 전몰자묘원이 건립됨으로써 사회적 지위 를 더욱 떨어뜨릴 수 있다는 우려가 엿보인다.[64]

62　国立国会図書館調査立法考査局 編,「衆議院 日ソ共同宣言特別委員会(昭和31年 11月 24日)」, 앞의 책, 48쪽.

63　国立国会図書館調査立法考査局 編,「衆議院 海外同胞引揚及び遺家族援護に関する調 査特別委員会」, 앞의 책, 46쪽.

64　비슷한 것은 각지에 건립된 충혼비에 대한 야스쿠니신사의 언급 속에서도 찾아볼 수 있 다. 점령하에서는 충령탑이나 충혼비의 건설은 억제되어 기존의 것이라도 학교 등 공공 장소에서의 이전이 강요되거나 공무원이나 수장이 그 신분으로 식전에 참석하는 것이 금지되어 있었다. 하지만 점령 종결 후에는 충령탑·충혼비 신규 건설이 잇따랐다. 이 러한 움직임에 대해『사보 야스쿠니』는 "일부에는 선거운동에 이용된 경향도 상당한 듯 하고 계획이 없이 빈발하는 위령제, 건비(建碑) 계획 때문에 유족의 경제적, 정신적 부 담이 증가하여 그 반발을 불러일으키는 예도 있다"(1953.10.10), "(전국적인 전몰자 위 령탑을 세우자는 운동은) 야스쿠니신사에 의식적으로나 무의식적으로 관계없는 형태

'무명의 유골'의 한정성

이런 가운데 야스쿠니신사가 주장한 것은 "'무명의 유골'은 결코 전몰자 전체를 상징하지 않는다"라는 논리이다.

지도리가후치 전몰자묘원의 유골의 평가에 대해서는 지도리카후치 전몰자 묘원의 개설에 관여한 미야마 요조美山要蔵, 인양원호 차장, 종전시 육군대신 관방부관는 "대동아전쟁으로 돌아가신 130만 전몰자의 표징적表徵的인 유골을 안치하고 있다"[65]고 말했다. 또한 중의원 의원인 민사당의 우케다 신키치受田新吉는 1964년 2월 21일의 예산위원회 제1분과회에서 "무연의 유골이라는 것뿐만 아니라 각 전역에서 죽은 영령 전체의 상징적인 묘지로 이해해도 되는 것 아닌가"라고 말했고, 그에 대해 후생성대신 관방국립공원 부장은 "말씀하신 것과 매우 가까워지고 있는 것은 사실이다"라고 인정했다.[66] '무명의 유골'은 수집된 전투 지역 혹은 전몰자 개인의 고유성을 넘어 전체 전몰자를 상징하는 것으로 파악되고 있었다.

그러나 야스쿠니신사의 주장은 이것에 정면으로 이의를 제기하는 것이었다. 『사보 야스쿠니』1954.3.1에 게재된 앞의 특집 「야스쿠니신사와 무

를 취하고 있는 것 같다. (⋯중략⋯) 어쨌든 이 경우는 계획자의 사상, 종교 등의 반영이 짙다"(1954.3.1)라고 기술하는 등 충령탑 건설운동에 대한 불쾌감이 적혀 있다. 이 점에서도 전몰자 추도・현창을 둘러싸고 야스쿠니신사를 대체할 수 있는 존재에 대한 초조함을 볼 수 있을 것이다.

65 「千鳥ヶ淵戦没者墓苑 創立の由来のはなし(1)」, 『千鳥ヶ淵』, 1973.2.1. 집필자란에 'Y・M'이라고 되어 있는데, 종전 시 육군대신 관방부관을 지냈고, 전후에는 인양원호국 차장을 지낸 미야마 요조의 손에 의한 것으로 보인다.

66 중의원 예산위원회 제1분과회(1964.2.21)에서의 우케다 신키치(민사당) 및 이마무라 조(今村讓, 후생성대신 관방국립공원부장)의 발언. 인용은 国立国会図書館調査立法考査局 編, 앞의 책, 54쪽.

명전사의 묘」에서는 그것이 다음과 같이
쓰여 있다.

〈그림 1-5〉 '무명전사의 묘'에 대한 경계감
(『사보 야스쿠니』, 1954.3.1)

(무명·무연의 유골은) 전체 전몰자 입장에
서 보면 일부 유골이다. 따라서 이러한 일
부 유골을 봉안하는 묘소에 별항別項과 같
은 모든 전몰자를 표징하는 시설이어야
할 외국의 '무명전사의 묘'를 갑자기 적용
하려고 하니 혼란스러운 것은 당연하다.
(…중략…) 야스쿠니신사의 영새부처럼
구체적인 명부를 첨부하는 것이 자연스
럽게 되어 있는 종래의 사고방식에서 말하면 이런 묘소를 곧바로 전체적인
의미의 '무명전사의 묘'라고 칭하는 것은 국민감정과 전혀 다른 곳에서의 창
작이 되는 것이 아닐까.[67]

인수되지 않은 유골은 어디까지나 이름이 밝혀져 유족에게 전달된
것을 제외한 '일부 유골'일 뿐이다. 따라서 '무명의 유골'이 모든 전몰자
를 상징하는 일은 있을 수 없다. 야스쿠니신사가 '무명의 유골'에서 본 것
은 모든 전몰자를 대표할 수 없는 한정성이었다.
1956년 12월 30일 특별위원회에서도 아이자와 간은 "무명전사의 묘

---

67 「靖国神社と無名戦死の墓」, 『社報靖国』, 1954.3.1.

는 유골 수납소이다. 수납소의 묘표墓標로 건설하여 결코 야스쿠니신사와 대립하지 않겠다는 생각이라고 배찰拜察하지만, 그것이 틀림없는가"라는 질문에 후생대신 고바야시 에이조小林英三는 "야스쿠니신사의 모습은 국민 전체의 숭경의 대상이며, 전몰자의 묘는 흔히 말하는 무연불無緣佛의 유골이다. 야스쿠니신사의 영혼을 양분하는 일은 조금도 생각하지 않는다"[68]라고 답변하고 있다. 전몰자 묘원은 소관 대신에 의해서조차 누구의 것인지도 모르는 '무연불의 유골'에 불과한 것으로 판단되었다.

베네딕트 앤더슨Benedict Richard O'Gorman Anderson은 『상상의 공동체』 속에서 알링턴 국립묘지Arlington National Cemetery나 트라팔가 광장Trafalgar Square과 같은 '무명전사의 묘tomb of Unknown Soldiers'가 그 무명성無名性 때문에 소름 끼치는 국민적 상상력을 환기하는 것을 다음과 같이 지적하고 있는—"무명전사의 묘와 비, 이처럼 근대 문화로서의 내셔널리즘을 훌륭하게 표상하는 것은 없다. 이 기념비들은 고의로 비어 있는지, 또는 거기에 누가 잠들어 있는지 아무도 모른다. 그리고 바로 그 때문에 이 비석들에 공공적, 의례적 경의를 표한다. (…중략…) 이들 묘에는 누구라고 특정할 수 있는 시체나 불사의 영혼은 없다고는 하지만 역시 소름 끼치는 국민적 상상력이 가득하다".[69] 하지만 지도리가후치 전몰자 묘원의 경우 그것은 해당하지 않는다.

확실히 전몰자 묘원의 관계자들 사이에서는 '무명의 유골'에서 상징

---

68 国立国会図書館調査立法考査局 編,「衆議院 海外同胞引揚及び遺家族援護に関する調査特別委員会(昭和31年 12月3日)」, 앞의 책, 48쪽.

69 ベネディクト・アンダーソン,『増補 想像の共同体』, NTT出版, 1997, 32쪽.

성을 찾아내고, 모든 전몰자 나아가 국민 전체의 전쟁 기억을 상기시키기 위해 구상되었다. 그러나 야스쿠니신사는 이에 강경하게 이의를 제기하며 '무명의 유골'의 한정성을 주장했다. 이는 곧 유골의 아우라가 야스쿠니신사의 존립 기반을 위협할 수 있다는 데에 대한 방어반응이기도 했다. '무명의 유골'이라는 아우라에서 상기된 민족주의는 야스쿠니신사의 영령이 자아내는 민족주의에 의해 부서져 모든 전몰자를 상징하는 것으로 평가받지 못하고 어디까지나 '무연불의 묘'로 머물러 있게 되었다.

이는 지도리가후치 전몰자 묘원에 대한 정부 측의 평가가 모호하다는 점에서도 알 수 있다. 1959년 창건 후 처음에는 정부에 의한 정기적인 배례식拜禮式은 거행되지 않고 묘원 봉사회 주최에 의한 위령제가 춘계나 추계에 거행될 뿐이었다. 1965년 이후에는 춘계에 후생성 주최의 배례식이 매년 열리게 되었지만,[70] 예를 들어 8월 15일을 기해 대대적으로 열리는 미디어·이벤트가 되는 일은 없었다. 아카자와 시로의 지적에도 있듯이 "5천 평 부지를 가지고 있으면서 항상 찾는 사람이 적고, 그 유골은 겨우 수습된 후에도 완전히 버려지고 있다"[71]라고 할 수 있다.

70　「千鳥ヶ淵戦没者墓苑年譜」, 財団法人千鳥ヶ淵戦没者墓苑奉仕会 編, 앞의 책, 89~95쪽.

71　赤澤史朗, 앞의 책, 119쪽. 또한 이 장에서는 야스쿠니신사와 지도리가후치 전몰자 묘원의 알력에 초점을 맞추고 있는데, 양자 사이에는 일정한 연속성도 있었다. '무명전몰자의 묘' 구상에서 중심적인 역할을 담당한 전국유족등원호협의회(나중에 전국전쟁희생자원호회)에는 전시기에 야스쿠니신사 궁사를 지낸 스즈키 다카오(鈴木孝雄)가 고문으로 이름을 올렸다. 또한 후생성 인양원호국 차장으로서 치도리가후치 전몰자 묘원 설립을 위한 조정에 분주했던 미야마 요조는 동시에 유족 원호와 전몰자 합사 사무 작업을 표리일체로 처리하여 1950년대 중반의 야스쿠니신사 합사 지연 문제를 해소하기 위해 노력하고 있었다. 이 점에 대해서는 伊藤智永, 앞의 책, 298·326~329쪽에 자세히 설명하고 있다. 그리고 赤澤史朗(2005)에서도 야스쿠니신사와 지도리가후치의

묘원 장소의 선정

묘원이 건설될 자리를 둘러싸고 야스쿠니신사와 묘원 관계자 사이에 여러 흥정이 있었다. '무명전몰자의 묘'에 강한 거부감을 보였던 야스쿠니신사는 궁여지책으로 신사 부지 내에 건립할 것을 주장했다. 1954년 초에 야스쿠니신사가 인양원호청후생성 인양원호국의 전신에 비공식적으로 제출한 「가칭 무명전사의 묘에 관한 참고의견」에는 다음과 같이 적혀 있다.

야스쿠니신사는 모든 전몰자를 모시는 국민적 시설이므로 '묘'를 건립한다면 가장 관계 깊은 장소로서 야스쿠니신사 관계 지역에 짓는 것이 적당하다고 생각한다. 또한 '영혼'도 유골과 무관한 장소에 따로 모시는 것은 유족과 국민의 신앙이 양분화되어 혼란을 초래할 우려도 충분함에 따라 마찬가지라고 할 수 있다.[72]

'무명전몰자 묘' 건립이 불가피한 이상 스스로 포섭하자는 것이 야스쿠니신사의 의도였다. 하지만 후생성 복원업무부장1954년 4월부터 인양원호국 차

알력을 언급하고 "전국전쟁희생자원호회가 그 건설의 주도권을 잡았을 무렵부터 시설의 목적은 '순국'의 유골을 수납한 것으로서 그 죽음을 찬미하는 것이 된다"(114쪽)라고 지적해 야스쿠니신사와의 연속성을 시사하고 있다. 하긴 인적 연속성이나 그들의 이데올로기에 주목하면 맞는 말인지도 모른다. 하지만 이 장은 관계자의 '사상'이 아니라 야스쿠니신사와 지도리가후치 전몰자 묘원이라고 하는 장소가 사회적으로 어떻게 자리매김 되었는지에 주목하고 싶다. 관계자나 관계 단체를 둘러싼 사상적인 연속성은 간과해서는 안 되지만 그것을 강조해 버림으로써 양자의 사회적인 위치설정의 차이가 잘 보이지 않게 되어 버린다. 덧붙여 伊藤智永(2009)에서는 미야마 요조의 생애에 초점을 맞추면서 양자의 알력과 연속성이 정중하게 서술되어 있다.

장이었던 미야마 요조美山要蔵의 회상에 의하면 신전 뒤의 가미이케神池 연
못 부근의 건립안이 제시되었다고 한다. 그곳은 너무 협소하고, 또한 '정
부가 건립하는 국립 묘소를 일개 종교법인의 신사 경내에 짓는 것에는 동
의할 수 없다는 의견이 정부 위원회의 분위기에 반영되어 결국 이 문제는
실현을 보지'[73] 못했다. '종교단체 관계자들은 각 종교, 종파가 뜻대로 의
식을 치르려면 신사 이외의 땅이 좋다는 의견'이 상당히 강했다고 한다.[74]

　　그렇다 하더라도 메이지 이래의 역사를 가진 야스쿠니신사는 왜 이
렇게까지 신설하는 '무명전몰자의 묘'를 경계했을까. 여기에는 해외 인
사들이 야스쿠니신사 참배를 거부한 것이 관련되어 있었다. '무명전몰
자의 묘' 건립의 내각회의 결정1953.12.11 직전 미국에서 리처드 닉슨Richard
Milhous Nixon 부대통령이 일본을 방문했다. 국빈 초청 시에는 전몰자 묘소
에 가서 경의를 표하는 것이 일반적이며, 그 일환으로 야스쿠니신사 참
배가 예정되어 있었다. 하지만 닉슨은 그것을 거절했다. 그 일이 야스쿠
니신사 관계자를 자극한 것은 상상하기 어렵지 않다. '무명전몰자의 묘'
가 있다면 야스쿠니신사 참배를 거절한 닉슨 부대통령이 그곳에 화환을
바쳤다는 것은 충분히 생각할 수 있다. 반대로 닉슨의 야스쿠니신사 참
배 중지가 '무명전몰자의 묘' 설치에 관한 내각회의 결정을 서두르게 하
는 계기가 되었을지도 모른다.[75]

72　国立国会図書館調査立法考査局 編,「仮称無名戦士の墓に関する参考意見」, 앞의 책,
　　224쪽.
73　美山要蔵,「墓苑の場所選定と名称について」, 財団法人千鳥ヶ淵戦没者墓苑奉仕会 編,
　　앞의 책, 49쪽.
74　千鳥ヶ淵戦没者墓苑奉仕会 編, 앞의 책, 7쪽.

아마도 이를 염두에 두면서 아이자와 간은 지난 특별위원회1956.12.3에서 "외국의 대표자, 외국 사신 등이 일본을 방문했을 때 의례적으로 무명전사의 묘에 참배하는 국제적 관례가 있다. 그러면 2백만의 (야스쿠니신사) 영은 운다. (국립전몰자 묘원에 안장되는) 8만 수천의 영에는 국빈으로 참배하지만, 본가인 200만 영령에게는 참배하지 않는다. 이것이 유족의 걱정이다"[76]라고 발언하고 있다. 국외 인사들이 '무명전몰자의 묘'를 방문함으로써 이들의 경의를 받지 못하는 야스쿠니신사의 사회적 지위가 떨어지는 것이 우려되고 있다.

아이자와 간은 이어서 "당분간은 ─ 만약 외국 사신 등의 개인적인 참배는 막을 수 없지만 ─ 정부 스스로 안내, 초청해서 참배하는 일이 없기를 바란다"[77]고 말했다. 역시 이에 대해서는 후생대신 고바야시 에이조는 "외국 사신이 오셔서 저것무명전몰자의묘이 무엇이냐고 물어봤을 경우, 저것은 소위 무연불의 유골을 모신 무명전몰자의 묘라고 설명하지 않으면 안 되지만, 그럼에도 불구하고 외국 사신이 참배하고 싶다고 하면 이것 또한 못하게 할 처지도 아니다"[78]라고 적당히 받아넘기고 있다.

이러한 여러 가지 알력을 안고 황궁에 가깝고 가야노미야加陽宮 집터이면서 전쟁으로 인해 황무지가 되어 있던 지도리가후치에 묘원이 건립되게 되었다. 준공은 1959년 3월 28일이었다.[79]

75 国立国会図書館調査立法考査局,「靖国神社問題の経過と問題点」, 앞의 책, 19쪽.
76 国立国会図書館調査立法考査局 編,「衆議院 海外同胞引揚及び遺家族援護に関する調査特別委員会(昭和31年 12月3日)」, 앞의 책, 48쪽.
77 위의 글.
78 위의 글.

그러나 거듭 말하지만, 야스쿠니신사에 뿌리를 둔 영령의 내셔널리즘은 '무명의 유골'의 아우라aura에 의거한 전쟁의 기억을 받아들이지 않았다. 그리고 여기에서 살펴본 '아시로'와 '유골'의 투쟁은 결과적으로 야스쿠니신사를 정치주의화 시키게 되었다.

과거 야스쿠니신사는 유족들이 고유의 죽은 자와 사적인 대화를 나누는 장이었다. 그래서 반드시 '순국', '호국' 같은 공적이고 상징적인 언사에 접속하지 않고 오히려 반전이나 재군비·개헌 비판에까지 연결되는 경향이 있었다. 하지만 국립의 '무명전몰자 묘'가 구상되게 되자 '일본 전몰자'의 대표성을 둘러싸고 투쟁이 전개되었다. 이는 영령의 '순국'을 강조할 소지가 되어 때마침 어려움을 겪고 있던 합사 작업에 국비 투입을 큰소리로 외치기에 이르렀다. 사적인 고유성에 닫히는 경향을 보였던 야스쿠니신사는 이리하여 거기에서 따로 떨어져 영령 전반을 동등하게 '호국의 방패'로 현창하는 데 중점을 두게 되었다. 1950년대 중반을 기점으로 한 『사보 야스쿠니』의 전몰자 유아의 작문 변화가 그 사실을 말해준다.

물론 이후에도 사적인 고유성에 젖으려는 유족의 심정이 존재했을 것임은 상상하기 어렵지 않다. 다만 적어도 『사보 야스쿠니』의 편집부는 그러한 글을 게재하지 않고 공적인 '호국'에 중점을 둔 작문을 많이 게재하게 되었다. 그것은 야스쿠니신사의 스탠스의 변화를 시사하는 것이다. 그렇다면 그 후 야스쿠니신사는 어떻게 변화했을까. 아니면 변화가 없었는지. 다음 절에서는 그것에 대해 조망해보고자 한다.

---

79 美山要蔵, 「墓苑の場所選定と名称について」, 財団法人千鳥ヶ淵戦没者墓苑奉仕会 編, 앞의 책, 49쪽; 財団法人千鳥ヶ淵戦没者墓苑奉仕会 編, 「墓苑の創建」, 앞의 책, 4쪽.

4. '야시로'의 정치주의'의 가속

전국전몰자추도식

강화조약 발효 직후인 1952년 5월 2일에 정부 주최의 전국전몰자 추도식이 천황·황후의 참석 아래 신주쿠교엔新宿御苑에서 열렸다. 지도리가후치 전몰자묘원이 개설된 1959년 3월 28일에는 준공식과 함께 추모식도 열렸는데, 이것은 후생성 주최였다. 제2회 정부 주체 전국전몰자 추도식은 1963년 8월 15일 히비야공회당日比谷公會堂에서 거행되었다. 1963년 5월 14일의 내각회의 결정 '전국전몰자 추도식 실시에 관한 건'에 근거한 것이었다.

이듬해 4월 24일의 내각회의에서도 "이번 대전大戰의 전몰자에 대해 거국적으로 추도의 정성을 바치기 위해 정부 주최로 작년에 이어 올해도 8월 15일 히비야공회당에서 천황, 황후 두 폐하의 참석을 받들어 전국전몰자 추도식을 실시한다"[80]라고 결정되었다.

그러나 그로부터 2개월 남짓이 지난 같은 해 7월 9일의 국무회의에서는 "전국전몰자추도식의 실시에 관한 건1964.4.24 내각회의 결정의 일부를 다음과 같이 개정한다"라고 하며 "식장을 야스쿠니신사 경내로 한다"라는 변경이 이루어졌다.[81]

다음날 신문에서 이 일이 크게 보도되자 사회적으로 큰 논쟁을 일으켰다. 기독교연합회는 1964년 7월 16일 자로 내각총리대신 앞으로 조회 서한을 보냈는데, 그 안에는 "지난 7월 10일 『아사히신문朝日新聞』에서 「전몰자추도식의 회의장 문제」 기사를 보고 기독교 신자들은 큰 의혹에

<그림 1-6> 야스쿠니신사에서 열린 전국전몰자추도식(1964.8.15)

휩싸였고, 그 단체들은 격렬하게 동요"하고 있음을 서술하고 있다.[82]

국회에서도 이 일은 문제시되었다. 같은 해 7월 31일의 중의원 사회노동위원회에서 사회당의 하세가와 다모쓰長谷川保는 후생대신에게 "작년 히비야공회당에서 이루어진 것이 올해는 왜 야스쿠니신사 경내에서 행해지는가. 이 추도식은 어떠한 법률에 의해 행해지는 것인가"라고 추궁하고 있다. 이에 대해 후생대신 간다 히로시神田博는 "히비야에서 야스쿠

---

80 国立国会図書館調査立法考査局 編, 「全国戦没者追悼式の実施に関する件(昭和39年 4月24日閣議決定)」, 앞의 책, 220쪽.

81 国立国会図書館調査立法考査局 編, 「全国戦没者追悼式の実施に関する件の修正について(昭和39年 7月9日閣議決定)」, 앞의 책, 220쪽. 여기에는 일본유족회의 강력한 압박도 관련되어 있었다. 『일본 유족통신』(1964.8.1)에 게재된 「야스쿠니신사 경내에서 전국전몰자 추도식」에는 히비야공회당 개최의 각의 결정 후, 아이자와 간(逢沢寬)과 무라카미 이사무(村上勇) 등, 일본유족회에 관련이 깊은 자민당 의원들이 당이나 정부에 강하게 회장 변경을 요구한 것이 기록되어 있다.

82 国立国会図書館調査立法考査局 編, 「戦没者追悼式の会場問題について」(内閣総理大臣あて日本キリスト教連合会幹事・滝沢清照会), 앞의 책, 221쪽.

니 경내로 된 것은 다년간 유족 등의 요망도 있어 경내의 오무라 마스지로大村益次郎 동상이 있는 광장이 행사하기에 적당한 장소라는 판단이다", "유족의 마음도 헤아려 추도행사에 적합한 곳, 이런 자연스러운, 산뜻한 마음으로 변경하게 되었다"라고 설명했다.[83]

하지만 '자연스러운, 산뜻한 마음'에서의 변경은 그것이 야스쿠니신사 부지 내에서의 거행인 만큼, 신교의 자유나 정교분리를 둘러싼 염려를 불러일으켰다. 기독교연합회는 앞선 서한에서 "이번에 압력단체가 된 야스쿠니신사 국가호지 소위원회와 신사와의 관계 여부", "배전과 신전은 그 종교단체의 종교의식과 종교활동의 핵심입니다만, 이에 대해 두 폐하와 정부의 대표 및 관리들이 배례하시는 것은 헌법 제20조의 '국가 및 그 기관은 (…중략…) 어떠한 종교활동도 해서는 안 된다'는 규정을 어기게 되지 않습니까"라는 우려와 위화감을 표명했다.[84]

이런 의문과 판단이 있었던 만큼 정부는 야스쿠니신사에서의 전몰자 추도식에서 종교성을 가리는 데 부심腐心해야 했다. 기독교연합회에 대한 회답에서 후생성 원호국장은 '이번 전몰자추도식은 헌법 20조를 위반하지 않는다'라는 근거로 식전 진행 방식을 아래와 같이 설명하고 있는데, 거기에는 야스쿠니신사와 관계가 잘 보이지 않도록 해야 하는 정부의 고심이 들여다보인다.

---

83 国立国会図書館調査立法考査局 編, 「衆議院 社会労働委員会(昭和39年 7月31日)－全国戦没者追悼式場の件」, 앞의 책, 54~55쪽.

84 国立国会図書館調査立法考査局 編, 「戦没者追悼式の会場問題について」(内閣総理大臣あて日本キリスト教連合会幹事・滝沢清照会), 앞의 책, 221쪽.

전국전몰자 추모식장에 대해서는 유족 등의 요망도 있어 지난 7월 9일 내각회의 결정에 따라 야스쿠니신사의 경내로 되었지만, 이는 야스쿠니신사의 신사라는 성격에 착안해 취해진 조치가 아니라 광장으로서 야스쿠니신사의 경내 일부오무라 마스지로 동상과 하나의 도리이 사이를 임시로 국가가 빌려 사용하기로 한 것에 불과합니다. 식장은 주위에 휘장을 치고 상부는 천막으로 덮어 종교의식을 전혀 수반하지 않는 방식으로 식전을 개최합니다. 따라서 야스쿠니신사가 식전에 일절 관계하지 않음은 물론입니다.

또한 추모식 행사의 일환으로 야스쿠니신사 신전을 향해 예배하지 않음은 물론이며 두 분 폐하, 정부 대표가 추모식 직전 또는 직후에 야스쿠니신사에 참배하는 일도 없을 예정입니다.[85]

지난 중의원 사회노동위원회1964.7.31에서도 내각법제국 장관이나 후생대신이 "이번 경우는 전혀 경내의, 게다가 신전에서 떨어진 곳에서 이른바 광장적인 장소를 광장으로 빌린다는 명분으로 생각한다", "그런 의심이나 비판이 나올 여지가 없도록 텐트를 치고, 그리고 또 휘장을 치고, 적당한 사용료를 내고, 배전에서 훨씬 떨어진 오무라 동상 근처라면 비판은 면하지 않을까 하는 판단이다"[86]라고 말하고 있지만, "도리이鳥居 아니다"라고 외치는 야유도 있고, 앞에서 하세가와 야스시도 "도리이가 있

---

85 国立国会図書館調査立法考査局 編, 「戦没者追悼式の会場問題について」(昭和39年 8月 11日援発第811号 滝沢清あて厚生省援護局長回答), 앞의 책, 221~222쪽.
86 国立国会図書館調査立法考査局 編, 「衆議院 社会労働委員会(昭和39年 7月31日) ‒ 全国戦没者追悼式場の件」, 앞의 책, 55~56쪽. 전자는 내각법제국 장관·하야시 슈조(林修三), 후자는 후생대신·간다 히로시(神田博)의 답변. 덧붙여 하야시 슈조는 내각회의

고, 다마가키玉垣 있고, 정확히 아홈阿哞의 사자가 있고, 분명히 신사의 성전이다. 그런 곳에서 종교행사가 아니라는 것은 궤변이라고 말할 수밖에 할 수 없다"라고 반문했다.[87]

그 후에도 후생성 원호국장이 "히비아에서 내각회의 결정이 있고 나서 유족 등의 강한 요망도 있어 변경되었다"라고 거듭 강조했지만, 위원 중에서는 "유족이라고 해도 모든 유족을 대표하고 있는가, 유족은 그런 것에 반대하고 있다. 그것은 유족의 일부이다", "유족이라는 것이 국회에서 국민을 대표하는 우리의 발언보다 강한가"라는 의견이 나오면서 '유족'을 마치 대의명분으로 논의하려는 자세에 대한 반감이 제기되었다.[88]

이런 논란을 일으키면서 1964년 전국전몰자추도식은 야스쿠니신사 경내에서 열렸다. 그러나 역시 이듬해에는 야스쿠니신사가 추도식장으로 선정되지 않았고, 또 지도리가후치 전몰자 묘원으로 변경되지도 않았으며, 때마침 도쿄올림픽 개최의 일환으로 건립된 일본 무도관에서의 거행이 이후 정례화되었다.

에서 야스쿠니신사에 대한 회의장 변경에 의문을 제기했다고 여겨진다. 国立国会図書館調査立法考査局編, 앞의 책, 56쪽; 田中伸尚, 앞의 책, 85쪽.

87 国立国会図書館調査立法考査局 編, 「衆議院 社会労働委員会(昭和39年 7月31日)－全国戦没者追悼式場の件」, 앞의 책, 56쪽. 참고로 이 전몰자추도식은 야스쿠니신사에게도 불쾌감을 환기하는 것이었다. 『샤보 야스쿠니』(1964.9.15)의 「세이토」에는 "국가는 헌법의 정교분리 규정을 준수하는 것이 필요할 것이다. 그러나 그렇다고 전몰자에 대한 예를 잃어도 좋다는 것은 아니다", "전몰자추도식 문제도 본질을 간과하고 형식에 얽매여 있는 결과에서 생기는 문제가 아닐까"라고 적혀 있다.

88 国立国会図書館調査立法考査局 編, 「衆議院 社会労働委員会(昭和39年 7月31日)－全国戦没者追悼式場の件」, 앞의 책, 58~59쪽.

국가호지운동의 고양

이러한 상황은 야스쿠니신사의 '고유의 사망자를 애도하는 사적인 위령의 장'에서 '공적인 정치주의의 장'으로의 이행을 더욱 가속했다. 그 것은 야스쿠니신사 국가호지운동과도 겹치는 것이었다.

1959년 10월 일본유족회 이사회·평의원회 합동회의는 야스쿠니신사의 국가호지를 요구하는 전국서명운동 실시를 결의하고, 이듬해 1월부터 3월까지 295만 건의 청원 서명을 모았다.[89] 야스쿠니신사도 1961년 8월 신사본청과 함께 야스쿠니신사 제사제도 조사위원회를 발족했으며 1963년 4월에 「야스쿠니신사 국가호지 요강」을 발표했다.[90] 거기에서는 '야스쿠니신사의 운영은 그 자주성을 존중하고, 정부의 감독에 있어서는 그 특성을 유지해야 한다는 취지를 규정하는 것이 바람직하다'[제8항]와 '합사에 필요한 경비, 항례 및 임시 의식의 경비는 국비로 지급한다는 취지를 정하고, 유지관리에 필요한 경비의 지급에 관해서도 적절한 방도를 강구할 수 있도록 규정하는 것이 바람직하다'[제9항]라고 주장하고 있었다.[91] 앞서 기술한 바와 같이 이미 1950년대 중반에는 '합사는 하루빨리 국가의 손으로 그렇지만 야스쿠니신사를 바꿔서는 안 된다'라고 했지만, 이러한 주장은 1950년대 말 이후 운동으로서의 열기를 띠게 되었다.

한편 1950년대 중반에 야스쿠니신사를 고민하게 했던 합사 지연 문제는 해결을 위해 진행되고 있었다. 합사가 정체된 요인 중 하나는 육해

89　田中伸尚, 앞의 책, 80쪽.

90　「靖国神社国家護持要綱」,『社報靖国』, 1963.5.15; 田中伸尚, 앞의 책, 83쪽.

91　「靖国神社国家護持要綱」,『社報靖国』, 1963.5.15; 靖国神社祭祀制度調査会,「靖国神社国家護持要綱」(1963.4.23), 앞의 책, 125쪽.

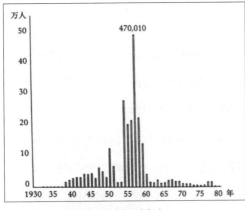

〈그림 1-7〉 야스쿠니신사 합사자수의 추이
(田中伸尚, 『靖国神社の戦後史』, 岩波書店, 2000)

군 관할에서 분리된 야스쿠니신사가 전몰자의 정보를 입수하기 어려웠다는 점에 있었다. 하지만 후생성은 1956년 4월에 통달通達 '야스쿠니신사 합사사무에 대한 협력에 관하여靖国神社合祀事務に対する協力につ

いて'원발 제3025호를 발표하여 '전몰자의 신상 사항 조사에 관한 사무'와 '합사 통지장 유족에게 교부' 측면에서 협력했으며, 이 경비들은 '국비 부담으로 한다'라는 것이었다. 구체적으로는 야스쿠니신사가 인양원호국引揚援護局에 합사 자격의 해당자와 신상에 관한 사항을 조회하고, 인양원호국은 도도부현都道府縣이나 지방복원부地方復員部에 문의한 후 결과를 소정의 카드에 작성하여 야스쿠니신사에 회부回附하는 흐름으로 되어 있었다.[92] 이 사실은 『사보 야스쿠니』1958.10.10에서도 "합사자의 자료 및 심사는 (…중략…) 각 현 세화부世話部, 현재는 세화과에서 복원성復員省, 현재는 원호국을 거쳐 신사에 제출된 자료를 토대로 신사에서는 전전의 심사 내규를 그대로 답습하고"[93] 있음이 명기되어 있었다. 물론 정교분리 규정에 저촉되는 것이기는 했지만 1980년 10월에 『마이니치신문每日新聞』이 크게 다루기 전까

92 引揚援護局長, 「靖国神社合祀事務に対する協力について」(援発第 3025号, 1956. 4.19), 앞의 책, 232쪽.
93 「一般邦人の戦闘参加者も合祀」, 『社報靖国』, 1958.10.10.

〈그림 1-8〉 국가호지요구의 대표주(大標柱)(야스쿠니신사 경내, 1966.8.15)

지 별다른 문제가 되지는 않았다.[94]

이로써 합사 건수는 1950년대 후반 이후 급속히 증가했다. 앞에서 말했듯이 합사 지연 문제는 국영화 요구를 후원하는 것이지만, 이 문제의 해결 전망이 나온 것은 오히려 야스쿠니신사가 국가 수호를 위한 운동에 특화되어 가는 상황을 낳았다.

일본유족회의 야스쿠니 국가호지 요구

일본유족회의 변화도 거기에 관여하고 있었다. 일본유족회의 전신인 일본유족연맹은 1947년 11월 창설되었지만 당초는 일가의 경제적 지주를 전쟁으로 잃은 유족들의 생활 향상과 상호부조를 목적으로 했다. 초

---

94   田中伸尚, 앞의 책, 66쪽.

대 회장 나가시마 긴조長島銀蔵는 발족사에서 "일가의 지주를 잃고 자녀 교육은 물론 그날의 생활에도 어려움을 겪고 있는 유족이 이대로 방치되는 것은 허용되지 않습니다", "유족이 일반 전재민이나 인양자에 비교해 물심양면에 걸쳐 극심한 푸대접을 받는 상황에 비추어 시정을 요망하는 것입니다"[95]라고 말하고 있다. 유족원호법전상병자 전몰자유족 등 원호법의 성립 1952.4.30이나 유족부조료·은급의 증액, 적용 범위의 확대에 힘써 온 것도 이러한 의도에 뿌리를 두고 있었다.

그러나 이러한 문제가 해결되는 가운데 1956년 3월에 '야스쿠니신사 국가호지에 관한 소위원회'를 설치하는 등 야스쿠니신사 국가호지에 대한 비중을 점차 높이고 있었다.[96] 1964년 5월에는 기관지『일본유족통신日本遺族通信』제161호의 제목 아래의 표어가 이전까지의 '유족의 상호부조', '전쟁방지', '인류의 복지'에서 '영령의 현창'에 중점을 두는 표현으로 전환되었다.

일본유족회와 야스쿠니신사의 제기에 따라 자민당은 1963년 6월에 '야스쿠니신사 국가호지 문제 등 소위원회'를 만들었다.[97] 1966년 12월에는 자민당 유가족의원 협의회에 설치된 '야스쿠니 신사국가 호지에 관한 소위원회'가「야스쿠니 신사법(가칭) 입안 요강」을 정리했다.[98] 야스쿠니신사도 1964년 2월 말 내각·중참 양의원 의장 앞으로 국가호지의 청

95　日本遺族会 編,『日本遺族会十五年史』, 1962, 22~23쪽.

96　위의 책, 92쪽.

97　田中伸尚, 앞의 책, 83쪽.

98　国立国会図書館調査立法考査局 編, 앞의 책, 231쪽.

〈그림 1-9〉 일본유족회 등에 의한 야스쿠니신사법 성립추진 국민대회
(야스쿠니신사 경내, 1970.3.10)

원·진정을 제출했다.[99] 야스쿠니신사를 전국 전몰자추도식의 추도식장
으로 한 움직임도 이러한 흐름에 따른 것이었다.

　국회에서 야스쿠니신사 법안을 제출했다. 이는 폐안廢案이 되었지만,
이후 1973년까지 5차례 국회 제출과 폐안을 반복했다. 1974년 제72 국
회에서는 중의원 내각위원회4월 12일 및 중의원 본회의5월 25일에서 자민당
단독으로 강경 채결採決이 이뤄졌다. 그러나 중의원에서는 심의에 들어가
지 못한 채 6월 3일에 심의 미필로 폐안이 되었다.[100]

99　「靖国神社国家護持を推進」,『社報靖国』, 1964.3.15.

100　田中伸尚, 앞의 책, 100쪽; 赤澤史朗, 앞의 책, 155~157쪽.

이후에도 법안 제출은 검토되었지만 1974년 7월 참의원 의원선거에서 자민당이 패배하고 보수와 혁신이 백중伯仲하게 됨으로써 1975년 2월 자민당은 그동안의 야스쿠니법안의 제출을 단념했다.[101]

야스쿠니법안에 대한 사회적 반감

법안이 통과되지 않은 것에서 엿볼 수 있듯이 야스쿠니신사 국가호지의 움직임에 대한 반대 의견은 컸다. 1969년 7월에는 야스쿠니법안 저지 중앙집회가 히비야공회당에서 열려 3,000명이 참가했다. 반대 청원 서명수도 7월 28일에는 377만여 명에 달했다.[102] 또 그해 5월에는 전 일본불교회와 진종교단연합, 일본기독교단, 일본침례연맹, 신종교 여러 단체 등 67개 종교단체가 신교의 자유와 정교분리의 관점에서 법안 반대를 결의하고 사토 에이사쿠佐藤栄作 총리에게 요망서를 전달했다.[103]

1970년 12월에는 일교조, 총평, 호헌연합, 일본기독교단, 헌법회의, 일본종교인평화회의, 국민문화회의에 의한 간담회7개 단체 간담회가 결성되어 사공총평계社共総評系 단체와 종교계를 횡단한 반대운동 조직이 생겨났다.[104]

반대 근거로는 "신교의 자유와 종교단체에 대한 공비 지출을 금지한 헌법을 침해할 중대한 우려가 있다"가톨릭[105]라고 말한 것 외에 "천황의 이

---

101 田中伸尚, 앞의 책, 110쪽.
102 戸村政博 編, 『靖国鬪争』, 新教出版社, 1970, 30·41쪽; 赤澤史朗, 앞의 책, 148쪽.
103 戸村政博 編, 앞의 책, 38·457~458쪽.
104 赤澤史朗, 앞의 책, 150쪽.
105 カトリック,「私たちは靖国神社の国家管理を立法化することに反対します」, 앞의 책,

름에 의한 제국주의 침략전쟁을 반성하지 않은 채 미화, 긍정하고 장래 침략전쟁을 상정한 죽음에 장소를 야스쿠니신사에 요구해 국민에게 강제하려고 한다"^{일본 사회당}라는 것에 대한 우려도 있었다.[106]

하지만 이들 정교분리 규정에 대한 저촉이나 전쟁 찬미로 이어지는 것에 대한 우려에 더해 죽은 자와 유족의 심정에 근거하면서 야스쿠니법안을 비판하는 움직임도 보였다. 특히 전쟁에 가장 많이 동원되었고, 따라서 많은 사망자를 낸 전중파戰中派 세대^{종전 시에 20세 전후 세대} 가운데 그러한 논의가 종종 있었다.

죽은 자의 유념遺念과 현창의 괴리

평론가 야스다 다케시安田武는 「야스쿠니신사에 대한 나의 마음^{靖国神}^{社への私の気持}」¹⁹⁶⁸에서 일본 전몰학생 기관지 『와다쓰미의 소리わだつみのこ
え』에 "죽인 데다 그 죽음까지 이용하고 있는 지배자에 대한 분노, 또 그것을 결과적으로 용서해 버린 자기 자신에 대한 분노"를 담은 유족을 언급하면서 "일본유족회도 자신들의 '비원悲願'의 순수함만을 고집할 것이아니라 전 국민은커녕 같은 유족 동료들 사이에서조차 동의와 승인을 얻지 못하는 위령 방식이 과연 진정으로 전몰자의 넋을 달래게 될지 다시한번 생각해 주시기 바란다"라고 말하고 있다.[107]

야스다 다케시의 비판은 전몰자의 심정을 상기시키는 것에 뿌리를

283쪽.

106   日本社会党政策審議会靖国神社問題特別委員会, 「「靖国神社法案」に対する日本社会党の態度(1974.1.16)」, 앞의 책, 250쪽.

107   安田武, 「靖国神社への私の気持」, 『現代の眼』, 1968.2, 199쪽.

〈그림 1-10〉 야스쿠니법안 반대를 호소하는 종교인의 농성
(스키야바시(数寄屋橋)) (1969.6.1)

두고 있었다. 1943년 12월 학도출진에 의해 육군에 징병된 야스다 다케시는 상관과 고참병들에게 "괴롭힘을 당하고, 들볶이고 '폐하'의 총대로 맞고, 말똥을 먹게 되고, 철못이 달린 편상화로 때려 맞고, 코피를 흘리고, 치아가 부러지고, 청력을 상실하고, 발광하고, 자살한 동포"를 군대 안에서 목격하고, 또한 자신도 똑같은 경험을 했다.[108] 아마도 이런 체험을 염두에 두면서 같은 문장 안에서 이렇게 적고 있다.

> 마지막으로 유족분들께 한 가지 더 여쭤보고 싶은 것이 있다. 전몰자들은 '전사하면 야스쿠니의 신'이 된다는 것을 정말 믿고 정말 명예롭게 여겼는지. 나에게는 야스쿠니신사에 합사되는 것을 강하게 거부하고 있는 전몰자의 목소리가 들려와선 안 되지만…….[109]

야스쿠니신사에 모셔져 국가에 의해 현창되는 것을 거부할 죽은 자

---

108 安田武, 『戦争体験』, 未来社, 1963, 163~164쪽.
109 安田武, 앞의 책, 1968.2, 199쪽.

의 심정은 하시카와 분조橋川文三 「야스쿠니 사상의 성립과 변용靖国思想の成立と変容」1974에서도 언급되고 있다. 하시카와 분조는 "자신은 죽음이 두려운 것이 아닙니다. 다만 현재와 같은 일본을 보면서 죽는 것은 개죽음이라고 밖에 생각되지 않습니다. 차라리 대신이니 대장이니 하면서 엉터리 짓만 하는 놈들에게 폭탄을 때려주는 것이 개운하게 죽을 것 같습니다"라는 전사한 특공대원의 기술을 인용하면서 "야스쿠니에 모셔지는 것을 달가워하지 않을 영령"의 존재에 대해 다음과 같이 적고 있다.[110]

> 야스쿠니를 국가에서 보호하는 것은 국민 총체의 심리라고 하는 논법은 종종 죽음에 직면했을 때의 개별 전사자의 심정, 심리에 대한 배려가 결여되어 산 자의 형편에 따라 죽은 자의 영혼의 모습을 마음대로 그려 규제해 버리는 정치의 오만함을 볼 수 있다는 것입니다. 역사 속에서 죽은 자가 드러낸 온갖 고뇌, 회의는 잘려나가고 봉쇄되어 버립니다.[111]

그 점에서는 죽은 자의 유념에 기대는 것의 연장에 야스쿠니 국가 수호에 대한 위화감이 담겨 있다. 죽은 자를 현창하는 것이 죽은 자의 고뇌와 회의를 깎아 없애게 한다. 하시카와 분조는 이러한 정치학을 국가호지운동 속에서 보고 있었다.

그것은 죽은 자에 의한 국가 비판의 계기를 잘라내는 일이기도 했다. 하시카와 분조는 같은 글에서 죽은 자를 쓸데없이 현창하는 것이 "2백만

---

110 橋川文三, 「靖国思想の成立と変容」, 『中央公論』, 1974.10, 236쪽.
111 위의 글, 236~238쪽.

에 이르는 제2차 세계대전의 죽은 자들의 생각이 일본 국가 비판의 원령怨靈으로 되살아나는 것을 막으려 한다"[112]고 했다. 하시카와 분조에게 죽은 자를 아름답고 편안하게 이야기하는 것은 원한에 기인하는 죽은 자의 비판을 외면하는 것이나 다름없었다.

〈그림 1-11〉 유족세대의 참가도 보인 야스쿠니법안 저지 중앙집회 후의 데모(1969.7.20)

우파의 야스쿠니법안 비판

야스쿠니법안은 더욱 국수주의 입장에서의 반감을 불러일으켰다. 다이토주쿠大東塾의 책임자 가게야마 마사하루影山正治는, 자민당 정조회政調会 내각부회內閣部会 '야스쿠니신사 국가호지에 관한 소위원회'의 야마자키 간山崎厳 소위원장에 의한 「야스쿠니신사법안 수정안」야마자키 사안(私案), 1968.2을 강하게 비판했다. 1969년 1월에는 야마자키 사안에 불복해 다이토주쿠 학원생이 일본유족회 회장 가야 오키노리賀屋興宣를 폭행하고 가야의 자택까지 들이닥치는 사건이 일어났다.[113] 그렇게 한 것은 '제사를

---

112 위의 글, 238쪽.
113 影山正治, 「靖国神社の国家護持は名実ともに神社方式で!」, 『影山正治全集』 18, 1992;

모두 제거'하려는 방향에 대한 반감이었다.[114]

자민당의 야스쿠니법안은 분명히 국가호지를 요구하는 것이었지만 동시에 헌법의 테두리 안에서 어떻게 정합성과 타협할 것인가에 대해서도 일정한 배려를 하지 않을 수 없었다. 자민당에서 논의가 이뤄지고 있는 과정에서도 참의원 법제국은 야스쿠니신사의 종교성이 유지되는 한 '현재 그대로의 야스쿠니신사에 보조금을 지급하는 것은 헌법에 저촉되는 것이 아니냐는 의심이 든다'라는 견해를 발표했었다.[115] 중의원 법제국도 야스쿠니신사는 종교단체이므로 국가호지를 실현하기 위해서는 그 종교성을 배제하지 않으면 헌법에 저촉될 우려가 있으니까 야스쿠니신사의 명칭, 예배 및 그 밖의 시설, 의식행사 등에 대하여 입법상 필요한 조치를 강구할' 필요성을 지적하고 있었다.[116]

그런 만큼 자민당 주류파에서는, 설령 법안을 통과시켜도 '위헌이라고 소송을 당해 지면 어떻게 될까. 야스쿠니신사의 위엄을 상하게 하고 영령을 모독하게 된다'야스쿠니신사 국가호지소위원회 위원장 무라카미 이사무(村上勇)라는 우려가 있었다. 그들 사이에도 '헌법에 매우 가까운 법안을 만들어야 한다'라는 제약이 있었다.[117] 따라서 앞의 야마자키 사안과 그것을 기초로 자민당 안으로서 국회에 상정된 자민당 정조회 네모토 류타로根本竜太郎

影山正治, 「靖国神社問題の前進を」, 앞의 책; 影山正治, 「川田事件公判記録―影山正治証人の陳述」, 앞의 책; 赤澤史朗, 앞의 책, 141 · 145쪽.

114 影山正治, 앞의 책, 1992, 123쪽. 처음 나온 해는 미상이지만 야마자키 안에 대한 비판인 것으로 보아 1968년경으로 여겨진다.

115 参院法制局長, 「靖国神社に対する国家補助についての見解(1977.11.2)」, 앞의 책, 166쪽.

116 参議院法制局, 「靖国神社の国家護持に関する件(1966.11.17)」, 앞의 책, 165쪽.

117 戸村政博 編, 「村上勇代議士との会見(1967.6.27)」, 앞의 책, 406쪽.

위원장의 '야스쿠니신사 법안'네모토안 1969.6에서는 "야스쿠니신사는 특정한 교의를 가지고 신자의 교화 육성을 하는 등 종교적 활동을 해서는 안된다"[118]라고 기술되어 있었다.

일본유족회도 '현재 헌법 하의 제약'하에서의 '어려움'을 고려해 야마자키 사안과 네모토 안을 지지하는 쪽으로 돌아섰다.[119] 전무이사 사토 세이치로佐藤淸一郎는 『일본유족통신』제212호, 1968.9.1에서 "우리는 법안의 내용에 결코 100% 만족하지 않습니다. 그러나 100%의 이상理想을 고집하다가 결국 목적 자체를 포기하거나 현상 유지가 되는 것은 결코 취할 수 없는 부분입니다"[120]라고 말하고 있다.

자민당 내에서 이론은 적지 않았다. 참의원 의원 아오키 가즈오青木一男는 1968년 3월 14일 위원회야스쿠니신사 국가호지에 관한 소위원회에서 야마자키 사안을 "야스쿠니신사는 영령을 신으로 모시는 것이다. 국가호지의 이름으로 합사 봉재까지 삭제하면 본체를 멸각滅却하는 것"이라고 비판했다. 반면 유족회 회장 가야 오키노리는 "아오키씨의 안은 전원이 희망하는 바이지만 현재 이것으로 할 수 있는가 하면 결론은 불가능하다는 관측이 대다수이다", "이 안으로 신령은 부정되지 않는다. 명확하지 않고 불만족스럽지만 국가호지가 안 되는 것은 더 불만이다. 야마자키 안에 찬성하고 싶다"라고 반론했다.[121]

---

118 国立国会図書館調査立法考査局 編,「靖国神社法案ー山崎私案」, 앞의 책, 137쪽; 国立国会図書館調査立法考査局 編,「靖国神社法案ー根本案」, 앞의 책, 146쪽.
119 「靖国法案自民党に提出」, 『日本遺族通信』, 1968.9.1; 赤澤史朗, 앞의 책, 142쪽.
120 佐藤淸一郎,「靖国神社国家護持について」, 앞의 책, 1968.9.1.
121 日本遺族会 編, 『英霊とともに三十年』, 1976, 88~89쪽.

가게야마 마사하루는 이러한 자민당 안을 비판해 "'야마자키 안'의 무제사 형식에 의한 국가 호지에서는 무엇보다도 거룩한 '어제신御祭神 = 어신체御身體'는 없어져 버리고, 단지 물건으로서의 '전몰자 명부'만이 보관되고, 추도식 등도 전혀 형식적으로 공허한 것이 되어 버린다. 이러한 가없은 국가호지는 국가호지의 미명하에 실은 야스쿠니신사를 근본적으로 파괴하는 것으로서 제신이 가장 기뻐하지 않는 일이고 게다가 유족과 일반 국민의 국민감정도 부정하는 것이나 다름없다"라고 말했다.[122] 다이토주쿠 학원생이 가야 오키노리를 습격한 것도 야스쿠니신사의 종교성을 제거하는 듯한 야마자키 안과 그것을 지시한 일본유족회에 대한 반감에 의한 것이었다.

덧붙여서 야스쿠니법안에서의 '비종교화'는 국가호지운동 자체에 반대하는 입장에서도 반감을 불러일으키는 것이었다. 무엇보다 그것은 '신사는 종교가 아니다'라는 견지에서 신교의 자유를 초월한 신사 숭배가 강제되었던 전시기의 국가 신도의 모습을 상기시켰다. 일본 사회당은 이를 비판하면서 "종교활동을 비판한다면서 '영령을 위로하는' 신도의식을 주된 업무로 하고 있다", "야스쿠니신사 비종교론은 전시기 국가신도 시대의 '신사는 종교가 아니다'와 동일이론이며, 현실적으로 종교적 요소의 제거는 완전히 불가능했다"[123]라고 주장했었다.

하지만 야스쿠니신사의 '비종교화' 방안은 국가호지를 열렬히 원하

---

122 影山正治, 「靖国神社の国家護持は名実ともに神社方式で!」, 앞의 책, 1992, 124쪽.

123 日本社会党政策審議会靖国神社問題特別委員会, 「「靖国神社法案」に対する日本社会党の態度(1974.1.16)」, 앞의 책, 251쪽.

는 입장에서도 야스쿠니신사를 형해화形骸化시키는 것으로 비쳤다. 1950년대 중반의 합사 지연 문제와 관련해 야스쿠니신사의 국영화가 논의되었을 때 야스쿠니신사는 '합사는 하루빨리 국가의 손으로 그러나 야스쿠니신사를 바꿔서는 안 된다'고 하며 그 제사와 종교성이 국가의 손에 의해 없어지는 것을 경계했다. 1960년대 말 국가호지 문제 속에서도 비슷한 일이 발생한 것이다.

'모든 전몰자의 상징'의 불성립

야스쿠니신사는 이후에도 정치주의의 와중에 놓였다. 야스쿠니신사 국가호지 법안의 성립을 단념한 자민당은 천황이나 총리가 국가를 대표하는 자격으로 야스쿠니신사 참배하는 것을 목표로 하게 된다. 이른바 '공식 참배'이다. 애초에 법제화가 모색되어 1975년 2월 후지오 마사유키藤尾正行 내각위원장의 사안으로 '나라에 순직한 자의 표경表敬, 식전에 관한 법률안'표경 법안이 만들어졌다. 국가호지법안을 대신할 타협안이었는데 야당과 신종교단체연합회, 진종真宗교단연합회, 일본기독교협의회 등은 거절 의지를 분명히 했다.[124] 정부·자민당은 법안화를 단념하는 한편, 기정사실의 축적을 모색했다. 1957년 미키 다케오三木武夫 총리가 전후 총리로는 처음으로 8월 15일 참배한 것을 시작으로 1978년후쿠다 다케오(福田赳夫), 1980년스즈키 요시유키(鈴木善幸) 총리에 사인私人 자격으로 '종전기념일'에 총리 참배가 이뤄졌다. 1985년 8월 15일에는 나카소네 야스히로中曽根康弘

---

124 赤澤史朗, 앞의 책, 184~185쪽; 日本キリスト教協議会, 「靖国問題の総括と展望(1975年7月21日)」, 앞의 책, 281~282쪽.

총리가 '총리 자격으로' 참배하여 아시아 각국의 비판을 불러일으켰다.[125]

1978년 10월 17일에는 야스쿠니신사가 가을 예대제에서 A급 전범 형사자·옥사자 14명을 합사했다. 1979년 4월 19일 『아사히신문』이 「야스쿠니신사에 A급 전범 합사 도조 전 총리 등 14명 은밀하게 순난자로서 靖国神社にA級戦犯合祀 東條ら14人ひそかに殉難者として」라는 제목으로 보도하자 야스쿠니신사는 국내외의 비난을 받았다.

그러나 이러한 움직임은 1975년 이후의 질적인 변화를 나타내는 것이 아니라 오히려 그 이전의 상황에 연속되는 것이었다. 1960년경부터 야스쿠니신사는 국가호지 문제의 와중에 놓여 좌파뿐 아니라 우파의 비판을 불러왔다. 그것은 더욱 거슬러 올라가면 합사 지연 문제를 해소하기 위해 국영화를 목표로 한 1950년대의 동향에서 비롯되었다.

지도리가후치 전몰자 묘원 건립도 야스쿠니의 정치주의화를 뒷받침했다. 도쿄초혼사東京招魂社를 기원으로 한 메이지 이후의 '전통'이 있다고는 하지만 유골의 아우라를 띤 '무명전몰자의 묘'의 존재는 야스쿠니신사에게 '전몰자를 모시는 장소'로서의 정통성을 빼앗을 수 있는 위협으로 비쳤다. 그래서 지도리가후치 전몰자 묘원을 '무연불의 묘에 불과하다'라고 간주하고 모든 전몰자를 상징하는 장소로 규정하는 것에 저항했다. 일본에서의 '무명전사의 묘'는 그 '무명'성 때문에 모든 전몰자를 상징하고 국민적인 '전쟁의 기억'을 떠올리게 하지는 못했다. 야스쿠니신사는 '무명의 유골' 아우라에 의해 환기되는 상상력을 봉쇄하고 자신의

---

125   田中伸尚, 앞의 책, 167쪽;『朝日新聞』1975.8.15(夕刊)·1978.8.15.(夕刊)·1980. 8.16·1985.8.15(夕刊).

우위성·정통성을 강조하기 위해 '순난자殉難者'를 모시는 장소임을 목청껏 외치게 되었다.

그러나 전후 초기의 야스쿠니신사는 반드시 '순국'의 정치주의 색채가 짙었던 것은 아니었다. 반전과 재군비 비판 때로는 전쟁 책임의 추궁과도 결부되면서 유족들이 고유의 죽은 자를 마주하며 사적 슬픔에 잠기는 자리이기도 했다. 그러나 이러한 측면은 그 후 지워지면서 공적인 '순국', '호국'이 강조되게 되었다. 이로부터 국가호지운동이 구상되는 가운데 야스쿠니신사는 각종 정치단체·종교단체의 비난을 초래했고, 야스쿠니신사가 놓인 장소는 정치주의화의 일로를 걸었다.

정치주의의 소용돌이 속에 던져진 것은 '일본 전몰자의 상징'으로서 국민적 합의를 이루지 못했다는 것이기도 하다. 정치주의화한 야스쿠니신사는 정치적 입장을 초월한 수용을 불가능하게 한다. 그것은 원폭 돔과 히메유리탑이 사회적으로 널리 수용되는 것과는 전혀 다른 모습이다.

야스쿠니신사와 지도리가후치 전몰자 묘원은 모두 일본의 전몰자를 모시는 장소이기는 하지만 모두 국민적으로 널리 수용되지는 못했다. 아우라를 띤 유골과 모뉴먼트monument의 갈등은 정치주의를 환기하면서 양측을 '전몰자의 상징'으로 규정하는 것을 불가능하게 만들었다.

제 2 장

히로시마, 나가사키

'피폭 흔적'의 정치학

히로시마와 나가사키는 같은 피폭지이지만, 차이도 적지 않다. 히로시마에는 거대한 피폭 유구遺構인 원폭 돔이 보존되어 있고, 1996년에는 세계문화유산으로 등록되었다. '피폭의 참화를 전하는 역사의 증인', '핵무기 철폐와 인류의 평화를 촉구하는 다짐의 상징'으로 형용하는 일도 많다.[1]

이에 반해 나가사키에는 이런 종류의 것은 보이지 않는다. 예전에 구우라카미浦上 성당이 원폭의 참화를 남기고 있었으나 1958년 3월에 철거되어 새로운 성당이 재건되었다. 이와 맞물려 나가사키 문화인은 종종 히로시마에 대해 열등하다고 말하곤 했다.졸저『초토의 기억(焦土の記憶)』

그렇지만, 히로시마와 나가사키에서 '기억의 장'을 만드는 과정은 정말로 그렇게 대조적이었을까. 주지하는 바와 같이, 히로시마에서는 전후 한때 원폭 돔 철폐론이 뿌리 깊고, 나가사키에서처럼 피폭 유구가 철거될 수도 있었다. 그렇다면, 히로시마와 나가사키에서는 무엇이 겹치고 무엇이 달랐나.

피폭의 유구나 모뉴먼트를 방문하는 일은 다크 투어리즘의 하나일 것이다. 그렇지만, '어두움'을 말하는 장소에서는 어떠한 '기억'이 계승되고 무엇이 도려내졌나. 이 장에서는 이점에 주목하면서 히로시마·나가

1   広島市市民局平和推進室 編,「はじめに」,『原爆ドーム世界遺産登録記録誌』, 3쪽. 피폭 체험을 둘러싼 히로시마에서의 유구나 모뉴먼트가 정비된 경과에 대해서는, 졸고,「遺構の発明と固有性の喪失—原爆ドームをめぐるメディアと空間の力学」(『思想』, 2015.8) 및 졸저『『戦跡』の戦後史—せめぎあう遺構とモニュメント』(岩波現代全書, 2015)에서 언급하고 있다. 본 장에서는 그곳에서의 논의에 입각하면서 나가사키의 전적지(戦跡) 정비사와의 대비에 중점을 두고 있다.

사키의 전적사戰跡史를 비교 대조해 피폭을 둘러싼 '기억의 장'이 만들어
지는 정치학을 부각하고자 한다.

1. 유구에 대한 불쾌감

우라카미 성당 철거론

1925년에 건설되어 동양 최대 규모를 자랑했던 우라카미 성당은 원
폭 투하 후 거대한 폐허로 변했다. 그러나 성당이 지역 가톨릭교도에게
신앙의 장이었던 만큼 임시 성당이 1946년 12월에 목조 단층으로 건축
되었다. 1949년 자비에르 축일까지는 기왓조각도 제거되어 정면 우측과
우측면의 유벽遺壁이 남겨졌다.

그러나 성당 측은 유벽을 보존 대상으로는 생각하지 않았다. 복원자復
員者, 인양자引揚者, 전입자 등으로 신도가 5,000명 가깝게 늘어 이들을 수
용하기에 임시 성당은 너무 좁아 본 성당의 조기 건설이 요구되었다. 우
라카미 성당은 1954년 7월, '우라카미 성당 재건위원회'를 발족해 재건
자금을 마련하기 위해 미국에서도 모금 활동을 전개했다.

이러한 활동의 결과, 우라카미 성당은 구체적인 재건 방안을 마련해
1958년 2월 신도들에게 설명했다.[2] 이러한 움직임은 지방지에도 보도되
었다.

---

2   西田秀雄 編,『神の家族四〇〇年—浦上小教区沿革史』, 浦上カトリック教会, 1983, 131쪽.

당시의 나가사키 시장 다
가와 쓰토무田川務도 유벽 보
존에 소극적이었다. 다가와
는 1958년 2월 17일의 시의
회 임시회에서 다음과 같이
답변했다.

이 자료를 가지고는 절대로
원폭의 비참함을 증명할 수

〈그림 2-1〉 피폭 직후의 우라카미 성당

없을 뿐만 아니라, 평화를 지키기 위해 필요불가결한 품물品物이 아니라는 관
점에서 장래를 위해 고액의 시비市費를 들여서까지 남겨야 한다고는 생각하
지 않습니다. 오늘날 원폭이란 어떠한 것인가 하는 문제는 단지 이 한 점의
잔해물로 증명해야 하는 그런 미미한 일은 아니라고 생각하며, 전재戰災를 입
은 일본 국민 대부분이 잔해물 이상의 일을 경험하고 목격해 왔다고 생각합
니다. (…중략…) 오히려 저러한 것은 부수는 것이 영원한 평화를 지키는 의
미가 아닐까 하고 생각하는 분도 많지 않을까 생각합니다.[3]

다가와에게 피폭 유구는 '원폭의 비참함을 증명할 수 있는 자료'나
'평화를 지키기 위해 필요불가결한 물품'도, '고액의 시비를 들여서까지
남겨야' 하는 것도 아니었다.

---

3 「昭和三十三年第二回長崎市議会会議録一臨時会」, 1958.2.17, 23~24쪽(長崎市議会事
務局議事課所蔵).

〈그림 2-2〉 해체된 우라카미 성당

나가사키시 의회에서는 이에 반대하는 움직임도 있었다. 앞의 임시회에서는 이와구치 나쓰오岩口夏夫 시의원 등이 성당 보존의 필요성을 역설했다. 회기말에는 우라카미 성당 보존을 요구하는 '구 우라카미 성당 원폭자료 논의에 관한 결의안'이 가결되었다. 같은 시기에 나가사키시 원폭자료보존위원회도 유벽 보존을 강력히 요망했다.[4]

그러나 성당 측은 이에 응하지 않았다. 보존위원회는 별도의 건축용지 제공도 타진했지만, 성당은 '금교禁敎 박해 시대부터의 유서가 있는 곳'이라는 이유로 이 안을 받아들이지 않고, 1958년 3월 14일에 재건 공사를 시작했다.[5] 유벽 일부는 폭심지爆心地 공원에 이설되었지만, 새로운 우라카미 성당은 구 우라카미 성당의 유구가 제거된 채

4   長崎市議会 編, 『長崎市議会史』 記述編 第三卷, 1997, 876~878쪽; 西田秀雄 編, 앞의 책, 13쪽.
5   西田秀雄 編, 앞의 책, 131쪽; 『長崎日日新聞』, 1958.3.15.

다음해 10월에 완성했다.

　원래 나가사키의 여론에서 유구 철거에 대한 반감이 뿌리 깊었던 것만은 아니었다. 『나가사키니치니치신문長崎日日新聞』1958.3.15은 철거 작업의 시작에 대해서 "귀중한 원폭 자료다. 20세기의 십자가로 남기고 싶다'라는 시민의 바람은 마침내 이루어지지 않았다"라고 보도했으나, 그것이 얼마나 나가사키 여론을 반영했는지는 의문이다.

　당시의 『나가사키니치니치신문』을 보아도 성당 보존 문제를 둘러싼 시의회 임시회에서의 질의·답변이나 성당의 철거 작업 시작에 대해서는 바로 다음 날 보도했지만, 모두 1면이 아니라 사회면의 1/4 정도를 나눠 다뤘을 뿐이었다. 동시에 그 전후의 날짜에 유벽 철거 문제를 크게 다룬 보도는 특별히 보이지 않았다. 또한, 시의회에서는 전술한 바와 같이 철거 반대 움직임이 있었지만, 1958년에 현県의회에서 특히 이 문제가 다뤄진 적은 없었다.[6]

　그런 의미에서 이 문제는 당시 나가사키에서 큰 사회적 쟁점이 되지 않았고, 사람들의 관심도 그다지 높지 않았다. 철거 작업 때도 현장에 입회한 시민은 거의 없었다. 철거 작업 3일간, 현장에서 그 모습을 지켜본 이노우에 미쓰하루井上光晴에 의하면, 3일째에 청년 한 명이 온 이외에 현장에는 "나와 공사 인부들뿐"이었다고 한다.[7]

　유벽 철거를 바라는 심정이 일반적이었다는 지적도 있다. 나가사키

6　長崎県議会史編纂委員会 編, 『長崎県議会史』 第七巻(長崎県議会, 1980)에 수록된 의사록을 보는 한, 1958년 우라카미 성당 철거 문제가 의제에 오른 흔적은 없다.

7　井上光晴, 「「被爆」の根源にあるものを撃つ」, 『季刊·長崎の証言』 3, 1979.5, 112~113쪽.

의 시인 야마다 간山田かん은 논고 「피폭 상징으로서의 구 우라카미 성당被爆象徴としての旧浦上天主堂」『계간·나가사키의 증언(季刊·長崎の証言)』8, 1980.8에서 '당시 우라카미 성당이 갖는 의미의 상식적인 공통 의식'의 예로 '시내의 진보 인사들이 모인 어느 모임의 기관지'에서 다음의 문장을 인용하고 있다.[8]

〈그림 2-3〉 운반용 줄로 감긴 성 요한 상

빨간 벽돌의 예리한 금에 남겨진 우라카미의 슬픔은 — 여행자들의 아름다운 눈으로 볼 수 있게 되었다. 없애는 게 좋다. 매장하는 게 좋다. 처음이자 마지막 슬픔이 되도록. 먼 옛 추억에 지나지 않는 것이 되도록.[9]

1950년 전후의 나가사키 관광 가이드나가사키 관광연합회와 시내버스회사 발행를 보면, 구 우라카미 성당을 관광 루트로 포함하고 있는 것도 없지는 않

---

8   山田かん, 「被爆象徴としての旧浦上天主堂」, 『季刊·長崎の証言』 第八号, 1980, 82쪽. 야마다 간은 이 시를 『나가사키 로맹 롤랑의 회 회보(長崎ロマン·ロランの会会報)』(川崎信子 발행) 제27호(1958.7)에서 인용하고 있다. '나가사키 로맹 롤랑의 회'는 야마다 간의 설명에 의하면, "로맹 롤랑의 평화 사상과 전투적 휴머니즘에의 공명과 학습을 위해 모인" 것이었다. 山田かん, 『長崎·詩と詩人たち』, 汐文社, 1984, 128쪽.

9   山田かん, 「被爆象徴としての旧浦上天主堂」, 82쪽. 이 글은 山田かん, 『長崎原爆·論集』(本多企画, 2001)에도 수록되어 있다.

다.[10] 그렇지만, 적지 않은 피폭 체험자에게 거대한 유구는 자신들의 바람직한 기억을 플래시 백flash back하는 것밖에 되지 않는다. 관광 가이드에는 구 우라카미 성당이 마음 편히 관광 대상이 되는 데 대한 불쾌감이 스며 있다.

원폭 돔에 대한 불쾌감

피폭 유구에 대한 거부감은 히로시마에서 더욱더 직접적으로 언급되고 있었다. 『주고쿠신문夕刊中国新聞』1950.10.24 석간에는 「시국 의견 — 원폭 돔 처치時言 原爆ドームの処置」가 게재되었는데, 여기에 다음과 같은 기술이 보인다.

---

10   長崎県観光連合会 編, 『観光の長崎県』, 長崎県観光連合会, 1949; 長崎バス・長崎旅行
社 編, 『長崎遊覧バス大型貸切市内名所御案内』, 長崎バス・長崎旅行社, 간행연도 불명.

일부러 관광객을 끌어들이는 데 이렇다 할만한 것이 없는 히로시마시로서는 이런 것이라도 보이지 않으면 달리 방법이 없을지도 모른다. 그뿐 아니라 어떤 의미에서는 세계 어디를 가도 볼 수 없는 둘도 없는 귀중품일지도 모른다. 그리고 이 건물원폭 돔은 지금 '아톰 히로시마'의 이름과 함께 그림엽서나 달력 도안 등에 히로시마시의 상징이 돼 있다. 그러나 상징으로 하기에는 너무도 처참하지 않을까. 역시 어딘가 자신의 얽은 얼굴을 흥밋거리로 길거리에 서서 동냥하는 파렴치하고 비굴한 인간의 심정으로 통하는 것을 느끼지 못할까.

원폭 돔구 물산진열관·산업장려관이 이른바 명소가 되는 것에 대해 '어딘가 자신의 얽은 얼굴을 흥밋거리로 길거리에 서서 동냥하는 파렴치하고 비굴한 인간의 심정'이라고 했다.

물론, 관광업계 가운데 원폭 돔 보존을 요구하는 목소리도 없지 않았다. 히로시마현 관광연맹은 『관광의 히로시마현観光の広島県』히로시마현 관광연맹 편·발행, 1951에서 사진을 넣어 원폭 돔을 소개하고 있고, 1954년에는 히로시마시 관광협회와 교통 사업자에게도 호소해 원폭 돔 보존 기성동맹을 결성했다. 그 이유는 "관광 자원이 부족한 히로시마시에서는 중요한 관광 자원이며 일단 파괴하면 후에 복원하기 어렵다"『주고쿠신문』, 1954.5.21라는 것이었다.

그러나 관광 관련 사업자 사이에서도 이러한 움직임에 대한 반발은 적지 않았다. 히로시마 버스 사장 오쿠무라 다카시奧村孝는 「히로시마의 좋은 점 앙케트」『주고쿠신문』, 1952.8.8에서 "패전 직후라면 몰라도 지금까지도 아직 원폭을 흥밋거리로 대외적인 물질적, 정신적 원조에만 의존하는 것은 히로시마인의 수치", "원폭 중심지의 돔을 7년이나 지난 오늘날까지 방치하는 것은 어떨까 싶다. 해체하거나 재건하거나 빨리 해 주기 바란다"라고 응답했다. 관광 진흥으로 이익을 얻을 터인 버스회사 대표자여도 원폭 돔은 위화감을 불러일으키는 것이었다.

참사 상기想起의 거절

거기에 있는 것은 과거 참사의 상기를 거부하려는 심성心性이었다. 히로시마시는 1949년에 피폭 체험자를 대상으로 '산업장려관 보존의 시비'에 관한 여론조사를 했다. 428명의 응답 가운데 보존 희망이 62%였던 반면, '해체하고 싶다'는 35%에 달했는데, 그 이유로는 "참사를 생각하고 싶지 않다가 압도적이고60.9%, 그 밖에 잔해는 평화 도시에 부적절, 실용적 시설로 사용하자는 목소리도 있었다"라고 한다『주고쿠신문』, 1950.2.11. 적지 않은 피폭 체험자에게 원폭 돔은 여하튼 과거의 끔찍한 기억을 생각나게 하는 것이었다.

히로시마에서 활동하는 작가 하타 고이치畑耕一도 1946년의 논설「전혀 새로운 히로시마를全然新しい広島を」『주고쿠신문』, 1946.2.27에서 "원자폭탄에 대한 기억은 사료로 서책에 남기는 이외는 일물一物도 신 히로시마의 지상에 남기고 싶지 않다. 불탄 자리를 그대로 보존하는 따위는 싸구려 감상주의이며 우선 토지경제의 점에서도 남기기 어려운 이야기다"고 썼다. 원폭 돔에 직접적으로 언급하지는 않았지만, 유구를 남기는 것에 대한 강력한 거절의 의지가 엿보인다.

같은 논의는 히로시마 미디어에서도 널리 볼 수 있다. 주고쿠신문사가 발행하는 당시의 석간지에는 원폭 돔에 대해 "비참 이외의 아무것도 아닌 듯한 잔해", "히로시마시 한가운데에 왠지 기분 나쁜 유령의 집처럼 서 있는 구 산업장려관의 돔"과 같은 기술이 있고, 그것을 '즉시 제거하는' 것의 필요성이 언급되어 있었다.[11] 당시의 원폭 돔은 왠지 기분 나쁜 끔찍함을 상기하는 것이었다.

모뉴먼트와의 부조화

히로시마시도 유구 보존에는 소극적이었다. 히로시마 시장 하마이 신조濱井信三는 『주고쿠신문』1951.8.6에 게재된 좌담회 「'평화제'를 말한다「平和祭」を語る」에서 "나는 보존할 도리가 없지 않을까 싶다. (…중략…) 지금 문제가 되는 돔에도 돈을 들이면서까지 남겨야 할 일은 아니라고 생각합니다"라고 말했다.

그렇다 하더라도, 피폭 체험을 '기념'하는 장이 요구되지 않은 바는 아니었다. 같은 좌담회에서 히로시마대학 학장 모리토 다쓰오森戸辰男는 하마이의 발언을 받으며 "어쨌든 과거를 돌이켜보는 것보다 좋은 평화의 전당을 짓는 것이 더욱더 의의가 있습니다. 그러한 것원폭 돔을 언제까지나 남겨두는 것이 기분 좋지만은 않다"라고 말했다. 여기서 부상한 것이 유구가 아니라 모뉴먼트를 선택하려는 심성이었다.

유구란 전쟁 재해戰災나 그에 따른 사람의 죽음이 있었던 건조물 등의 '현장'을 통해 전쟁 흔적을 구체적으로 가시화하는 일을 가리킨다. 원폭

---

11 『夕刊ひろしま』, 1948.10.10; 『夕刊中国新聞』, 1950.10.24.

돔이나 구 제3외과外科 참호오키나와 고메스(米須) 등이 대표적일 것이다. 이에 대해 모뉴먼트는 이러한 '현장'과는 달리 전후 새로 만들어진 기념비 등으로 과거의 기억을 추상적이고 상징적으로 보여주는 것이다. 히로시마 평화기념공원이나 오키나와의 각 도도부현 위령탑 이외에 지란특공평화관음당知覧特攻平和観音堂 등이 이에 해당한다.

유구와 모뉴먼트의 구별이 그다지 의식되는 것은 아닐지도 모르지만, 상기한 모리토의 발언은 확실히 양자를 이질적인 것으로 다루고 있다. 참화를 직접적으로 가시화시키는 유구는 "언제까지나 남겨두는 것이 기분 좋지만은 않은" 한편으로, '평화의 전당', 즉 모뉴먼트는 어디까지나 상징적일 뿐이어서 '과거를 돌이켜'보지 않아도 된다. 모리토는 이러한 이유에서 유구가 아니라 모뉴먼트에 존재 의의를 찾아내고 있었다.

단게丹下 계획의 환골탈태

유구에 대한 위화감은 평화기념공원 구상을 둘러싼 논의에도 파급했다. 히로시마시는 평화기념공원 설계 공모를 통해 1949년 8월 6일, 145점의 응모작 가운데 도쿄대학 조교수 단게 겐조丹下健三 그룹의 안을 제1위로 선정했다. 이것은 원폭 돔과 위령비, 원폭 자료관을 잇는 선을 기축으로 평화 대로100m 도로에서 자료관의 필로티pilotis, 아치형 기념비 앞의 원폭 돔이 전망되도록 설계되었다.

그러나 기념공원도 포함해 히로시마 부흥을 위한 도시계획을 검토하는 히로시마시 평화기념도시건설 전문위원회에서는 원폭 돔의 위상을 둘러싸고 이론이 분출했다. 위원장 이누마 가즈미飯沼一省는 1951년경에 기초한 것으로 생각되는 「히로시마 평화기념도시 건설계획에 대한 의견서」히로시마시 공문서관 소장에서 "원폭으로 파괴된 물품 진열소 잔해의 현재 상태가 결코 아름다운 것은 아니다. 평화 도시의 기념물로는 너무도 어울리지 않아서 사견으로는 조만간 이것을 철거하고 깨끗이 청소해야 한다고 생각한다. (…중략…) 새로 건설할 평화 도시의 중심에 이러한 흉물을 남겨두는 것은 적절하지 않다"라고 말했다.

이 위원회 위원이었던 이시모토 기쿠지石本喜久治, 히로시마시 고문, 건축사무소 소장도 제3차 위원회1951.1.20에서 평화기념공원 건설에 언급하면서 "(원폭 돔을) 언제까지 놔두더라도 주변이 깨끗해지면 부수게 되지 않을까요"라고 말했다.[12] 평화기념공원이 아름답게 정비됨으로써 폐허에 지나지 않는 원폭 돔의 흉함이 눈에 띄게 되고, 그에 따라 원폭 돔 철거를 요구하는 여론이 높아질 것을 기대했다.

단계 계획에서는 유구원폭 돔와 모뉴먼트평화기념공원는 조화롭게 규정되었으나, 건설 전문위원회에서는 원폭 돔의 불쾌감이 노골적으로 언급되었다. 거기서는 유구와 모뉴먼트의 괴리가 현저했다.

2. 미화와 배제

모뉴먼트의 전경화前景化

히로시마시에서는 1952년 8월 6일 원폭 위령비 제막식이 열렸다. 그 이후, 공적인 8월 6일의 추도 식전은 위령비 앞에서 거행되게 되었다. 그 이전에는 원폭 공양탑 앞이나 구 호국護國신사 광장 등 식전 개최 장소는 일정하지 않았다. 평화기념공원이 정비되고 위령비가 건립되는 가운데 이곳이 히로시마 기억의 '상징적인 장'으로 규정되게 되었다.

그렇지만, 이들 모뉴먼트로 구 폭심지 일대를 아름답게 정비하는 일은 동시에 가장 말단의 피폭자나 곤궁한 자를 배제하는 일이기도 했다. 원폭 위령비 제막식에서는 원폭 위령비와 원폭 돔 사이에 횡단막이 쳐졌다. 위령비에서 원폭 돔을 전망할 수 있게 설계되었었지만, 제막식 당시는 "위령비 뒤부터 돔까지 바라크barrack로 가득 차 있었다."[13] 횡단막은 식전을 하는 위령비 앞 광장에서 바라크를 감추기 위해 쳐진 것이었다.

다음 해 8월 6일의 식전에서도 위령비 배후에 횡단막이 내걸렸다. 식전이 끝난 후, 여학생들의 〈미소여 돌아오라〉사코 미치코(佐古美智子) 작사의 댄스가 있었는데, 빈곤에 허덕이며 바라크에 사는 사람들의 존재는 이 화려함으로부터 차단되었다. 평화기념공원이라는 모뉴먼트는 '히로시마의 상징'으로 생긴 것이지만, 거기에는 원폭의 유구·유물에 더해 가장 말단의 피폭자·피재자被災者들이 사는 '흉한 바라크'도 배제하는 역학이 따라다녔다.

평화기념상에 대한 초조함

모뉴먼트에 대한 불쾌감은 나가사키에서도 적지 않게 보였다.

1955년 8월 8일, 10년째 평화기념 식전에 앞서 평화기념상 제막식

12　「第三回広島平和都市建設専門委員会要点記録」, 1951.1.20, 広島市公文書館 소장.

13　中国新聞社 編, 『年報ヒロシマ』, 1995, 122쪽.

이 있었다. 기념상을 제작한 사람은 나가사키 출신 조각가로 도쿄미술학교 교수도 지낸 기타무라 세이보北村西望였다. 기념상은 "평화 극복克復의 계기가 된 귀중한 희생자의 영혼을 달램과 동시에 세계 항구 평화에의 열정을 상징하는" 것으로 건립돼 폭심지 가까운 구릉지의 평화공원 안에 설치되었다.[14] 높이 9.7m에 이르는 이 거대한 청동 남녀 나체상은 '나가사키로부터의 평화Peace from Nagasaki의 상징'이라고 규정되어, 지역 신문도 "기념상 '평화에의 개안' 여름의 구름 아래 성대히 제막식", "나가사키시민의 평화 기념을 담아 평화기념상 여기에 개안"『나가사키니치니치신문』, 1955.8.9이라고 1면 톱으로 대서특필했다.

평화기념상 건립에 따라 공적인 애도의 장도 변경되었다. 그때까지는 나가사키시 주최의 원폭 희생자추도식이 마쓰야마마치松山町의 폭심지 공원에서 진행되었으나, 500m 정도 떨어진 평화공원에 기념상이 설치된 후에는 기념상 앞 광장에서 공적인 식전이 이루어지게 되었다. 일찍이 형무소였던 이곳은 평화기념상이 건립됨으로써 '성스러운 장'으로 규정되게 되었다.

그러나 피폭 후유증에 허덕이던 시인 후쿠다 스마코福田須摩子는 평화기념상에 대한 불쾌감을 씻을 수 없었다. 후쿠다는 당시의 생각을 다음과 같은 시로 지었다.

모두 다 싫어졌습니다

---

14   長崎市原爆被爆対策部 編,『長崎原爆被爆五十年史』, 1996, 462쪽.

원자 들판에 선 거대한 평화상

그건 좋다 그건 좋지만

그 돈으로 어떻게든 되지 않았을까

"석상石像은 먹지도 못하고 요깃거리도 안 된다"

비열하다 말하지 마시라

원폭 후 10년을 겨우 살아온

피해자의 숨길 수 없는 심경입니다[15]

당시 후쿠다는 피폭 후유증으로 식욕을 잃고 고열이 계속되었을 뿐 아니라, 붉은 반점이 전신에 퍼져 얼굴은 '도깨비' 같았다고 한다.[16] 대학병원에서 진찰받고 즉시 입원을 권유 받았지만, 곤궁에 허덕이던 하루 벌어 하루 사는 생활에서는 입원은커녕 통원조차 쉽지 않았다.[17] "낡은 다다미 위를 기어 돌아다니며 유충처럼 대굴대굴 뒹굴 뿐"으로 "의지도 생기도 잃고", "밤에 잘 때, 이대로 영원히 잠들기를, 그것만을 바라는" 심경인 만큼 후쿠다의 눈에는 평화기념상 제막식이나 시 주최 위령제는 "아침 일찍부터 확성기로 왁자지껄 막 시작"하는 "야단법석"으로밖에 보이지 않았다.[18]

거상의 제작에는 많은 자금이 들었다. 나가사키시는 1,500만 엔의 예산을 예상했으나, 실제 경비는 이를 대폭 웃돌았으며 기념상의 높이도 원

15 福田須摩子,『詩集 原子野』, 現代社, 1958, 7쪽.

16 福田須摩子,『われなお生きてあり』, ちくま文庫, 1987, 313쪽.

17 위의 책, 310쪽.

18 위의 책, 314쪽.

래 계획보다 늘어 최종적으로 3,461만 엔이 투입되었다.[19]

거대한 기념상이 만들어진 배경에는 "외국인에게도 감동을 줄 수 있는 위용으로" 만들기 위해 "기념상의 크기는 나라奈良, 가마쿠라鎌倉 대불에 필적할 정도로 크게 한다"라는 기타무라 세이보의 의도가 있었다.[20] 그것은 나가사키시의 목표이기도 했다.

〈그림 2-5〉 제막식을 앞둔 평화기념상
(『나가사키니치니치신문』, 1955.8.8)

평화기념상 제작에 대해 『나가사키시정 전망長崎市政展望』長崎市役所, 1953.8에는 다음과 같이 기술되어 있다.

> 나라 대불이 생기고 1,100여 년, 가마쿠라 불상이 나타나고 700여 년 지나 처음으로 나가사키에 일본 제3위의 동상銅像이 생깁니다. (…중략…) 일본 나가사키에 세계 어디에도 없는 남신男神의 평화상이 생긴다는 긍지를 생각해 나가사키시민은 건설 자금 조달에 크게 분발奮起해 주실 것을 기대합니다.

나라나 가마쿠라 불상에 이은 거상이 만들어진다는 점을 과시하려는

19 長崎市原爆被爆対策部 編, 앞의 책, 463쪽; 長崎市議会 編, 앞의 책, 865~869쪽.
20 北村西望, 『百歳のかたつむり』, 日本経済新聞社, 1983, 150쪽.

심성이 엿보인다. 그러나 의료비는커녕 생활비도 부족한 피폭자들이 "그 돈으로 어떻게든 되지 않았을까", "석상은 먹지도 못하고 요깃거리도 안 된다"라고 생각하는 것은 당연했다. "죽은 사람을 공양하는 건 좋은 일이 다. 그러나 이렇게 의료비도 없이 병으로 고통받는 인간은 어떨까. 의료 보호 신청을 하고 2개월이나 지났는데도 방치된 채이다. 죽고 나서 극진 히 공양받기보다 살아 있을 때 뭔가 대책은 없는 것일까"─그런 생각에 서 "상반신이 무너질 듯한" 병든 몸을 무리해 쓴 것이 앞의 「혼잣말ひとり ごと」이라는 제목의 시였다.[21] 폭심지 일대에 모뉴먼트가 배열되고 주위 를 아름답게 정비하는 일은 피폭 후유증에 허덕이는 사람들에게 자신들 이 소외되고 있음을 실감하게 하는 것이기도 했다.

장소 선정의 역학

그렇지만, 히로시마와 나가사키 사이에는 모뉴먼트를 둘러싼 차이 도 보인다. 히로시마 평화기념 도시건설 전문위원회에서는 전쟁을 기 념·기억하는 장으로 구 호국신사 터나 히로시마성 터제5사단 사령부 및 청일전 쟁기의 대본영 터가 제기되기도 했지만,[22] 폭심지에서 가장 가까운 나카지마中 島 지구를 평화기념공원으로 하는 데 대해 특별한 이론은 보이지 않았다. 그러나 나가사키에서는 평화기념상을 설치하는 장소를 둘러싸고 다양 한 줄다리기가 있었다.

기념상 건립 취지는 "원폭 순난자殉難者 위령을 위해서"였기 때문에

---

21 福田須摩子, 앞의 책, 1987, 314~315쪽.

22 졸저 『「戰跡」の戰後史』 참조.

'원폭 폭심지' 주변 설치가 고려되었지만,[23] 일부 의원이 시의회1952.1.23에 '평화기념상을 가자가시라風頭山 오다케男岳에 건설할' 것을 요망하는 의견서를 제출했다.[24] 가자가시라는 나가사키시가를 한눈에 바라볼 수 있는 곳원지에 있었고 폭심지・우라카미에서는 6km 정도 시가지 근처에 위치해 있었다.

기념상 건립지 선정을 부탁받은 나가사키시의회 건설위원회는 각계 대표자 77명의 의견을 들었는데 '원폭 중심지' 45명, '가자가시라 오다케' 21명, '기타' 11명이라는 결과였으나, 다음 달의 위원회에서도 결정하지 못했다.[25] 시장 다가와 쓰토무도 『나가사키시정 전망』1952.9에서 이 문제에 대해 다음과 같이 말했다.

평화기념상은 원래 원폭 낙하 중심지구에 건설하는 것으로 계획했지만, 설치 장소에 대해서는 문화와 평화의 도시 나가사키를 상징하는 가장 적합한 장소를 선정해야 하는 것으로 원폭 낙하 지구에 국한해서는 안 된다는 의견도 있어서 시민 및 각 방면의 의견을 들어 가장 적절한 장소를 선정해 건설해야 한다고 생각합니다.

---

23 杉本亀吉,「平和祈念像建設事業の回想」, 長崎市・平和祈念像建設協賛会 編, 『平和記念像の精神』, 長崎市・平和祈念像建設協賛会, 1955, 20쪽.

24 『長崎日日新聞』, 1952.1.23. 長崎市議会 編, 앞의 책, 1997, 866쪽. 가자가시라를 비롯한 나가사키 평화공원의 장소 선정의 역학에 대해서는 大平晃久,「長崎平和公園の成立 ―場所の系譜の諸断片」, 『長崎大学教育学部紀要』 1, 2015 참조.

25 『長崎市議会月報』, 1952.9.25・1952.10.25.

'원폭 낙하 중심지구'가 반드시 '문화와 평화의 도시 나가사키를 상징하는 가장 적합한 장소'라고 규정되지 않는 나가사키의 상황이 드러난다.

최종적으로, '이치에 맞지 않는다'는 이유로[26] 폭심지에 가까운 구 형무소 터 고지대平和公園로 낙착되었으나, 이에 관한 합의가 형성되는 데는 우여곡절이 있었다.

건설지를 둘러싸고 의견이 갈린 배경에는 폭심지를 둘러싼 지리적인 요인도 얽혀 있었다. 히로시마는 시내 중심부의 나카지마 지구가 폭심지였으나, 그것은 삼면이 산으로 에워싼 평야 부분의 거의 중앙이었다. 따라서 피해는 동심원상으로 시역市域 전반에 미쳤다. 이에 반해, 나가사키는 시가지는 표고 200m 정도최고 366m의 구릉에 의해 나카지마강中島川 유역과 우라카미강浦上川 유역으로 분기되어 있고, 열선이나 폭풍에 의한 피해는 대부분 우라카미강 지역에 집중되었다. 행정이나 상업의 중심인 나카지마강 지역은 구릉으로 차단되어 있어서 그 여파는 경감되었다.[27] 따라서 '원폭이 (나가사키시 중심지가 아니라) 우라카미에 떨어진 데 대해 "후유"하고 안심했다'라는 소리도 종종 들렸다고 한다.[28]

그렇다면 시 중심부의 상업·관광 관계자가 '신생 나가사키의 상징'이 되어야 할 모뉴먼트를 폭심지 일대로부터 탈환하려 해도 이상하지 않다. 가자가시라에는 1954년 9월에 호텔 야타로矢太樓가 건설되었고, 후에

---

26 杉本亀吉, 「平和祈念像建設事業の回想」, 長崎市·平和祈念像建設協賛会 編, 앞의 책, 20쪽.
27 長崎市原爆被爆対策部 編, 앞의 책, 36쪽.
28 調来助 編, 『長崎 爆心地復元の記録』, 日本放送出版協会, 1972, 11쪽.

쇼와천황이 두 번 정도 숙박한 바 있다.[29] 야타로의 창업자로 가자가시라 개발에 힘을 쏟은 무라키 가쿠이치村木覺一는 그곳에 기념상 유치를 추진하려고 한 시의회 의원 중 한 사람이었다.[30] 그들은 우라카미만이 '문화와 평화의 도시 나가사키를 상징하는 데 가장 적절한 장소'로 여겨지는 상황을 석연치 않게 생각했다. 전후의 나가사키에 있어 폭심지 부근이 '상징적 장소'가 되는 것은 결코 주어지는 일이 아니었다.

3. 유구遺構의 '발견'

원폭 돔 보존운동

히로시마든 나가사키든, '피폭 체험을 기념하는 장'으로는 대체로 모뉴먼트에 무게를 두었으나, 1960년대 중반 이후가 되자 이러한 상황에 변화가 나타나게 되었다. 그것을 단적으로 가리키는 것이 원폭 돔 보존운동이었다.

1960년대 전반이 되어서도 히로시마시장 하마이 신조는 "돔을 보존하는 데는 약 1,000만 엔이 필요. 이 잔해에는 원폭의 위력을 보여주는 학술적인 가치는 없으며", "돔을 보강하면서까지 보존할 가치는 없다"라는 자세를 유지했다.[31]

---

29   山崎崇弘, 『クモをつかんだ男』, クモをつかんだ男刊行会, 1980.

30   『長崎日日新聞』, 1952.1.22.

31   汐文社編集部 編, 『原爆ドーム物語』, 汐文社, 1990, 42쪽; 「原爆ドーム ビル新築で崩壊の心配」, 『中国新聞』, 1963.10.5; 졸저 『焦土の記憶』(新曜社, 2011)도 참조할 것.

〈그림 2-6〉 보존 공사 전의 원폭 돔(1967)

그러나 이때부터 원폭 돔의 자연 붕괴倒壞 우려가 현실미를 띠게 되었다. 원폭 돔은 바깥쪽으로 35cm나 기울어 30m 떨어진 전차로를 자동차가 달릴 때마다 5mm 가깝게 벽이 흔들렸다고 한다.[32] 이런 가운데 보존을 요구하는 여론은 높아졌다.

원수폭 금지 일본 협의회原水禁의 히로시마 협의회, 히로시마 기독교 신도회, 평화와 학문을 지키는 대학인의 모임 등 11개 단체는 1964년 12월 22일 원폭 돔의 영구 보존을 시장에게 요청했다. 이듬해 3월 29일에는 단게 겐조, 유카와 히데키湯川秀樹 등이 연명으로 '원폭 돔 보존 요망서'를 기초해 시장에게 전달했다. 요망서에는 "원폭 돔은 피폭 도시 히로시마를 상징表徵하는 성스러운 기념 전당으로 세계에 유례가 없는 문화재이다", "원폭 돔은 피폭 후 이미 20년이 지나 붕괴 직전 상태에 있다.

32　中国新聞社 編, 『增補 ヒロシマの記録』, 中国新聞社, 1986, 189쪽; 「原爆ドーム 姿勢正した 「歴史の証人」」, 『中国新聞』, 1967.6.13.

〈그림 2-7〉 원폭 돔 보존 공사(1967.7)

신속히 보수공사를 해 환경을 정비하고 보존유지 조치를 강구하기 바란다"고 했다.[33] 자연 붕괴 목전에 이르러 원폭 돔을 '피폭 도시 히로시마를 상징하는 성스러운 기념 전당', '세계에 유례가 없는 문화재'라는 견해가 확산했음을 알 수 있다.

이러한 여론을 수용해 1966년 7월 11일, 히로시마시의회는 원폭 돔의 보존을 만장일치로 가결했다. 비용은 전액 모금에 의하기로 하고 하마이 시장 자신도 가두에 서서 기부를 호소했다.

그렇지만, 원래 이 모금운동은 열기가 부족했다. 모금운동은 1967년 2월 말에 종료할 예정이었으나, 같은 달 중순 시점에서의 누계금액은 목

---

33 広島市議会 編, 『広島市議会史 議事資料編』 2, 1990, 819쪽.

표액의 1/5도 되지 않은 780만 엔에 머물러 있었다.[34] 히로시마시는 모금 활동을 어쩔 수 없이 1개월 연장하는 한편, 하마이는 전국 미디어에서 모금을 호소했다. 그중에서도 『아사히신문朝日新聞』1967.2.25의 '사람人'이라는 코너에서 하마이를 다루고, 같은 날과 다음날 스키야바시数寄屋橋 가두에서 모금에 나선 것이 소개된 후 급속히 모금이 열기를 띠게 되었다.

신도 가네토新藤兼人, 가토 고加藤剛, 다무라 다카히로田村高廣 등 영화인이나 배우들이 가두에 선 일도 전국지와 텔레비전에서도 보도되고, 이를 받아 『주고쿠신문』 등 히로시마 미디어가 도쿄를 비롯한 전국적인 열기를 소개했다. 말하자면, 중앙의 움직임을 히로시마가 역수입하는 형태로 모금운동은 가속적으로 고양되어 최종적으로 목표의 4,000만 엔을 상회하는 6,680만 엔이 전국에서 모집되었다. 그런 의미에서 돔 보존운동은 미디어 이벤트로서의 색채를 띠게 되었다.[35] 이후, 보강공사가 빠른 속도로 진행되어 1967년 8월 6일을 앞두고 작업은 완료했다.

1960년대 후반의 반전운동

이같은 움직임의 배경에는 당시 사회 상황도 관련되었다. 1965년에 미국이 베트남에서의 북폭을 개시함으로써 일본에서도 베트남 반전운동이 고조되어 갔다. 그것은 오키나와가 미군의 후방 기지로 이용되는 것에 대한 비판을 낳았다. 더욱이 같은 때에 오키나와 반환 문제가 점차 초점이 되었다. 1965년 8월, 사토 에이사쿠佐藤栄作 수상은 오키나와를 방

---

34 『朝日新聞』, 1967.2.14.
35 졸저 『『戦跡』의 戦後史』 참조.

문해 본토 복귀를 목표로 한다고 선언했고, 이후 광대한 미군기지를 남긴 채 오키나와 반환을 추진하는 것이 분명해졌을 뿐만 아니라, 오키나와에의 핵무기 반입이 용인될 것인가와 같은 움직임도 보였다.

이러한 가운데 히로시마의 기억이 상기되어 피폭 체험기 간행이 급증했다. 특히 주고쿠신문사 '히로시마의 기록' 시리즈가 대표적이었다. 『주고쿠신문』은 1962년부터 단속적斷續的으로 '히로시마의 증언ヒロシマの証言', '히로시마 20년ヒロシマの二〇年'과 같은 특집을 꾸며 피폭 체험자의 증언이나 그들의 생활사에 대한 보도를 거듭했다. 이러한 것들은 1966년부터 1971년에 걸쳐 『증언은 사라지지 않는다―히로시마의 기록 1証言は消えない―広島の記録 1』, 『불길의 날에서 20년―히로시마의 기록 2炎の日から20年―広島の記録 2）』, 『히로시마·25년―히로시마의 기록 3ヒロシマ·25年―広島の記録 3』, 『히로시마의 기록―연표·자료 편ヒロシマの記録―年表·資料編』모두 未来社으로 정리했다. 분량은 합계 1,100쪽 이상에 이른다. 원폭 돔에 대한 사회적 관심도 어떤 면에서는 이러한 흐름에 따른 것이었다.[36]

그렇지만, 다른 한편으로, 원수폭 금지운동은 혼란이 극에 달해 있었다. 소련이나 중국의 수폭 실험을 둘러싸고 그것을 지지하려고 하는 공산당계와 '모든 핵 반대' 자세를 중시하는 사회당·총평總評계는 격렬한 대립에 빠져 1965년에는 사회당계 인사가 일본원수협원수폭 금지 일본협의회에서 탈퇴해 원수금 국민회의원수폭 금지 일본 국민회의를 결성했다.

돔 보존운동은 원수폭 금지운동에서의 당파 대립이나 증오를 미룰

---

36   졸저『焦土の記憶』, 330쪽.

수 있는 일이기도 했다. 어떤 보존운동 찬성자는 모금 사무국에 보낸 편지에서 다음과 같이 말했다.

> 현재, '잘못을 거듭하지 않기' 위한 운동이 이데올로기 대립으로 몇 개로 분열되어 있는 일은 참으로 유감입니다. 이들 운동은 돔을 중심으로 해서 하나가 되어야 한다고 생각합니다. 소생은 이런 기분으로 모금운동에 기꺼이欣然 참가한 사람입니다.[37]

이를 뒷받침하듯이, 돔 보존운동에서는 당파를 뛰어넘는 찬성이 보였다. 일본원수협과 원수금 국민회의, 각각의 산하단체가 모금운동에 참여했을 뿐 아니라, 자민당을 비롯한 보수계 단체도 이를 뒷받침했다.

당파를 뛰어넘은 참여를 용인한 돔 보존운동은 원수금운동이 교착해 있었음에도, 다시 말하면 오히려 그 때문에 열기를 띨 수 있었다. 이렇게 해서, 원폭 돔은 진정성을 띤 유구로 발견되기에 이르렀다.

우라카미 성당의 '발견'

히로시마에서의 이러한 움직임은 필연적으로 나가사키에도 파급되었다. 전술한 바와 같이, 우라카미 성당의 유벽은 이미 1958년에 철거되었다. 그렇지만, 1960년대 말 이후가 되자, 과거 유벽 철거에 대한 비판이 제기되기 시작했다.

---

[37]　広島市 編,『ドームは呼びかける―原爆ドーム保存記念誌』, 1968, 60쪽.

폭심지에서 1,700m 지점에서 피폭한 의사 아키즈키 다쓰이치로秋月辰一郎는 『나가사키의 증언長崎の証言』제1집, 1969에 게재한 에세이에 다음과 같이 썼다.[38]

그 공원폭심지 공원 가운데 우라카미 성당의 벽돌 기둥 하나와 성인의 석상이 남아 있다. 그 잔해는 전적으로 보잘것없이 미묘한 것이다.

원폭이 나가사키 상공에서 작렬한 직후, 동양 최대를 자랑했던 로마네스크의 붉은 벽돌의 대성당cathedral의 윗부분은 바람에 날아가고 분화한 것처럼 불을 내뿜고 있었다. 그 후 며칠이고 붉은 벽돌의 벽과 기둥의 덩어리가 첩첩이 쌓여 있었다. 이에 반해, 현재 원폭 공원의 벽돌 기둥은 몇천 분의 일일까. 그냥 지나쳐버리고 있다.[39]

같은 지적은 여기서 그치지 않았다. 나가사키종합과학대학 건축학 교수 가타요세 도시히데片寄俊秀는 1979년 좌담회에서 "원폭을 입은 우라카미 성당이 모습을 감춘 건 나가사키에 매우 운명적이라고 할까, 나가사키의 여러 운동을 바꿔 버린 하나의 큰 모멘트가 된 듯한 느낌이 듭니다", "그 형태로 어쨌든 보존할 수 있었다면, 아마도 아우슈비츠에 견줄 역사적 존재로 세계에 어필했다고 생각한다"라고 말했다.[40]

---

38 이 문장이 작성된 날짜는 1959년 8월 2일이라고 기술되어 있으나, 초출 정보 등은 알 수 없다. 다만, 여기서는 우라카미 성당 철거로부터 10여 년이 지난 1969년이 되고 이 문장이 공표된 점을 중시하고 있다.

39 秋月辰一郎, 「原爆被爆の実体を語ることこそ私たちの義務」, 『長崎の証言』1, 1969, 9쪽.

40 座談会, 「八〇年代の核状況と思想の課題」, 『季刊・長崎の証言』5, 1979, 25쪽.

시인 야마다 간도 후년이기는 하지만, 「피폭 상징으로서의 구 우라카미 성당」1980에서 유벽 철거가 "나가사키 피폭을 현실적 구체성을 띠고 보여주는 구조물이 전혀 없는 공백 상황"을 만들어냈다고 지적했다.[41] 더욱이 야마다는 국제문화회관의 원폭 자료를 일독한 후, 버스로 글로버 Thomas Blake Glover 정원으로 가는 나가사키 수학여행 방식에도 언급하며 이렇게 말했다.

그야말로 쇄국의 창, 난반가라코모南蠻唐紅毛 문화[42]의 유산 이외의 나가사키, 현대사에서의 가장 비참한 소용돌이에 처박힌 나가사키는 의도적으로 깨끗이 지워진 느낌으로 실감할 수 없게 되어버렸다.

전후도 13년간에 걸쳐 전쟁의 참혹한 극점으로 계속해서 규정해왔던 우라카미 성당을 '적절하지 않다'며 말소하는 사상은 나라를 초토로 만든 책임을 탐색하지 않고 끝내버린 그야말로 일본적인 '책임의 행방불명'이다.[43]

원폭의 참화를 직접적으로 보여주는 유구가 없어짐으로써 '현대사 속에서의 가장 비참한 소용돌이에 처박힌 나가사키'가 감춰지고, '쇄국의 창, 난반가라코모 문화의 유산'이나 '관광으로서의 이국취미exoticism'[44]

---

41   山田かん, 「被爆象徴としての旧浦上天主堂」, 앞의 책, 1980, 85쪽

42   [역자주] 난반가라코모(南蠻唐紅毛)는 각각 동남아시아를 경유해서 전해진 서양 문화, 중국문화, 네덜란드 문화를 가리킨다. 에도 시대는 대외적인 쇄국정책(鎖國政策)을 폈으나, 나가사키는 외국 문화를 수용하는 유일한 통로로 기능했다.

43   위의 책, 87쪽.

44   山田かん, 「お宮日と原爆」, 『季刊·長崎の証言』 9, 1980.11, 123쪽.

만 전면에 나왔다. 그런 것에 대한 불쾌감을 야마다 간은 적고 있다.

1960년대 후반이 되어 히로시마의 원폭 돔에서는 진정성이 발견되게 되었다. 그것이 마치 나가사키에 파급한 것처럼 과거의 우라카미 성당 유벽에 진정성이 있었음이 이해되게 되었다.

유구와 모뉴먼트를 둘러싼 조화와 부조화

나가사키에서의 유구의 '발견'은 평화기념상이라는 모뉴먼트에 대한 불쾌감으로도 이어졌다. 야마다 간은 「히로시마에서広島にて」1974에서 평화기념상의 허무함을 다음과 같이 말했다.

오늘도 나가사키 평화기념상의 거대한 남신男神 앞에서 기념촬영이 이루어지고 있을 것이다. 저 쓸모없는 기념상 앞에서 쓸모없이 어울리는 기념사진에 지나지 않는 일이 히로시마 돔 앞에서 같은 일이 일어난다면, 그것은 전혀 어울리지 않는 행위인 것처럼 생각되는 것은 어쩔 수 없었다.[45]

야마다는 「피폭 상징으로서의 구 우라카미 성당」1980에서 "방대한 전쟁 희생자의 한과 기도가 이 피폭 원점의 상징인 성당 폐허에 담겨 있다"라고 썼는데,[46] 그에 비하면 평화기념상은 기념사진 촬영에 어울릴 뿐인 공허한 모뉴먼트로밖에 보이지 않았다. 철거된 구 우라카미 성당이 띈

---

45   山田かん, 『長崎原爆・論集』, 本多企画, 2001, 215쪽(초출은 「広島にて」, 『炮民』 46, 1976.12).

46   위의 책, 86쪽.

아우라는 거꾸로 그것을 대신하듯이 제작한 평화기념상의 허무함을 비춰냈다. 구 우라카미 성당이라는 유구는 평화기념상이라는 모뉴먼트와 양립하지 않는 것으로 규정되었다.

이에 반해, 히로시마에서는 오히려 유구와 모뉴먼트의 조화성이 발견된다. 시장 하마이 신조는 「원폭 돔 보존의 호소原爆ドーム保存の訴え」『히로시마시정과 시민(広島市政と市民)』, 1966.11.15에서 "원폭 돔은 평화기념공원과 밀접한 관계가 있고, 평화기념공원 중심점에는 원폭 위령비가 안치되어 있으며, 원폭 자료관, 평화의 등불, 평화 비원悲願의 종당鐘堂과 함께 그 위령비를 감싸는 공원의 주요 포인트 가운데 하나가 되었습니다"라고 말했다. 이것은 원폭 자료관과 위령비, 원폭 돔을 일직선상으로 바라보도록 배치한 단게 겐조의 평화기념공원 계획을 설명한 것이다.

그렇지만, 이미 지적한 바와 같이, 1950년대 초의 히로시마 평화기념도시건설 전문위원회에서는 원폭 돔의 철거론, 혹은 자연 붕괴를 기다리는 자세가 강해 폐허에 지나지 않는 돔과 평화기념공원의 미관은 부적합한 것으로 인식했다. 하마이 신조 자신도 당시에는 "돈을 들이면서까지 남겨야 할 일은 아니다"라는 입장이었다. 그러나 1960년대 중반이 되자, 돔 보존의 여론이 높아지는 가운데 그것과 평화기념공원의 친화성이 강조되게 되었다.

원폭 돔과 위령비, 자료관을 관통하는 축선을 기조로 앉힌 단게 겐조의 평화기념공원 구상1949은 설계부터 20년 가까이 거쳐 그 의의가 '발견'되게 되었다. 그것은 과거와는 달리 유구와 모뉴먼트 사이에 조화가 이해되고 있음을 의미했다.

유구와 망각

그러나 모뉴먼트에 용해된 것 같은 유구의 상태는 '계승'이 아니라 '풍화'나 '망각'을 감지시키는 경향도 있었다. 원폭 돔은 보존 공사로 벽의 균열이 메꿔지고 벽의 기울기는 보정되었다. 22년 사이에 퇴적한 이끼나 쓰레기도 모두 제거되었다. 그렇지만, 영문학자로 히로시마대학 조교수인 마쓰모토 히로시松元寬는 거기서 '풍화'의 단서를 간파했다. 마쓰모토는 1970년의 에세이 「피폭 체험의 풍화被爆体験の風化」『주고쿠신문』, 1970.8.3에서 다음과 같이 말했다.

> 원폭 돔이 보수되었을 때 나는 그 취지에 찬성해 미력이나마 협력했지만, 보수공사가 완성돼 돔이 다시 모습을 드러냈을 때 나는 뭔가 잘못된 일을 하지 않았나, 하는 생각에 빠졌음을 기억한다. 공사는 돔이 풍화해 급속히 붕괴하려고 할 때 그 풍화를 막기 위해 최신 약제로 보강했던 것인데, 풍화가 중단되면서 돔은 갑자기 생명을 잃은 것처럼 내게는 보였다.
>
> 본질적으로 말하면, 보강공사와 동시에 돔은 전혀 별개의 돔이 되어 버렸다. 그것은 1945년 8월 6일의 체험 유적으로서의 의미를 상실하고 전후 다수 건립된 기념비와 같은 것으로 바뀌어버렸다. 풍화는 막은 게 아니라 도리어 촉진되어 버린 것은 아닐까.

원폭 돔 보수공사는 '영구보존'을 목표로 이뤄진 것이었다. 그러나 마쓰모토는 여기에 영구한 '생명'은커녕 그 '생명'의 죽음을 느꼈다. 보수공사가 시행됨으로써 붕괴 우려는 없어졌지만, 피폭 당시의 생생함이 상실

되었다. 그것은 원폭의 참화를 전하는 유구가 아니라 '전후 다수 건립된 기념비와 같은 것'에 지나지 않았다.

그것은 즉 원폭 돔이라는 유구가 모뉴먼트로 전환했다는 바를 지적하는 것이기도 했다. 보수공사로 유구에 인위적으로 손대는 일은 그것을 '현물現物'로 보존하는 게 아니라 어디까지나 '진짜 같은' 장식을 호도하는 것일 뿐이다.[47] 마쓰모토가 "돔은 갑자기 생명을 잃었다", "전혀 별개의 돔"이라고 느낀 건 그 때문이었다.

그것은 관광지에서의 상쾌한 기분을 끌어내는 것이기도 했다. 돔 보존 공사 때 일대의 경관 정비가 진행되었다. 주위는 '클래식한 철제 책柵'으로 둘러싸이고 안쪽에는 잔디밭을 심었다. 철책 바깥쪽에는 산책길이 설치되고 분수 주변에도 산석山石을 깐 작은 광장이 만들어졌다. 보존 공사를 기념해 제작된 히로시마시 편『돔은 호소한다─원폭 돔 보존 기념지ドームは呼びかける─原爆ドーム保存記念誌』1968에는 그 목적으로 "공원을 엄숙하면서도 밝은 휴식 장소로 만들기 위해"서라고 되어 있다.[48] 그렇지만, 원폭 돔이 시민이나 관광객의 '밝은 휴식 장소'가 됨으로써 "돔은 전혀 별개의 돔이 되어 버렸다"라고도 할 수 있을 것이다. 적어도 전후 초기에는 감지되었던 피폭 유구의 불쾌한 듯한 것은 후경後景이 되고 방문객의 기대에 따른 '기억'이 상쾌하게 제시된다.

---

47 물론, 원폭 돔에는 보존 공사가 이루어지기까지의 20년간에 소규모 붕락이 계속 보여 서서히 벽의 경사가 진행되었다. 그런 의미에서 보존 공사 앞의 돔이 피폭의 참상을 그대로 전하고 있었던 것은 아니었지만, 그렇다고 보존 공사로 피폭 참상 자체가 재현된 바는 아니었다. 그것은 어디까지나 '진짜 같음'을 추구한 것에 지나지 않는다.

48 広島市 編,『ドームは呼びかける原爆ドーム保存記念誌』, 1968, 80쪽.

유구가 모뉴먼트 속에 융해되어 일대 경관의 미화가 진행되었다. 여기에 이르는 히로시마의 전후사는 말하자면 '보존'이라는 이름 아래 망각이 진행되는 상황을 보여준다. 거듭 말하자면, 망각이나 풍화가 진행되는 자체가 돔 붕괴를 막는 '보존'으로 불가시화된다. 마쓰모토의 에서 이는 그 점을 단적으로 서술한 것이었다.

'어두움'과 '계승'의 욕망

히로시마나 나가사키의 유구·모뉴먼트를 방문하는 일은 피폭 체험을 둘러싼 '어두운' 것에 관한 흥미나 관심과 결합해 있다. 그렇지만, 유구나 모뉴먼트 같은 '미디어'가 얼마나 '어두움'을 전할 수 있을까. 이러한 의문을 품고 보는 일도 결코 쓸모없는 일은 아닐 것이다.

과거의 참화를 '현물'로서가 아니라 상징적인 형상으로 제시하는 모뉴먼트는 불쾌함을 직접적으로 상기하지 않아서 수용되었다. 이에 반해, 유구가 말로 하기 어려운 체험을 말할 수 있나 하면, 반드시 그렇지도 않다. 유구의 본존·보수공사는 자칫하면 방문객에게 상쾌하고 기대되는 형태로 '현물'을 대신 만드는 일에 지나지 않는다. 부지에 잔디밭을 깔고 주위에 식목이나 산책로가 정비된 원폭 돔은 피폭 직후의 그것과는 확연히 이질적이다. 원래 원폭 돔은 보존 공사가 시행되기 이전부터 벽돌의 붕괴와 낙화崩落나 벽의 경사가 진행되었는데, 지금의 그것은 피폭 직후의 모습이 아니다. 현존하는, 혹은 보존된 유구나 모뉴먼트는 수많은 풍화나 망각 위에 있는 것이기도 하다.

그렇다면, 다크 투어리즘은 어떤 '어두움'을 상기시킬 것인가. 이러한 물음도 머리에 떠오르는 것은 아닐까. 유구나 모뉴먼트 같은 전적戰跡은 '전쟁 기억'을 전하고자 하는 미디어이기는 하다. 그렇지만, 거기서 '계승'되는 건 수많은 망각을 거친 잔해라고도 할 수 있지 않을까.

그중에는 거기서의 망각을 되묻고자 하는 행위도 보이지 않는 바는 아니었다. 후쿠다 수마코나 야마다 간의 모뉴먼트 비판, 마쓰모토 히로시의 돔 보존에 대한 위화감에서는 그러한 사고를 발견할 수 있을 것이다. 그러나 그들의 시각이 오늘날 공유되고 있다고는 말하기 어렵다. 전적을 관광할 때 이러한 일들이 상기되는 일은 드물 것이고, 원래 '전쟁 기억' 연구에서도 마쓰모토 히로시나 야마다 간의 사고는 대체로 잊혀져 있다.

히로시마나 나가사키의 전적은 '어두운' 무언가를 감지시킨다. 그렇지만, 그것이 오히려 표면에 드러나는 '어두움'으로 무엇이 감춰져 있나 하는 물음을 보이기 어렵게 하고 있지는 않을까. 히로시마·나가사키의 '기억의 장'의 전후사는 그것을 여실히 말해준다.

제 3 장

오키나와·마부니

'전적지라는미디어'의 성립과 변용

매년 6월 23일 오키나와전투 전몰자 추도식이 이토만糸満시 마부니摩文仁의 평화기념공원에서 열린다. 이 날은 오키나와 전투가 종결된 '위령의 날'로 알려져 있으며, 1995년에는 오키나와 전투 50주년을 기념하는 평화의 초석 제막식이 열렸다.

하지만 오키나와 전투 전몰자를 추모하는 공식적인 행사가 전후 초기부터 같은 날, 같은 장소에서 열린 것은 아니었다. 미군 통치하의 오키나와에서 류큐 정부 주최의 전류전몰자추도식全琉戦没者追悼式이 처음으로 열린 것은 샌프란시스코강화조약이 발효된 지 얼마 되지 않은 1952년 8월 19일이었다. 원래는 8월 15일에 열릴 예정이었으나 태풍으로 19일로 연기되었다. 당시에 6월 23일이나 마부니 언덕은 상징적인 장소로 여겨지지 않았으며, 추도식은 과거 슈리성首里城이 있던 류큐대학 광장에서 진행되었다.

이듬해인 1953년 추도식은 9월 2일에 나하那覇고등학교 교정에서 열렸다. 9월 2일은 일본 정부 및 일본군이 항복문서1945에 조인한 날이지 잔존殘存한 오키나와 수비군이 항복문서에 조인한 날9월 7일은 아니다.

그 후에도 날짜와 장소는 일정치 않았다. 제3회 류큐 정부 주최 전류전몰자추도식은 1954년 11월 7일, 1955년은 11월 15일이었으며, 제5회째는 1958년 1월 25일에 열렸다. 전류전몰자추도식이 열린 장소도 류큐대학, 나하고등학교 교정 이외에 1958년 1월에는 전년도 7월에 막 완성한 전몰자 중앙 납골소나하시 시키나 공원묘지(那覇市識名霊園) 내의 광장 등이었다. 하지만 이후에도 장소와 일정이 고정되지 않았다. 류큐 정부가 주최하는 추도식이 6월 21일 마부니 언덕 광장에서 열리게 된 것은 1964년 이후의 일이다.

그렇다면 왜 '6월 23일'과 '마부니'가 오키나와 전몰자를 상징하는 시공간으로 여겨지게 된 것일까? 거기에는 어떤 사회 배경이나 미디어의 역학이 작동하고 있었는가? 덧붙여 말하면, 기념일이나 '기억의 장소'가 만들어지는 가운데, 마부니 전적지는 어떤 정념情念을 말해주는 '미디어매개체'가 되어 갔는가?

전적지가 반드시 전쟁의 참사로 인해 보존되거나 기념되는 것은 아니다. 그때그때의 사회 상황과 신문이나 영화, 관광 등 다양한 미디어의 역학과 밀접히 관계를 맺으며 만들어진다. 동시에 만들어진 전적지가 다양한 여론輿論, public opinion과 세론世論, popular sentiments을 환기하고, 새로운 '전쟁의 기억'이 재편되어간다. 이를테면, 미디어에 의해 전적지의 공간이 만들어지는 한편, 그 전적지가 어떠한 정념이나 기억을 떠올리게 하는 미디어로서 지역 사회 또는 내셔널한 전쟁 이미지를 만들어 낸다.

이 장에서는 매스 미디어와 전적지(라는 미디어)의 상호 영향 관계를 기반으로, 전국 및 지역 미디어신문·단체 기관지에서의 오키나와 전적지 관광에 대한 논의를 분석하며, '마부니'가 사회적으로 어떻게 형성되고 미디어가 이 과정에서 어떤 역할을 했는지를 검토한다. 더불어 '전쟁의 기억'과 관련된 오키나와 여론의 변화와 이를 주도한 미디어 및 사회 역학을 검토한다.[1]

---

1   北村毅의 『死者たちの戦後誌』(御茶の水書房, 2009)에서는 문화인류학적 관점을 통해 지역 주민들의 위령 활동과 오키나와의 전후 전적지 역사를 상세히 다루고 있다. 이에 반해 본 장에서는 미디어와 관련해서 전적지가 어떻게 사회적으로 구축되어왔는지, 그리고 전적지라는 미디어가 어떠한 기능을 해왔는지를 고찰한다. 또한 졸저 『「戦跡」の戦

1. 마부니 언덕의 탄생

위령 장소의 분산

오키나와 본섬 남단에 있는 마부니는 오키나와 전투 최후의 격전지로, 일본군뿐만 아니라 오키나와 주민들도 대거 전쟁의 소용돌이에 휘말렸다. 이에 따라, 전후 직후부터 몇몇 위령탑이 세워졌다. 건아의 탑오키나와현 사범학교 남자부, 1946.3, 도수島守의 탑오키나와현지사·직원, 1951.6, 여명의 탑오키나와수비군사령관·우시지마 미쓰루(牛島満) 외, 1952.6 등이 대표적이다.

하지만 당시 오키나와 전몰자 전체를 상징하는 것은 없었다. 오키나와 남부의 고메스米須 지구에는 주변에 흩어진 무명 전몰자들의 유골을 안치한 혼백魂魄의 탑이 세워졌다. 1946년 2월에 세워진 이 탑은 1955년에는 1만 구 이상을 안치하여 오키나와를 대표하는 '무명 전몰자의 묘'로 알려졌다.

1946년 3월에는 같은 고메스에 히메유리의 탑이 건립되었다. 오키나와 전투에서 여자간호대로 동원된 오키나와현립 제1고등여학교·오키나와사범학교 여자부의 전몰 생도와 직원을 합사한 곳으로, 영화 〈히메유리의 탑ひめゆりの塔〉1953이 일본 본토 및 오키나와에서 큰 성공을 거두면서 많은 참배객이 찾았다. 『오키나와타임스沖縄タイムス』1953.1.4는 히메유리의 탑 일대에 '새해 첫 참배初詣'가 많았다고 보도하고 있다.

後史』(岩波現代新書, 2015)에서는 오키나와, 히로시마, 지란(知覧)의 전적사를 비교 대조하여, 전적지가 사회적으로 만들어지는 메커니즘에 대하여 논하고 있다. 본 장은 동서에서 마부니 전적사의 고찰을 토대로 하면서, 전적지와 미디어 행사의 상관관계나 '전적지라는 매개'의 성립 및 기능에 초점을 맞추어 논한다.

마부니의 '발견'

그러나 1960년대에 들어서면서 오키나와 본섬 남부에는 일본 본토 각 지역에서 세운 위령탑들이 급격히 늘어나기 시작했다. 이미 1954년에는 혼백의 탑 근처에 홋카이도北海道 출신 장병을 기리는 북령비北靈碑가 세워졌으며, 1962년 1월 천추千秋의 탑아키타현이 세워진 후 각 지역에서도 위령탑 건립이 이어졌다. 『아사히신문朝日新聞』1962.1.26, 석간은 이 상황을 "최근 관광 붐으로 인한 본토의 잦은 방문과 함께 매번 위령탑 신설 논의가 일어나며 오키나와 본섬 남부의 밭과 언덕 곳곳에 위령탑이 우후죽순처럼 생겨났다"고 보도했다. 특히 오키나와수비군사령관 우시지마 미쓰루가 자결한 격전지 마부니에는 많은 위령탑이 건립되었다.

1965년에 접어들면서 위령탑 건설은 더욱 가속화되었다. 1965년 11월에는 기후岐阜, 도야마富山, 이바라키茨城, 시가滋賀 등 17개 현의 지진제地鎭祭와 위령제가 동시에 열렸다. 오키나와유족연합회는 위령탑 건설지 소개와 유족단 안내를 맡아 바쁜 일정 속에서 대응해야 했다.

『오키나와타임스』1965.11.8는 「위령탑 붐의 마부니 언덕慰靈塔ブームの摩文仁が丘」이라는 제목의 기사에서 "하루에 하나의 현 꼴로 향을 피운다", "지진地鎭, 제막除幕, 위령慰靈의 여러 식전에 참석하기 위해 각 현 지사와 유족이 20명, 40명, 60명, 70명 등이 단체로 배편으로 섬을 방문해 대략 500명의 위령단을 맞이하게 되었다"라고 상황을 보도했다.

위령탑 건립 붐은 본토의 각 지역 간에 경쟁 의식을 불러일으켰다. 「교토부京都府 출신 오키나와 전몰자 위령탑 건설 취지서」교토부 오키나와 위령탑 건설 봉찬회, 1964.2에도 "다른 지역에서는 각자 인연이 있는 장소에 위령탑을

〈그림 3-1〉 혼백의 탑(촬영일 미상)

건립해 위령제를 지내는 곳이 많아 참배객이 속속 도항하고 있는 상황입니다. (⋯중략⋯) 교토의 명예를 걸고 서둘러 다른 지역에 결코 뒤지지 않는 훌륭한 위령탑을 세워 영령을 오래도록 모시고자 합니다"라고 기술하고 있다. 「사가현 전몰자 오키나와 위령탑 건립 취지서」[1964]에는 "최근에 각 지역에서는 그 출신자를 위해 위령탑을 건립하기 시작해 십여 현이 이를 끝마쳤습니다. 일전에 오키나와를 방문해 현지를 시찰한 다니구치谷口 지사를 비롯한 시찰단 일행은 이제 더는 방치할 수 없다는 강한 충격을 받고, 결심하고 귀국했습니다"라고 적혀 있었다.[2]

---

2   모두 오키나와현 공문서관(沖縄県公文書館) 소장.

이러한 절박감은 오키나와 전투 전몰자 수의 과시로 이어졌다. 「효고兵庫현 전몰자 오키나와 위령탑 건립 취지서」1963.12.7에는 "오키나와 전투에서 효고현 관계로는 3천여 명의 전몰자가 나왔습니다. 이는 홋카이도 출신 다음으로 전국에서 두 번째로 많은 수입니다"라며 전국 굴지의 전몰자 수라는 점을 자랑스럽게 말하고 있다. 가고시마鹿児島현의 「위령탑 건립 취지서」오키나와 전몰자 가고시마현 위령탑 건립 기성회, 1964년경이나 앞의 「시가현 전몰자 오키나와 위령탑 건립 취지서」에도 비슷한 글을 볼 수 있다.[3]

위령탑 콩쿠르

각 지역이 서로 경쟁하면서 위령탑 건립을 추진하는 상황은 화려하고 대규모적인 모뉴먼트를 세우는 일로 이어졌다. 『마이니치신문每日新聞』1965.12.15은 「호화로움을 겨루는 오키나와 위령탑—마치 콩쿠르」라는 제목의 기사에서 다음과 같이 보도했다.

마부니 언덕에 널찍한 터를 얻어 디자인을 가미한 호화로운 위령탑을 만들기 시작한 것은 최근의 일이다. (…중략…) 작년 가을쯤부터 갑자기 탑 만들

---

3 이러한 각 지역의 위령탑 건설 취지서에 대해서는 오키나와현 공문서관에 소장되어 있다(「위령탑관계철(慰霊塔関係綴)」). 홋카이도(北海道)·미에(三重)의 건립 당초 면적에 대해서는, 오키나와현 편집·발행 『오키나와의 영역(沖縄の霊域)』(1983)에 기재되어 있지 않기 때문에, 「각 도부현 위령탑 일람표 1965년 3월 현재(各都道府県慰霊塔一覧表 一九六五年三月現在)」(오키나와현 공문서관 소장)을 참조. 그리고 설립지에 대해서는 최초 설립지를 기준으로 오키나와 전몰자 위령 봉찬회 편집·발행, 『오키나와의 영역』(1967)도 참조하고 있다. 또한 북영비는 1972년에 개축하여 부지 면적이 증가하여, 그만큼은 누계 면적에 반영했다.

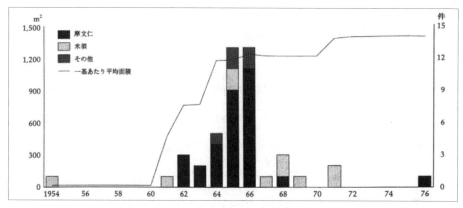

〈그림 3-2〉 본토 각 지역의 위령탑의 건설 건수 및 평균 면적 추이
(오키나와현 편집·발행 『오키나와의 영역(霊域)』(1983)을 등에 작성)

기가 활발해졌다. 그것도 불과 1년 사이에 18개 부현이 탑을 건설하는 성황을 보였다. 부지도 1개 현 당 800㎡로, 기세를 부린 곳은 3,300㎡로 작은 공원 수준의 넓이. 총공사비도 오사카大阪, 아이치愛知, 효고, 가나가와神奈川 각 지역의 탑은 무려 천만 엔 전후. 그중에는 철근 콘크리트의 작은 전망대와 휴게소를 갖춘 호화판도 나타났다.

실제로 특이한 조형의 위령탑이 적지 않았다. 보소房総의 탑지바(千葉)현, 1965과 사이타마埼玉의 탑1966, 다테야마立山의 탑도야마(富山)현, 1965, 히로시마의 탑1968 등, 현대 예술을 떠올리게 하는 디자인도 많이 보였다.

위령탑이 점점 커지고 화려해지는 경향은 각각의 평균 면적 추이에서도 확인할 수 있다. 초기에 만들어진 북령비고메스는 부지 면적이 5평16.5 ㎡에 불과했지만, 1962년이 되면 이때까지 세워진 각 지역의 위령탑의 평균 면적은 761.5㎡에 이르렀고 1966년에는 1,235㎡에 달했다. 1960년대 전반에는 위령탑 설립 건수가 증가했을 뿐만 아니라, 위령탑 자체도 대규모화되었다. 위령탑 건립은 각 지역의 화려함을 겨루는 콩쿠르의 양상을 띠고 있었다.

앞의 『마이니치신문』1965.12.15의 기사에서는 "그저 기이함을 뽐내는, 다른 지역보다 어쨌든 클 것(…중략…)이라는 경쟁의식은 다시 생각해볼 필요가 있지 않을까", "각 지역이 향토 의식을 노골적으로 드러내며 겉치레와 체면을 경쟁하고 있다고밖에 생각되지 않는다"라고 지적했는데, 이러한 비판을 받을 정도로 각 지역의 위령탑이 난립하는 현상이 두드러졌다.

유족회·전우회와 관광 붐

그렇다면, 본토 각 지역의 위령탑 건립이 왜 1960년대에 들어서야 본격화되었는가? 하나는 오키나와로의 도항 규제 완화가 있었다.

미군 통치하에 일본 본토에서 오키나와로의 도항은 쉽지 않았다. 도항 시에는 여권과 유사한 신분증을 소지해야 했다. 발급을 위해서는 신원 신고서나 입역入域 허가신청서가 필요했으며, 수속에는 1개월 이상이 걸렸다. 이에 오키나와는 '30일하고도 3시간이 걸리는 곳'이라고 일컬어졌다. 비행기를 이용하면 본토에서 3시간 정도 걸리지만, 그 이전에 한 달 남짓의 번거로운 도항 절차가 필요했기 때문이다. 복귀운동과 원수금原水禁운동 관계자가 오키나와 도항을 거부당하는 일도 드물지 않았다.

그리고 오키나와에서는 달러1958년 9월 이전은 B엔가 사용되었으나, 도항자에 대한 외화 할당이 제한되어 있었고, 현지에서 사용할 수 있는 금액역시 한정되어 있었다. 하지만 이러한 상황도 1960년대에 들어서면서

서서히 다른 양상을 보이
기 시작했다.

1960년대에 접어들면
서, 미군 정부류큐열도 미국 민정
부는 오키나와를 관광객에
게 개방하는 방침을 취했
다. 이에 따라 일본 정부는
개인당 400달러까지의 외
화 할당을 허용했다. 그리
고 종래는 본토 각 지역에
서 총리부總理府, 미국 민정
부로 신청 서류가 전송되
어 허락에 시간이 걸렸지
만 1963년경부터 대부분
총리부에서 처리가 끝나

〈그림 3-3〉 각 부현의 위령탑이 즐비한 마부니 언덕(1965.6)

〈그림 3-4〉 다테야마(立山)의 탑(도야마현, 1965.11)

게 되어 도항 신청 기간이 단축되었다. 1964년 4월에 관광 목적의 해외
도항이 자유화되자 오키나와로의 도항은 현격히 쉬워졌다.[4]

이러한 변화는 오키나와 관광이 성황을 이루는 데 기여했다. 1960년
에는 본토에서의 오키나와 도항자 수는 15,000명에도 못 미쳤지만, 이듬
해에는 46% 증가한 21,600명, 1963년에는 3년 전의 배 이상인 35,000

4   富田祐行, 『ブルーガイドブックス 沖縄』, 実業之日本社, 1963, 20쪽.

명이 오키나와를 방문했다.[5]

이러한 상황은 전우회와 유족단체에 의한 위령 관광을 뒷받침했다. 때마침 유족회나 전우회의 활동이 점차 고조되는 시기였다. 일본유족회는 본래 유족원호법전상병자유족등원호법(戰傷病者遺族等援護法)의 성립1952.4.30이나 유족 부조금·은급恩給의 증액, 적용 범위 확대에 힘써왔는데, 이러한 것들이 일정 부분 달성되자 야스쿠니신사 국가호지운동靖国神社国家護持運動과 함께 오키나와 등으로의 유골 수집 및 위령 관광에 적극적으로 임하게 되었다. 그리고 1960년대에는 전중파 세대전쟁 당시 20세 전후였던 세대가 장년으로 접어들며 사회적 발언력이 증가했고, 젊은 세대와의 경험 차이로 인한 갈등도 발생하여, 같은 세대의 체험을 나누기 위한 전우회 창설이 활발해졌다. 오키나와·마부니에의 위령비 건립 움직임도 이러한 가운데 가속되었다.

무엇보다도 류큐 정부는 위령탑이 무질서하게 건설되고 그 후의 관리가 소홀해지는 것을 방지하기 위해, 1960년대 후반부터는 각 지역이 주도하는 위령탑 건설을 제한하는 방침을 세웠다. 이에 따라 많은 유족단체와 전우회가 본토 각 지역에 위령비 건립을 강력하게 촉구했다. 그 결과 마부니는 다수의 위령탑이 집중된 장소가 되었다.

참고로, 1976년까지 본토 각 지역에서 건립된 오키나와 위령탑은 총 46기였으며, 이 중 35기가 마부니 영역靈域에 설치되었다. 마부니 영역에는 다른 위령탑들도 있지만, 총 50기 중 약 70%가 본토 지역의 비석탑으

---

5   琉球政府 編,『琉球要覧』(各年度).

로 구성되어 있다. 마부니가 오키나와를 대표하는 '성역'으로 성립된 데에는 이들 지역의 비석 건립이 크게 작용하고 있음을 알 수 있다.

평화위령행진이라는 미디어 이벤트

그렇다고 해서 그것만으로 마부니가 오키나와 전투의 상징적인 장소가 된 것은 아니다. 오히려 거기에서 큰 역할을 한 건 평화위령행진이라는 미디어 이벤트였다.

오키나와 유족연합회 청년부는 1962년 6월 22일, 나하에서 마부니까지 23km를 걸으며 평화를 기원하는 위령 대행진을 실시했다. 행진에는 오키나와의 유족뿐만 아니라, 본토의 일본유족회 관계자를 포함해 약 300명이 참가했다. 이 이벤트는 이후 연례화되는 동시에 대규모화되었다. 1967년 6월 23일에 열린 평화행진에는 참가자가 2,000명에 달했다.[6]

평화위령행진이 열린 의도와 관련해 청년부장을 임한 나카소네 요시나오仲宗根義尚는 1985년 글에서 당시를 회고하며, "우리 청년부는 우리 육체가 굶주리고 상처받으며 피투성이가 되고, 장마에 진흙투성이가 되고 포탄 속에서도 오로지 일본군의 승리를 믿으며 어깨동무해 남하했을 당시를 회상하며 추체험하고, 영령의 명복을 빌며 평화를 호소하면서 타는 듯한 뙤약볕 아래서 묵묵히 행진했습니다"라고 썼다.[7]

오키나와 수비군은 일찍이 슈리성 지하 사령부 벙커에서 마부니로

---

6   「三〇周年記念誌」, 編集委員会 編集, 『沖縄県遺族連合会青壮年部三〇周年記念誌』, 沖縄県遺族連合会青壮年部, 1991.

7   仲宗根義尚, 「青壮年部のあゆみと課題」, 沖縄県遺族連合会青壮年部, 『若竹 総集編』, 1985, 12쪽.

〈그림 3-5〉 평화기원위령대행진(마부니, 1968.6.23)

내몰렸으며, 많은 오키나와 주민들도 그 뒤를 따랐다. 그 도피행을 사령 관 우시지마 미쓰루가 자결한 날에 맞춰 신체적으로 '추체험'하는 일이 이 행진 이벤트의 의도였다.

이 사건은 매년 오키나와 미디어에서도 크게 보도되었다. 『류큐신보 琉球新報』1962.6.22, 석간는 「영혼이여 잠들라, 편안히. 위령의 날, 다채로운 행 사」, 「정오, 전체 주민 묵도, 고아遺児 500명이 평화행진」이라는 표제 아 래 평화행진과 관련 이벤트를 크게 보도했다. 『오키나와타임스』1963.6.23 도 「격전의 땅에 피우는 평화의 향」이라는 제목을 내걸고 평화행진과 마 부니 언덕에서 개최된 유족연합회 주최 위령제에 대해 사진과 함께 소개 했다.

그 덕분이었는지 행진 루트 주변에서의 고양감은 컸다. 오키나와유족연합회 청년부 기관지 『와카타케若竹』제3호, 1963에는 이 해의 평화행진에 대해 "도미구스크무라豊見城村 입구에 도착하자 기타 지부가 총출동해 마중을 나와, 한바탕 시원한 바람이 품 안에 불어 닥칠 듯한 큰 박수를 받았다", "이토만으로 코스를 정한 한 무리가 이토만에 도착하자 깜짝 놀랄 정도의 대환영을 받았다. 박수를 보내고 말을 걸며 격려하는 것만이 아니었다. 한 노인 유족이 울면서 악수를 청했다. 17년 전 잃은 자식의 생전 모습을 우리 고아의 모습에서 본 것 같은 생각이 들지 않았을까?"라고 썼다.[8] 행진 참가자뿐만 아니라 마중 나온 사람들도 과거를 그리워하며 비슷한 경험을 했다.

그 고양감은 결코 참가자나 연도에 선 사람들에게만 공유된 것도 아니었다. 이 행진을 오키나와 미디어가 크게 보도함으로써 그곳에 없었던 사람들도 신문 지면을 통하여 그때의 흥분을 모방하는 게 가능해졌다. 즉, 미디어를 통해 이들은 마치 현장에 있는 것처럼 고양된 감정을 간접적으로 체험할 수 있었다. 이러한 일들이 서로 어울려 행진의 종착지인 마부니는 오키나와 전투 체험의 상징적인 장소로서 여겨지게 되었다.

복귀운동의 융성과 '6월 저널리즘'

동시에 '6·23'도 기념일로 자리매김했다. 기술한 바와 같이, 매년 평화위령행진을 한 것은 6월 23일로, 이날이 사회적으로 중요한 날짜로 발견되었음을 알 수 있다.

---

8   「平和祈願と慰霊の行進」, 『若竹』3, 1963, 15쪽.

〈그림 3-6〉 헤도미사키(辺戸岬)에서 나하로 향하는 복귀요구행진단(1967)

　　때마침 1962년부터, 오키나와 수비군 사령관의 자결일이 오키나와 전투의 종결을 의미하는 '위령의 날'로 법정 공휴일로 지정되었다. 실제로는 그것으로 오키나와 전투가 종결된 것이 아니었으며, 전투 중지를 명령할 지휘관을 잃은 상태에서 통제되지 않는 게릴라전이 계속되었다. 그러나 이러한 역사적 사실은 무시된 채, 이 날은 '오키나와 전투 종전일'로 자리 잡게 되었다. 당초는 우시지마가 자결한 날이 6월 22일로 여겨졌었기 때문에, 제1회 평화위령행진도 같은 날 열렸으나, 이후 우시지마가 자결한 날이 23일이었다는 것이 밝혀져, 1965년부터 6월 23일이 '위령의 날'로 지정되었다.

　　그러나 1960년 이전에는 '6월 23일'이 오키나와 미디어에서 기념일

로 간주되지 않았다. 종전 후 15년간 『류큐신보』전후 초기는『우루마신보(ウルマ新報)』, 『우루마신보(うるま新報)』나 『오키나와타임스』를 봐도 6월 22일이나 23일을 '오키나와 전투의 종전일'로 규정한 기사는 거의 없었다.[9]

그럼에도 불구하고, 1960년대 이후 기념일로 여겨지게 된 배경에는 오키나와에서의 복귀운동 고조가 있었다. 미군기지 건설과 토지 수탈이 가속화되면서, 샌프란시스코 강화 조약이 체결된 1951년경에는 오키나와에서도 일본으로의 복귀운동이 고조되고 있었다. 하지만 조약 발효 1952.4.28에 따라 일본 본토로부터의 오키나와 분리가 확정되자 복귀운동은 급속히 정체되었다.

1950년대 중반에는 토지 수탈이 더욱 급증해 1956년 6월에는 오키나와 총궐기투쟁島ぐるみ闘争[10]이라고 불리는 토지투쟁이 고양되었다. 하지만 생활의 양식糧食에 직결하는 토지혹은 기지노동 문제의 해결이 초미의 과제였던 한편, 일본 복귀는 현실성이 떨어지는 꿈일 뿐이었다. 미군 정부는 복귀운동을 공산주의로 간주하며 명백히 탄압했기 때문에, 복귀에 대한 막연한 동경이 있었음에도 불구하고 그것이 본격적인 사회운동으

---

9   전후 오키나와에서 '위령의 날'을 시작으로 한 기념일이 만들어져가는 과정과 그 사회 배경에 대해서는 졸저 『'聖戦'の残像』(人文書院, 2015)의 제5장 '전후 오키나와와 '종전의 기억'의 변용'을 참조.

10 [역자주] 국내 연구에서 '島ぐるみ闘争'은 대부분 '섬전체투쟁', '섬전체토지투쟁' 등으로 번역해서 사용하거나 소리 나는 그대로 '시마구루미투쟁'이라고 쓰고 있다. '島ぐるみ闘争'은 처음에는 1950년대 미군정의 강제토지접수에 따른 토지투쟁을 일컫는 말로 썼다. 하지만 이후 그 의미가 확장되어 토지투쟁뿐만 아니라 미군기지 반대운동, 일본 복귀운동 등에도 함께 쓰이기 시작했다. '島ぐるみ闘争'는 여러 시대를 아우르는 오키나와의 시민·사회·대중운동을 말한다. 따라서 본 이 글에서는 이러한 점을 감안하여 島ぐるみ闘争을 '오키나와 총궐기투쟁'이라고 번역하여 사용하고자 한다.

〈그림 3-7〉 미야모리초등학교 미군 제트전투기 추락사고(1959.6.30)

로 발전하지는 못했다.

그러나 1960년 4월 28일에 오키나와현 조국복귀협의회복귀협이 결성되면서 복귀운동이 급격히 활성화되었다. 그 배경에는 토지 문제의 일정한 해결과 함께 미군기지로 인한 사건 및 사고의 연발이 있었다. 오키나와 총궐기투쟁은 주민의 20%에서 50%까지 참가하는 대규모 행사로 성장했으며, 미군 정부류큐열도 미국 민정부도 토지 문제에 대해 어느 정도 양보했지만, 해결할 수 없는 문제의 심각성이 점차 드러났다.

1959년 6월에는 수업 중이었던 이시카와石川시의 미야모리宮森 초등학교에 미군 제트전투기가 추락해 아동과 교직원을 포함해 130여 명의 사상자가 나왔다. 미군의 흉악 범죄도 빈번히 발생했지만, 재판이나 처벌이 흐지부지되는 경우가 많았다. 이와 같은 배경 때문에 미군 통치에서 벗어나기 위한 복귀운동이 더욱 활발해졌다.

복귀협과 관련 단체는 매년 4월 28일과 함께 6월 23일에 대규모 현민 대회를 열었다. 4월 28일은 강화조약 발효로 오키나와가 본토에서 분리되어 버려진 '굴욕의 날'이며, '오키나와 전투의 종전일'인 6월 23일은 미군의 오키나와 지배가 시작된 날이었다. 전후 오키나와의 억압과 종속의 기점이 된 날을 직시하고, 상황 타파에 대한 의욕을 북돋우는 것이 '4·28'과 '6·23'의 집회 개최에 담겨 있었다. 그리고 이들 집회는 오키나와 미디어에서 크게 다루어졌다. 6월 23일 법정 공휴일이 되고, 오키나와유족연합회 청년부가 이날을 평화위령행진일로 선택하게 된 배경에는 이러한 상황이 있었다.

이러한 사회적 배경이 결합되면서 매년 6월 23일이 오키나와 전투를 회고하는 중심적인 날로 부상하게 되었고, 관련 신문 보도도 활발해졌다. 8월 15일을 앞두고 '전쟁' 관련 보도가 고조되는 전후 미디어의 동향은 '8월 저널리즘'사토 다쿠미(佐藤卓己)이라고 일컬어지는데, 이를 모방하면 1960년대 전반의 오키나와에는 '6월 저널리즘'의 성립을 볼 수 있다.

기념의 시공간 성립

필연적으로, 평화위령행진도 복귀 요구와 밀접하게 연결되어 있었다. 오키나와유족연합회 청년부장을 역임한 나카소네 요시나오는 1985년 앞의 글에서 "아이치현, 기후현, 홋카이도를 시작으로 많은 일본 유족회 청년부가 오키나와를 방문하여 위령제를 개최했으며, 이 교환회에서는 '오키나와를 돌려달라'고 합창하며 오키나와의 조국 복귀를 강력하게 호소했습니다. 이러한 활동이 감명을 준 것 같습니다", "우리 청년부도 조국 복귀운동에 상당한 역할을 했다고 확신합니다"라고 말하고 있다.[11]

평화행진은 본토의 유족들을 대거 참여시키면서 확대되었고, 이것이 '조국 복귀'에 대한 여론을 더욱 고조시켰다. 그리고 오키나와 미디어가 이를 보도하면서 이 이벤트는 점점 고양했다. 즉, 평화행진은 오키나와의 유족과 본토의 유족을 매개mediate해 '일체감'을 낳았다. 오키나와의 각 지역 신문들이 이를 보도하고, 정보를 전달함으로써 이벤트에 대한 고양감은 더욱 커졌다.

이로 인하여 평화행진이 열리는 6월 23일과 그 종착지인 마부니 언덕에 더욱 집중하게 되었다. 나카소네 요시나오가 앞의 글에서 "마부니 언덕에서의 위령제도 6월 22일, 류큐 정부 후생국장을 안내해 거행한 것도 청년부가 처음이며, 위령의 날을 공휴일로 만들기 위해 진정한 것이 아니라, 무언의 행동으로 압력을 가하여 이를 추진했다고 확신합니다", "행진단의 참가 없이는 위령제도 열 수 없는 당시의 상황이었습니다"[12]라고 서술하고 있는 것은 이를 말해준다. 이리하여 류큐 정부 주최의 전몰자 추도식은 1964년 이후, 마부니 언덕에서 매년 '영령의 날'로 지내게 되었다. 오키나와 미디어가 평화행진이라는 '미디어'를 보도하고, 그것이 본토를 끌어들인 사회적인 이벤트로 변화해가는 가운데 '마부니'와 '6·23'은 오키나와 전투와 복귀운동을 상기시키는 상징이 되어, 오키나와의 공적인 추도식을 열기에 적합한 시공간이 되었다.

---

11 「青壮年部のあゆみと課題」 앞의 책, 12쪽.
12 위의 책.

2. '전적지라는 미디어'의 다양성

'마부니'의 월경越境

그렇다고는 해도 마부니 등의 본토 각 지역 위령탑의 추도 대상은 꼭 오키나와 전투 전몰자로 국한된 건 아니었다. 예를 들어, 미야기宮城현의 탑에는 오키나와 전투 전몰자 582 명과 남방 지역 전몰자 44,918명이, 이바라키현의 탑에는 오키나와 전투 전몰자 610명과 남방 지역 전몰자 약 38,200명이 합사되어 있었

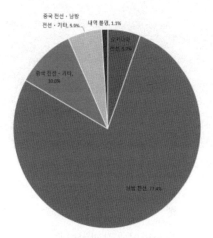

〈그림 3-8〉본토 각 지역 별 합사대상 내역
(오키나와현 편집·발행 『오키나와의 영역(靈域)』(1983)

다.[13] 모두 전체 합사자 가운데 오키나와 전몰자 비율은 2%도 되지 않는다. 오키나와에 세워진 탑임에도 불구하고, 합사 대상은 필리핀 전선이나 뉴기니 전선 등 남방 전몰자가 대부분이었다.

게다가 넓은 지역의 전몰자를 모신 곳도 있었다. 미치노쿠陸奧의 탑아오모리(靑森)현의 「건립 취지서」에는 "우리 현은 오키나와와 그 주변 해역에서 전몰된 영령뿐만 아니라, 중국 본토, 대만, 홍콩 방면, 중부 태평양, 일본 해동해 남서의 여러 섬 방면, 뉴기니, 뉴브리튼, 술라웨시 방면, 필리핀 제도, 레이테섬 방면, 말레이, 수마트라, 자바, 보르네오 방면, 태국, 프랑스

---

13   沖繩県 編, 『沖繩の霊域』, 1983.

〈그림 3-9〉 '도사(土佐)의 탑'의 합사자 내역 패널
(오키나와현 야에세쵸(八重瀬町), 2015.3)

령 인도차이나, 버마현재의 미얀마 방면 등에서 전몰된 19,847위의 영령을 합사하고" 있음이 명기되어 있다.[14] 남방 전선과 중국 전선의 전몰자들이 합사되어 있으며, 이는 중일전쟁과 태평양전쟁 전반에 걸친 전몰자들을 포함하고 있다. 그 가운데 오키나와 전몰자는 544위에 불과하다.[15]

이러한 경향은 본토 각 지역의 위령탑 전반에 걸쳐 나타났다. 이들 지역의 위령탑의 합사자 총수는 1,277,000위에 이르지만, 그 가운데 오키나와 전투 전몰자는 약 72,525위로 전체의 5.7%에 그쳤다.

그러한 의미에서 마부니이를 중심으로 한 위령탑들는 '오키나와 전투에서의 사망자'의 명복을 비는 장소라기보다 중일전쟁·태평양전쟁 전반에 걸친 '본토의 사자死者'를 모시는 자리였다.

---

14 「青森県戦没者慰霊塔「みちのくの塔」建立趣意書」, 東亜日報出版部 編, 『みちのくの塔』, 東亜日報出版部, 1965.

15 沖縄県 編, 앞의 책, 13쪽.
    단, 합사자 수의 내역에 대해서, 현지(마부니, 고메스, 구니요시(国吉) 등의 본토 지역 비석)의 비문 및 양각 등에서 沖縄県 編, 『沖縄の霊域』(1983)보다도 상세히 파악 가능한 경우에는 그 수치를 적용했다.

순례와 국가비판

하지만 유족 등 순례자들은 반드시 사자死者를 공적으로 기리려고 했던 것은 아니다. 유족들은 개인적으로 자신의 친지를 애도하는 동시에, 공적으로 그들을 기리는 것을 거부하며, 그들의 죽음을 초래한 국가에 대해 의심을 품었다.

1972년 도쿄의 탑이 건립되었을 때, 어느 유족은 다음과 같은 편지를 비석 앞에 바쳤다.

부모로서 자식이 먼저 죽는 것만큼 슬픈 일은 없다. 가능하다면 대신 가고 싶다고 바라지 않는 부모는 없다고 생각한다. 그런 바람을 잔인하게 겪어 버린 전쟁, 젊은이가 나이 든 자를 대신해 죽는 전쟁이 나는 너무 밉다. 나라 간 전쟁에 국민이라 불리는 개인만이 고통스럽고 슬퍼해야 하는 이유는 왜일까. 국가란 무엇인가에 의문을 품지 않을 수 없다.[16]

사적인 슬픔을 쫓아가다 보면, '국민'이라 불리는 개인만이 겪어야 하는 고통과 슬픔에 대한 조용한 분노로 이어진다. 이 상황에서는 순국殉國이라는 공적 기림보다, 국가 폭력에 대한 사적 고민을 토대로 질문을 던지는 자세가 나타난다.

참고로, 도쿄의 탑 제막식에서는 도쿄도 유족연합회 회장 가야 오키노리賀屋興宣가 '추모의 말씀'을 전하며, "우리나라의 오늘날의 평화와 번

---

16 東京都南方地域戦没者慰霊碑建設委員会 編, 『東京之塔』, 1972, 45쪽.

영을 위한 값진 초석이 되어 산화된 여러 영령"의 "숭고한 순국 정신"을 기렸다. 이 탑의 비문에서도 "돌아보면, 우리 동포들이 전화戰禍를 견디며 각고정려刻苦精励한 20여 년 동안 평화의 은혜를 입을 수 있었던 것은 오로지 영령이 전화戰火의 비참과 생명의 존엄을 존귀한 피로 보여준 덕분임에 틀림이 없다[17]"고 새겨져 있다. 이처럼 기리는 말과는 이질적인 정념이 제막식 직후의 비석 앞 편지에 담겨 있었다.

'영령'에 공감하면서 구舊 군 지도자나 '일본제국주의'를 지탄指彈하는 모습도 보였다. 일본유족회에 의한 제5회 오키나와 전적지 순례巡拝, 1960에 참가한 어느 유족은 다음과 같은 감상을 적었다.

전적지 순례에 앞서, 동포들을 영령으로 만든 대동아전쟁의 책임이 일본 제국주의, 즉 군국주의 지도자들에게 있었다는 점을 간과하고 있었던 것은 아닐까요? 깊이 연구해 보고 싶다. 앞으로 전자前者를 원망하지 말고 후자後者를 경계해야 한다고 생각합니다.[18]

'동포', '영령'에의 감정 이입은 그들이 싸운 전쟁을 긍정하는 것이 아니라, 거꾸로 전쟁을 일으킨 '제국주의', '군국주의'를 비판하고 그 지도자의 책임을 추궁하는 데로도 이어질 수 있었다.

---

17   위의 책, 5 · 28쪽.

18   森田砂夫,「戦跡巡拝は観光旅行ではない」, 日本遺族会 編,『第五回沖縄戦跡巡拝 感想文集』, 1972, 45쪽.

가해 책임에 대한 언급

본토 유족들은 히메유리의 탑과 건아의 탑 등 오키나와의 전몰자를 안치한 위령탑과 유구遺構를 도는 가운데, 종종 '오키나와에의 가해'를 추궁했다. 홋카이도에서 오키나와를 찾아온 어느 유족은 1960년 글에서 다음과 같이 서술하고 있다.

> 건아·히메유리 각 탑의 30~40평의 동굴에 백 명 단위의 청소년이 생명의 공포에 질려 굶주림과 피로에 사로잡힌 모습을 상상할 때, 투항, 즉 죽음으로 철저히 항전을 명령하고 선전한 과거 군부의 방식을 다시 되풀이해서는 안 된다고 통감하며, 선전宣伝에 휘둘리지 않는 자유로운 발상을 기르는 것이 오늘날 우리의 의무임을 느꼈습니다.[19]

연약한 오키나와의 '소년', '소녀'의 마지막 장소인 벙커와 최근 건설된 비석를 보며 '과거 군부의 방식'에 대해 비판하고 있다.

쓰시마루対馬丸 조난자의 위령탑고자쿠라(小桜)의 탑을 방문한 또 다른 유족도 "이 사건은 일본군에 의해 본토로 강제 대피된 학생들이 오시마大島 해역에서 미군 잠수함에 발견되어 무참히 살해된 것입니다. 일본군 사령부의 작전 실수라고는 하지만, 학생들을 소개시킨 일을 나는 이해할 수 없습니다. 전쟁 중 한창 위험한 상황에서 왜 그런 결정을 했을가오? 이 학생들은 정말로 일본군을 원망하고 있을 것입니다"[20]라고 썼다.

---

19   池田道夫,「身に沁みた沖縄の人の親切」,『第五回沖縄戦跡巡拝 感想文集』, 1972, 21쪽.
20   大平孝一,「父の眠る魂魄の塔に額づいて」, 앞의 책, 7쪽.

이러한 기술은 일본유족회가 주최한 제5회 오키나와 전적지 순례의 감상문집에 수록되어 있다. 제1장에서도 언급했듯이, 당시 일본유족회는 야스쿠니신사 국가 호지를 위해 활발히 활동하고 있었다. 하지만 그 일본유족회에 의한 전적지 순례에서도 군부와 국가에 대한 비판이 상기되는 일은 드물지 않았다. 유족에게 오키나와 전투 전적지는 육친의 죽음을 현란하게 장식할 뿐만 아니라, 때로는 그들과 오키나와 주민들에게 '개죽음'을 강요한 국가와 군부에 대한 분노로도 이끌었다.

3. 전적지 관광에 대한 불쾌감

'위령탑 콩쿠르'에 대한 비판

복귀운동의 고양과 함께 각 지역의 위령탑 건립 붐이 연결되면서, 이러한 모뉴먼트가 즐비한 상황에 대한 불편함도 자주 언급되었다. 『마이니치신문』1965.12.15, 석간은 "각 현이 향토 의식을 전면적으로 드러내며 겉치레와 체면을 다투는 것으로 보인다"고 지적했다. 『아사히신문』1965.12.20의 「천성인어天声人語」[21]에서도 "위령탑 붐은 전쟁의 희생으로 오키나와에서 죽은 사람의 영혼을 정말로 애도하는 길인지 아닌지, 다시 생각해 볼 필요가 있지 않을까", "전장戦場에 나간 사람의 가장 큰 걱정은 남은 가족

---

21 [역자주] 1879년부터 『아사히신문』 조간 1면에 실린 칼럼으로, 중단되거나 명칭이 중도에 변경된 적이 있었지만 전후에는 끊임없이 이어져왔다. http://info.asahi.com/guide/tenseijingo/index.html(검색일 : 2023.9.28).

의 생활에 있었음에 틀림이 없다, 이들 현은 전사자의 아내와 고아를 두텁게 보호해왔을까"라고 썼다.

같은 지적은 오키나와 미디어에서도 적지 않게 보였다. 『오키나와타임스』1964.4.13의 투고란에는 고친다손東風平村 주민의 다음과 같은 글이 게재되었다.

전적지를 순례할 때마다 절실히 느끼는 일이지만, 좀 더 '위령탑'을 정리할 수는 없을까요?

본토에서 순례하러 오는 사람들을 안내할 때마다, 좁은 지역에 '위령탑'이 난립한 모습은 왠지 이상하게 느껴집니다. 확실히 '영령'을 모시는 데는 찬성합니다만, 좀 더 넓은 시야로 보면 저는 납득納得할 수 없습니다. 저도 이번 대전大戰에서 형을 잃은 유족의 한 사람입니다만, 각 현의 위령비가 여봐란듯이 건립 경쟁하는 것처럼 보입니다. (…중략…)

지금대로라면 이 영역靈域은 단지 세속적이고 피상적인 관광 붐에만 이용될 것이라고 생각합니다. 이는 결국 부정적인 결과를 낳을 것입니다.

위령탑이 즐비하고 전적지 등의 관광 붐이 고조되는 한편으로 사자에의 추도가 소홀해진 상황을 지적한 것이다.

모뉴먼트에 대한 초조함

1960년대 후반이 되자, 위령탑에 대한 반감이 더욱 노골적으로 나타났다. 1968년 12월에는 도미구스쿠무라豊見城村의 해군 전몰자 위령탑에서 국기 게양대가 부러지고 계단의 난간과 화단이 파괴되는 사건이 발생했다.[22] 다소 이른 시기이지만 『류큐신보』[1964.5.15]에서는 「황폐해지는 남부 전적지」라는 제목으로 "이토만초糸満町 마부니의 전적지에 불량소년이 모여 영역靈域 내에서 폭음한" 것과 함께 "1개월 정도 전에도 우시지마 사령관을 기린 '여명의 탑' 덮개를 때려 부수고, 그 안에서 술을 마신 듯 탑 내에는 술병이 나뒹굴었다"라고 보도했다. 모든 신문 보도에서는 '불량 그룹의 소행'으로 여겨졌지만, 굳이 일본군 장병을 기린 이 장소들을 선택한 데서 그 의도를 읽을 수 있다.

같은 때에 본토로부터의 전적지 관광에 대한 불쾌감이 오키나와 내에서 급속히 눈에 띄게 나타났다. 일찍이 오키나와 전투에 종군한 어느 전前 하사관은 1968년에 오키나와 전적지를 돌았을 때, 오키나와 주민들에게 "해마다 본토에서 관광단이 온다. 그것도 좋다. 하지만 내지 사람들은 마부니의 대지 위에 늘어서 있는 많은 위령탑의 의미를 충분히 되새겼으면 좋겠다", "오키나와 사람들은 일본에 속한다고 생각하는 동시에 일본에 버려졌다고 느낀다"[23]라는 말을 들었다고 한다.

본토 유족단의 수용이나 위령비 건립 지원을 담당해온 오키나와유족연합회 관계자들 사이에도 비슷한 생각을 적지 않게 볼 수 있었다. 동회 청년부에 소속되었던 요나미네 미쓰오与那嶺光雄는 기관지 『와카타케』[제10호, 1969]에 기고한 글에서 다음과 같이 적고 있다.

22 「荒らされる南部の霊域」, 『琉球新報』, 1968.12.5. 석간.
23 渡辺豊信, 『私の沖縄 戦跡巡拝して』, 私家版, 1968, 27・51쪽.

마부니의 이 땅은 많은 말로도 다할 수 없는 역사의 증언이 되어야 할 곳이다! 그곳에는 수만의 동포가 마지막까지 빗발같이 쏟아지는 탄알 속에서 죽음의 골짜기를 헤매며 수류탄을 끌어안고 시체가 된 역사의 진실이 있다. 이곳은 완전히 위령비 전시회장이 아닌가! (···중략···)

버스를 타고 온 관광객이 줄지어 도착했다. 제각각의 복장을 차려입은 많은 젊은 남녀가 버스에서 기어 나와 시끌벅적거리며 껌을 씹고, 마치 놀이공원에 온 듯한 모습이었다. 나는 점점 분노가 폭발할 지경이었다. 그 중 한 여성이 자신들의 현지사 이름을 부르며 다른 이들을 부르고 있었다. 그 광경에서 왜 이 성지가 전시회장이 되었는지 알게 되었다.

정치가의 명예와 표몰이에 동원되어 꽃다발을 바치는 것만으로 영령들이 위로받을 수 있다고 생각하는 이들 속에서, 다시 한 번 조국을 위해 몸을 던져 시체가 된 젊은이들이 희생되고 있는 것 같아 분노와 슬픔을 느꼈다.[24]

오키나와유족연합회는 일본유족회 산하에 있었지만, 그 관계자조차 각 현의 위령탑이 난립하고 본토 유족·관광객이 "시끌벅적 떠들고 껌을 씹으며 마치 유원지를 방불케" 행동하는 모습에 강한 불쾌감을 품고 있었다.

거기에는 전적지영역과 관광의 부조화가 떠올랐다. 요나미네는 같은 글에서 "순수하고 더욱 진지하게 평화를 바라는 현민, 아니 유족은 이 모습에 무엇을 구하고-무엇을 요구하면 좋은지, 사방이 바다로 둘러싸여

---

24   与那嶺光雄,「摩文仁に立つ」,『若竹』10, 1969. 인용은『若竹 総集編』(沖縄県遺族連合会 青壮年部, 1985, 450~451쪽).

관광자원이 풍부하다고 알려진 오키나와에서 군이 이 역사의 증언이 되어야 하는 영지를 관광화하는 것은 진지하게 검토할 가치가 있지 않을까"[25]라고 썼다. 일찍이 오키나와에서는 전적지의 관광지화를 지지하는 움직임이 짙게 나타났지만, 이곳에서는 오히려 전적지영역와 관광이 양립할 수 없다는 점이 감지되고 있었다.

'반反복귀' 여론

이러한 움직임은 복귀 방식에 대한 불쾌감에 뿌리를 두고 있다. 1965년 1월 사토·존슨 회담으로 오키나와 반환 문제는 미·일 간에 비로소 구체적인 정치 과제로 다뤄질 수 있게 되었다. 복귀에 대한 구체적인 정치 일정이 제시되지 않은 상태에서 미·일 양국이 오키나와에서 공통의 군사적 이익을 모색하는 모습이 드러났다.

그 불안은 후에 한층 현실성을 띠게 되었다. 1967년 2월, 외무 차관 시모다 다케소下田武三는 "오키나와 기지의 자유로운 사용을 보증하는 것이 시정권 반환의 전제 조건"이며, "핵 기지의 용인을 포함한 기지의 자유 사용"을 미군에게 인정해야 한다고 발언했다. 게다가 시모다는 같은 해 6월 주미대사로 부임하기 직전에도 "지금의 국제 정세를 보면 미군의 핵 기지를 없애는 방향으로 문제를 검토하기에는 무리가 있다"라고 말했다.[26] 이른바 '핵 포함 반환론'이다.

당연히 오키나와의 반발은 컸다. 복귀협은 「즉시 무조건 전면 반환

---

25 위의 책, 451쪽.
26 中野好夫 編, 『戰後資料沖繩』, 日本評論社, 1969, 597쪽.

요구 행동 요강」1967.10에 '핵 포함 반환, 기지의 자유 사용 반환을 분쇄하고, 일본의 핵 무장, 헌법 개악에 반대하자', '안보 조약 연장에 의한 오키나와의 현상 고착화에 반대하고 사토 에이사쿠佐藤栄作 자민당 정부의 대미 종속에 항의하자'라는 슬로건을 내세웠다.[27]

1969년 11월, 사토·닉슨 회담에서 1972년 오키나와 반환 방침이 발표되었다. 그러나 이 발표는 오키나와 주민들을 만족시키기는커녕 오히려 실망시켰다. 반환 후에도 미군기지가 '본토 수준'으로 유지되면서 전국 기지의 58.5%가 좁은 오키나와 지역에 집중되게 되었다.

또한 오키나와 기지로의 핵 반입에 대한 제한도 모호했다. 오키나와 기지에는 핵탄두 미사일 메이스 B가 배치되어, 1968년에는 원자력 잠수함에 의한 것으로 생각되는 해수의 방사능 오염이 보도되는 등 핵에 대한 불안은 심각했다. 그러나 미·일 외교 교섭에서는 핵무기 반입 문제를 미국이 일본 정부와 '사전 협의'하는 수준에서 마무리 지었다. 본래 '사전 협의'는 미일안전보장조약 아래에서 일본이 미국의 전쟁에 휘말리지 않기 위한 제동 장치로 자리매김해있었다. 하지만 1972년 오키나와 반환의 방향이 드러날 무렵부터 사전 협의의 결과 일본이 자주적으로 미군의 행동을 지지할 수도 있음이 강조되게 되었다. 오키나와 기지로의 핵무기 반입 또한 이러한 '사전 협의'의 대상에 포함되었을 뿐이다. 본토 복귀에 오키나와 주민들이 환멸을 느낀 것은 당연했다.

전적지 관광에 대한 비판의 분출도 이러한 '복귀'에 대한 분노의 연장

---

27   沖縄県祖国復帰闘争史編纂委員会 編, 『沖縄県祖国復帰闘争史 資料編』, 沖縄時事出版, 1982, 368쪽.

〈그림 3-10〉 오키나와 반환 당일 복귀 반대운동 (나하시, 1972.5.15)

에 있었다. 오키나와유족연합회 청년부 요나미네 미쓰오는 『와카타케』 제
10호, 1969에 실은 앞의 글에서 다음과 같이 썼다.

　　조국이 없는 떠돌이 집시 민족처럼 된 지 어언 24년, 지금 바로 오키나와
　　문제가 대미교섭의 외교 경로에 올랐다. 우리 현민은 지금이야말로 일어나
　　외치며 오랜 굴욕의 역사를 끝내야 한다.
　　하지만 우리는 잊어서는 안 된다. 이 영지에 잠들어 있는 수만 구의 시신

이 땅에 잠들어 있는 수많은 영혼이 무엇을 바라고 있는지 생각해야 한다 ─
따라서 현재 진행 중인 대미 교섭은 반전 평화를 갈망하고, 민족의 독립과 존
엄한 삶을 위한 즉각적이고 무조건적인 전면 반환을 목표로 해야 한다.[28]

오키나와 반환 교섭이 진행되는 동안, '수만 명의 시신이 무엇을 생각
하고 무엇을 바라고 있는지'를 상기하면서, '즉시 무조건 전면 반환의 바
람'을 외치는 목소리가 컸다. 넓은 미군 기지를 유지한 채로 이루어진 오
키나와의 반환에 대한 분노는 분명하게 드러났다.

이 반응은 요나미네에게만 국한되지 않았다. 『와카타케』제11호, 1970의
권두언 '주장, 찾아온 전국戰國시대'에는 "본토와의 일체화 과정에 큰 함
정이 있다는 것을 잊어서는 안 된다"고 경고하며, "우리가 지금까지 싸워
온 안보 폐기와 기지 철거운동은 현재 조국 정부의 정책과 정면으로 대
립하고 있다"라는 문장이 포함되어 있다.[29] 그동안 조국 복귀운동과 전적
지 정비의 일익을 담당해온 오키나와유족연합회에서조차, '조국 정부의
정책'에 대한 불신감과 복귀를 둘러싼 분노가 짙게 나타났다.

'마부니'의 복귀 후

1972년 5월 15일, 전후 27년 만에 오키나와의 일본 복귀가 실현되었
다. 나하시민회관에서는 야라 쵸보屋良朝苗 현지사의 출석 아래 '신新 오키
나와현 출범식'이 진행되었다. 그러나 근처 요기(与儀)공원에서는 복귀협

---

28   与那嶺光雄, 앞의 책, 451쪽.
29   巻頭言, 「主張 やってきた戦国時代」, 『若竹』 11, 1970. 인용은 『若竹 資料編』, 467쪽.

〈그림 3-11〉 본토 비판이 적힌 부현 비석(효고현 노지기쿠의 탑) (『류큐신보』, 1975.6.19)

주최로 '5·15항의현민총궐기대회'가 열렸고, 여기서 '오키나와를 거점
으로 하는 침략 체제를 강화하기 위한 굴욕적이고 반국민적인 오키나와
반환 내용을 규탄하고 항의한다'는 선언이 채택되었다.[30]

이러한 상황에서 마부니의 위령탑에 대한 반감은 점점 고조되었다.
복귀 후 3년이 지난 1975년 6월에는 대부분의 각 현의 위령탑이 붉은 페
인트로 낙서된 사건이 일어났다.[31]

이 시점은 1975년 7월 20일에 예정된 오키나와 해양 박람회 개막을
앞두고 있었으며, 왕세자의 오키나와 방문 직전이기도 했다. 해양 박람
회는 오키나와의 경제 진흥을 의도한 것이기도 했지만, 급속히 유입된

---

30   沖縄県祖国復帰闘争史編纂委員会 編, 앞의 책, 813쪽.
31   「赤ペンキで落書 摩文仁の丘」, 『毎日新聞』, 1975.5.19.

본토 자본은 지방 산업에서 현지 노동자를 빼앗았을 뿐 아니라, 인플레이션과 환경 파괴를 심화시켰다. 이러한 기대를 저버린 결과로 인해, 오키나와의 분노가 마부니에 위치한 본토 각 지역의 탑에 대한 반감으로 표출되었다.

'전적지라는 미디어'의 구축과 기능

전후 50년에 해당하는 1995년 6월 23일, 마부니의 평화기념공원에서는 평화의 초석 제막식이 열렸다. 그리고 이곳은 오늘날에 이르기까지 오키나와의 공적인 추도식이 매년 거행될 정도로 상징적인 장소가 되었다.

그러나 전술한 바와 같이, 전후 초기부터 이러한 지위가 부여된 것은 아니다. 복귀운동이 고양되고 평화위령행진이 고조되면서, 이를 보도하는 미디어의 역학이 맞물려 성립한 것이 '마부니'였다. 평화 행진이라는 미디어 이벤트는 말하자면 실제로 행진에 참여하지 못한 독자들에게도 유사한 고양감을 느끼게 해주었다. 이를 통해 '6·23'은 기념일로 발견되고 '마부니'는 '기억의 장소'로 자리매김하게 되었다.

다른 관점에서 보면, 이것은 전후 오키나와를 둘러싼 복잡한 상황을 반영하는 것이기도 했다. 본토 각 지역의 위령탑이 마부니에 적극적으로 수용된 배경에는 복귀운동이 있었다. 하지만 그 깊숙한 곳에는 일본 독립의 대가로 오키나와가 미군에 제공된 것에 대한 분노와 배신감이 깔려 있었다.

이로 인해 오키나와 반환 방식에 대한 의심이 커지면서, 마부니의 모뉴먼트들은 종종 증오의 대상이 되었다. 샌프란시스코 강화 조약이 발효

되었을 때와 '조국 복귀'가 이뤄질 때 모두, 본토의 배신이 분명해지자, 마부니를 중심으로 한 오키나와와 본토 간의 예정 조화는 무너져 내렸다.

오늘날에는 그런 수준의 증오가 마부니의 위령탑들에 표출되는 것은 드문 일이다. 하지만 다른 관점에서 보면, 마부니의 전적지는 복귀 전후 본토에 대한 깊은 분노를 여실히 보여준다. 더욱이 마부니는 그때그때의 일본과 오키나와의 관계성을 드러내고 있었다.

하지만 전적지에 대해 사람들이 이해하는 것은 동시대에도 결코 단일하지 않다. 본토 각 지역의 탑만 해도 사자를 공적으로 기리려는 언사가 많이 보이는 한편, 사자를 사적으로 애도하는 연장선에서 국가에 대한 비판으로 이어지거나, 심지어 오키나와에 대한 가해 책임이 상기되는 일조차 있었다.

전적지는 과거의 기억을 전하는 미디어매체이지만, 그것은 유적이나 위령비와 같은 사물인만큼 사람들에게 다양한 읽기를 허용한다. 확실히 비문에는 어떤 메시지가 적혀 있지만, 방문하는 사람 모두가 그것을 숙독하는 것도 아니고 각자가 다양하게 해석한다. 시대에 따라 거기에 다양한 의미가 읽히는 것도 그 때문이다.

그런 의미에서 전적지는 결코 주어진 것이 아니다. 미디어와 그때그때의 사회 상황이 복잡하게 얽히면서도, 참혹한 전쟁의 장소가 기념할 만한 곳으로 발견된다. 마부니라는 장소가 발견되고, 그 모뉴먼트에 다양한 의도와 욕망이 투영되어 온 전후의 역사 속에는, 본토와 오키나와의 뒤틀림과 함께 전적지라는 미디어의 역학이 드러나고 있다.

제2부

문화의 역학

대중문화와 사자의 정념

제 4 장

영화 〈들불〉

'난사'와 '조소'의 후경화

전후戰後 70년인 2015년 여름, 하라다 마사토原田眞人 감독의 〈일본의 가장 긴 하루日本のいちばん長い日〉가 개봉되었다. 이 영화는 1967년에 흥행 수입 1위를 기록한 오카모토 기하치岡本喜八 감독의 동명 영화를 리메이크한 작품이다. 또, 같은 시기에 쓰카모토 신야塚本晋也 감독의 〈들불野火〉이 개봉되었다. 그리고 이 역시 1959년에 개봉한 이치카와市川崑 감독의 동명 영화를 리메이크한 것이었다.

이 두 편의 리메이크 영화는 모두 화제가 되었지만, 몇 가지 흥미로운 대조가 눈에 띈다. 하라다 감독판 〈일본의 가장 긴 하루〉는 야쿠쇼 고지役所広司, 모토키 마사히로本木雅弘, 야마자키 쓰토무山崎努, 마쓰자카 도리松坂桃李 등 다수의 유명 배우가 출연한, 올스타 캐스팅이라 할 수 있는 대작 영화이다. 그에 비해, 제작비를 최대한 줄이려고 노력한 쓰카모토판 〈들불〉은 쓰카모토 감독 자신이 주연을 겸하는 등 자체제작영화에 가까운 스타일로 만들어졌다. 상영관 역시 각지의 미니시어터가 중심이었다.

그도 그럴 것이 〈일본의 가장 긴 하루〉는 정부·군 상층부와 청년 장교들의 포츠담선언 수락을 둘러싼 교섭과 흥정을 그리고 있는 데 반해, 〈들불〉은 필리핀 전선戰線의 기아와 인육식人肉食을 주제로 하고 있다. 이러한 점에서 볼 때 이같은 배급 형태가 될 수밖에 없었던 것은 예상하기 어렵지 않다.

그러나 그러한 상황은 이치카와판 〈들불〉과는 달랐다. 이치카와판은 대형 배급사인 다이에이大映 계열이 배급을 담당했고, 대중오락영화로서 자리매김되었다. 미니시어터를 중심으로 상영되었고, 영화에 대한 지적 관심이 높은 층이 다수의 관람객을 형성한 쓰카모토판과 차이가 있다.

〈그림 4-1〉 영화 〈들불〉(1959) 포스터

그렇다고 한다면 이치카와판 〈들불〉이 제작된 것은 어떠한 시대였던 것일까. 거기에서 현대와 어떠한 차이를 찾아볼 수 있을까. 이번 장에서는 이치카와판 〈들불〉에 초점을 맞추면서 이 영화를 둘러싼 사회 배경을 통해 어떠한 시대상을 읽어낼 수 있을지, 거기에서 '전쟁의 기억'에 관한 문제를 어떻게 현재적 관점에서 다시 풀어낼 수 있을지 고찰하고자 한다.

'가해'와 '증오'

이치카와판 〈들불〉의 특징 중 하나는 무엇보다 현지 주민에 대한 '가해'와 그들의 일본군에 대한 '증오'를 그린다는 점에 있다고 할 수 있을 것이다.

지식인이면서 병사로서는 고령의 나이에 징병되어 전쟁 막바지에 필리핀 전선에 보내진 주인공 다무라田村 일등병은 현지를 헤매다가, 적지 않은 일본군이 게릴라에게 습격을 당해 썩은 시체가 되어 있는 모습을 목격하게 된다. 그곳은 일본군의 습격을 우려하여 대피했는지, 주민이 부재한 고스트타운으로 변해 있었다. 다무라는 식량을 찾아 헤매다가, 작은 배를 타고 온 젊은 남녀가 빈집에 숨겨둔 식량 같은 것을 손에 들고 있는 모습을 보게 된다. 다무라는 그들에게 현지어로 음식을 나눠 달라고 간청하는데, 총을 들고 있던 다무라를 본 여성은 겁에 질린 나머지 크게 비명을 지른다. 다무라는 미군이나 게릴라 등에게 들키지 않게 진정시키려고 하다가 발포를 하게 되고, 총알이 그녀의 가슴을 관통하고 만다. 다무라가 당황해하는 틈을 타서 남자는 해안으로 도망치는데, 다무라는 그를 향해 총을 몇 발 발포했다.

〈그림 4-2〉 다무라 일등병이 현지 주민에게 총구를 겨누는 장면

　다소 안정을 되찾은 다무라는 그들이 들고 있던 것이 소금이었다는 것을 알고 그것을 가방에 가득 채워 넣은 후 그 자리를 떠난다. 염분 섭취가 어려울 정도로 식량 사정이 악화되어 있던 당시, 현지의 일본군에게 소금은 매우 귀중한 존재였다. 현지 주민을 살해하고 양식을 빼앗는 일본군의 모습이 부분적이나마 거기에 묘사되어 있었다.

　이같은 '가해'에 대한 주목은 그제까지의 전쟁영화에서는 예외적이었다. 군대 내부의 폭력과 상관의 악행을 다룬 〈들어라 와다쓰미의 소리를きけ, わだつみの声〉1950, 〈진공지대真空地帯〉1952 등이나, 장병들의 영웅주의와 용맹함을 그린 〈잘 있거라 라바울さらばラバウル〉1954, 〈구름이 흐르는 끝에雲ながるる果てに〉1953 등에 초점을 맞추는 일은 드물지 않았지만, 현지 주민에 대한 일본군의 '가해'와 그것이 주인공의 행동으로서 묘사되는 경우는 전무했다고 할 수 있다.

　동시에 그러한 묘사를 통해 제시되는 것은 일본군의 '약함'이기도 했다. 주인공은 앞서 언급한 현지 남성 외에도 다른 현지 주민에게 총구를 겨누기도 했다. 소속 부대에서 야전 병원으로 가던 중 요리를 하고 있는 현지 남성에게 먹을 것을 요구했고 이에 현지 남성은 스스럼없이 그 요구를 받아들이는 척하지만, 다무라의 눈을 피해 도망쳐 다른 주민들에게 일본군이 출몰했음을 알리려고 한다. 다무라는 습격당할 것을 염려하여 멀리 떨어진 곳으로 도주하고 있는 그 남성에게 총구를 겨눈다.

더욱이 다무라는 필리핀의 황야를 헤매던 중, 종종 들불이 피어오르는 것을 목격한다. 다무라는 그것이 자신의 행적을 전하는 현지 주민들 간의 신호가 아닐까 두려움을 느껴 그때마다 경로를 변경하려고 한다. 그것은 곧 일본군의 '가해'가 현지 주민에 대한 '두려움' 혹은 '약함'과 표리일체임을 부각시킨다. 일본군의 포학暴虐 배후에 있는 심성을 파고든 장면이라고 할 수 있다.

그것을 뒤집어 보면, 현지 주민의 '증오'를 그리는 것이기도 했다. 주민에게 발견되는 것을 지나치게 두려워하는 것은 그것이 바로 그들의 일본군에 대한 증오를 감지하고 있다는 방증이 된다. 그것을 여실히 보여주는 것이 필리핀 여성 게릴라가 투항한 일본군에게 집요하리 만큼 기관총을 연사하는 장면이다.

소속 중대는 폐병으로 인해 잘 움직이지 못하는 다무라에게 야전 병원에 가라는 명령을 내렸고, 병원은 다른 입원 환자에 비해 상태가 나쁘지 않은 다무라의 입원을 거부한다. 양쪽 다 다무라에게 주어야 할 감자 등의 식량을 아까워했기 때문인데, 그러한 군대에 대해 감정이 식은 다무라는 미군 쪽에 투항하는 것을 생각해 낸다. 다무라는 정차해 있는 미군 지프를 향해 백기를 들고 걸어가려고 타이밍을 재고 있었다. 그때 다른 방향에서 일본군이 두 손을 들고 "항복! 항복!"을 외치며 그 지프 쪽으

〈그림 4-3〉 증오의 시선으로 투항한 일본군을 사살하는 여성 게릴라

로 다가갔다.

　동승한 필리핀 여성 게릴라는 투항하는 일본군을 발견하자 그제까지 미군과 담소를 나누던 온화한 표정을 일순간에 증오로 가득찬 표정으로 바꾸며 기관총을 그 일본군에게 집요하게 연사한다. 미군은 그녀를 말리려 했지만, 그녀는 그 제지를 거부하며 기관총을 계속 발사했다. 그것을 목격한 다무라는 투항을 단념하는데, 이 묘사에는 일본군에 대한 증오가 아주 강렬하게 각인되어 있음을 확인할 수 있다.

적의 얼굴

　그런 의미에서 〈들불〉에는 '적의 얼굴'이 많이 묘사된다. 전후 일본의 전쟁영화에서는 사실 교전하는 상대의 표정이 구체적으로 그려지는 일이 극히 드물다. 연합함대사령장관 야마모토 이소로쿠山本五十六를 주인공으로 하는 해전을 그린 작품〈태평양의 독수리(太平洋の鷲)〉(1953), 〈연합함대사령장관 야마모토 이소로쿠(連合艦隊司令長官 山本五十六)〉(1968) 등이나 공중전과 특별공격대를 주제로 삼은 영화〈하늘로 가면(空ゆかば)〉(1957), 〈아! 동기의 벚꽃(あゝ同期の桜)〉(1967), 〈아! 해군(あ

ゝ海軍)〉(1969) 등에서는 '적'이 기껏해야 적의 함대나 비행기와 같은 '사물'에 국한된 것이었기 때문에 인물상을 엿볼 수 없다. 중국 전선 등 육지전을 다룬 작품이라 하더라도 〈삼가 아뢰옵니다 천황 폐하님拜啓天皇陛下様〉1963 이나 〈야쿠자 군대兵隊やくざ〉1965 등 중국군이 등장하지 않는 것도 적지 않다. 〈시궁쥐 작전どぶ鼠作戦〉1962, 〈피와 모래血と砂〉1965 등에서는 부분적으로 중국 병사와 주민이 등장하기도 하지만, '적'의 사고나 분노가 명시적으로 묘사되는 일은 적고, 때로 우호 관계를 맺는 스토리가 전개되는 장면조차 찾아볼 수 있다.

그것은 곧 전후의 전쟁영화가 주로 '적'에 대한 증오가 아니라 '동료끼리의 유대'나 '군대 비판'에 치중해 왔음을 의미한다. 해전이나 공중전에 주안점을 둔 작품에서는 많은 경우 여러 어려움이 있지만 함께 운명을 받아들이고 아름답게 목숨을 불사르려는 '남자끼리의 유대'가 묘사되어 왔다. 〈야쿠자 군대〉 등에서는 군의 폭력과 조직의 병리가 비판적으로 다뤄지는 한편, 전투에 나서는 영웅주의와 '유대'가 다뤄졌다. 거기서 '적'의 구체적인 사고나 정념에는 특별히 무게가 실리는 일은 없었다.

물론 〈들불〉에서도 '적'에 대한 묘사는 제한적일 수밖에 없다. 장면 대부분이 '우군'과의 관계에 중점을 두고 있다. 다만, 일본군에 대한 '적'의 노골적인 증오는 인물묘사 속에 명시적으로 담겨 있고, 이것이 바로 〈들불〉의 특징이라 할 수 있다.

『버마의 하프ビルマの竪琴』와의 차이

이는 마찬가지로 이치카와 곤이 감독을 맡은 〈버마의 하프〉와 비교해 보면 매우 흥미롭다. 다케야마 미치오竹山道雄의 1948년 소설을 바탕으로 한 이 영화는 1956년에 개봉되었다. 버마 전선에서 종전을 맞은 일본군이 현지 주민들과 사이좋게 즐기는 장면이 그려지는 한편, 미즈시마水島 상등병은 귀환하려고 하는 부대를 떠나, 전장에서 목숨을 잃은 일본군을 진혼하기 위해 홀로 현지에 머물기로 결심한다. 거기에서는 전몰한 일본군이 '무구한 애도의 대상'으로 자리매김됨과 동시에, 그들을 포함한 일본군은 현지 주민과 조화로운 존재로 그려지고 있었다. '가해'나 '적의 얼굴'에 관한 묘사는 찾아볼 수 없다. 흥행 성적은 같은 해 일본영화 중에서 20위 안에 드는 등 양호했다고는 할 수 없지만, 영화로서의 평가는 대체로 높았고, 같은 해『기네마순보キネマ旬報』베스트10에서는 5위에 이름을 올렸다.[1]

이 영화가 수용된 배경에 대해 비평가 에토 후미오江藤文夫는 "이 영화를 봤을 때 원작과는 다른 것을 느꼈고, 원작을 읽었을 때의 저항감 없이 순수한 감동에 젖을 수 있었다"[2]고 말한다.

이 영화가 원작보다 특별히 뛰어난 것은 아니다. 군이 말하자면, 원작과 영화의 시간적 차이 때문이라고도 할 수 있다. (…중략…) 〈버마의 하프〉의 원작

---

1   졸저『「反戦」のメディア史』, 世界思想社, 2006.「キネマ旬報一九五六年度内外映画ベスト・テン」,『キネマ旬報』, 1957年 2月特別号, 36쪽.
2   江藤文夫,「一つの転回点―戦争映画の系譜」,『映画芸術』, 1956年 9月号, 33쪽.

이 발표된 것은 1948년으로 전쟁의 상처가, 아직도 생생한 그 기억들이 사람들 가슴에 남아 있었을 때였다. 그것이 전후 10년이 지난 지금에 와서 영화화가 실현되었다는 것 자체가 하나의 의미를 갖는 것처럼 여겨진다.[3]

에토는 '전쟁의 상처가, 아직도 생생한' 종전 직후에 이국정취를 더한 따뜻한 분위기의 〈버마의 하프〉가 당시 활발히 이뤄지고 있던 전쟁 원인에 대한 추궁으로부터 사람들의 시선을 돌리지는 않을까라는 우려를 품고 있었다. GHQ 점령하에 있었기 때문에 국가주의적인 담론과 전쟁 찬미, 미군 비판은 대체로 억눌려 있던 시기였다. 그러나 점령 종결 후 수년이 지나며, 평화에 대한 동향이 사람들의 마음과 생활 속에서 문제시되던 전후 10년의 시기에는 평화 건설을 향한 노력과 그 안에서의 밝은 생활을 그리는 방법이 중요해졌다. 에토에게 있어 '전후 10년'이란 이러한 '하나의 전환점'이라는 의미를 가지고 있었다.

그런 상황을 감안할 때 부분적으로나마 '적의 얼굴'과 '가해'를 그린 〈들불〉은 전후 십여 년의 시기에 있어 특이한 위치에 있었다고 할 수 있다. 특히 가장 인상 깊은 '적의 얼굴'은 필리핀 여성 게릴라로 대표되는 현지 주민들이었다. 그들의 일본군에 대한 증오와 면종복배가 그려져 있는 점은 현지 주민들과의 조화성에 무게가 실려 있던 〈버마의 하프〉와 비교했을 때 확연히 이질적이었다.

---

3   위의 책.

〈그림 4-4〉 영화 〈버마의 하프〉(1956) 포스터

조직 병리

더불어 〈들불〉에 특징적인 것은 군의 조직 병리에 대한 주목일 것이다. 군이 첫 장면부터 그 묘사로 시작한 것도 간과해서는 안 된다. 주인공 다무라 일등병은 폐병을 앓고 있음에도 야전 병원에서 쫓겨나고 부대로 돌아와 신고를 하는 장면으로 영화는 시작된다. 다무라는 분대장에게 얻어맞고 다음과 같이 욕을 먹은 후 부대에서 쫓겨난다.

바보 새끼야. 가라고 해서 잠자코 돌아오는 놈이 어디 있나? 중대에는 너 같이 폐병 앓는 놈을 돌볼 여유가 없어. 병원으로 돌아가. 돌아갈 곳이 없습니다, 열심히 애원해, 그러면 병원에서도 어떻게든 해주겠지. 어째서 네놈은 우리 중대의 상황을 이해하지 못하나?[4]

부대는 식량이 턱없이 부족했고 인근 밭에서 약탈해 오는 얼마 안 되는 감자가 식량의 전부였다. 다무라처럼 식량 확보에 나서기 어려운 환자 병사는 가뜩이나 없는 식량을 일방적으로 소비할 뿐인 존재로 치부되었다. 분대장이 "나는 자네에게 식량을 주고 싶지 않다는 구두쇠 근성으로 말하는 게 아니네. 자네가 한 사람 몫을 다할 수 있는 몸이었다면 문제가 없었던 거야"[5]라고 말하는 것 자체가 '자네에게 식량을 주고 싶지 않다는 구두쇠 근성'에 뿌리를 둔 언동임을 보여준다. 다무라는 조장曹長에게 감자 몇 개를 건네받고 다시 병원으로 내몰리고 만다.

---

4   「들불(시나리오)」, 『キネマ旬報』, 1955年 9月 下旬号, 133쪽.

5   위의 책.

그러나 병원에 돌아갔지만 다시 같은 상황이 반복되었다. 군의관은 다무라에게 이렇게 말한다. "바보 새끼야. 야구공처럼 바로 날아오는 놈이 어디 있나? 돌아가, 돌아가! (…중략…) 저처럼 (다른 움직일 수 없는 중중 환자에 비하면) 힘차게 움직일 수 있는 자는 설사 객혈을 해도 병이 아니라고 했습니다, 라고 그렇게 말하는 거야."[6]

거기에 군의관은 "근데 식량을 갖고 있다면 모처럼 멀리서 왔으니 이삼일 쉬어가도 좋네"라고 말하지만 다무라는 주저하다가 "식량은 갖고 있지 않습니다. 실례했습니다"라고 말한 후 병원을 떠날 결심을 한다.

이 장면에서 엿볼 수 있는 것은 식량 확보로 이어지는지 아닌지 여부만으로 병사를 선별하고, 그것이 불가능한 병사는 사정없이 자신의 조직에서 배제하며 책임을 다른 곳으로 떠넘기는 구도이다. 기아 상황이라고는 하나 식량 확보가 자기목적화되고 이를 위한 유용성이 없는 존재를 철저히 배제하려는 조직 병리를 확인할 수 있다. 〈버마의 하프〉에서 볼 수 있는 부대 내부의 조화성 혹은 일본군과 미즈시마의 조화성과는 전혀 이질적인 조직의 뒤틀림이 묘사되어 있다.

이같은 군의 조직 병리에 초점을 맞춘 영화는 결코 적지 않다. 1950년대에 대히트한 세키가와 히데오關川秀雄 감독의 〈들어라 와다쓰미의 소리를〉에서는 '악덕한 직업군인'과 '총명한 학도병'을 대치시키는 형태로, 군 상층부의 이기주의와 말단 병사를 사정없이 잘라버리는 조직의 뒤틀림이 그려졌다. 〈이등병 이야기二等兵物語〉 시리즈1955~1961에서도 최말단

---

6   위의 책, 136쪽.

〈그림 4-5〉 병원에서 쫓겨나는 다무라 일등병

병사를 자의적으로 쥐어짤 뿐만 아니라 물자를 빼돌려 부정한 이득을 취하는 상관이 묘사되었다. 그 밖에도 〈야쿠자 군대〉 시리즈1965~1972나 오카모토 기하치 감독의 〈독립우연대独立愚連隊〉 시리즈1959~1960 등 군 내부의 폭력과 그에 맞서는 주인공을 그린 작품은 일일이 열거할 수 없다. 상층부에서 말단부까지 구석구석 침투하는 병리는 〈들불〉뿐만 아니라 전후의 많은 전쟁영화에서 주제화되었다.

감시와 인육식

다시 말해 전후 일본의 많은 전쟁영화에서 '적'은 상관 등 군의 내부에 있었다. 〈들불〉의 그것 또한 예외는 아니다. 분명 전반부에서는 현지 주민들의 증오와 감시에 떠는 주인공이 묘사되지만, 동시에 환자 병사에 대한 책임을 떠넘기는 상관과 자신의 식량을 결코 나눠주려 하지 않는 말단 병사도 그려진다. 이러한 조직 병리 묘사에 앞서 떠오르는 것은 '적으로서의 우군'이었다. 이를테면 〈들불〉은 '적'이 현지 주민에서 '우군', '전우', '상관'으로 변해가는 과정을 그리는 것이기도 했다.

그리고 이 영화의 서사는 '인육식'으로 이어진다. 다무라를 비롯한 일본군은 각 부대의 집합지인 팔롬폰을 향해 기아에 시달리며 행군하고 있었다. 낙오자가 다수 나오는 가운데 다무라는 야스다安田와 나가마쓰永松를 만난다. 그 둘 또한 부상과 병을 안고 있으면서도 야전 병원에 입원하지 못한 채 담뱃잎을 식량과 맞바꾸며 전장을 헤매다 기회가 되면 미군에 투항하려고 계획 중이었다.

나가마쓰는 우연히 만난 다무라에게 '원숭이' 육포를 구워 건넨다. 이가 약해져 있던 다무라는 그 육포가 너무 질겨서 먹을 수 없었지만, 그것보다는 이 부근에서 과연 원숭이를 포획할 수 있는 것인지 의문스러웠다. 그러던 중 다무라는 나가마쓰가 휘청거리며 걷는 일본 병사를 향해 총을 발포하는 것을 보게 된다. 다무라는 거기서 '원숭이'가 일본 병사를 뜻하는 은어임을 이해한다.

그것은 곧 '먹기' 위해 '우군'이 감시의 대상이 되어 있는 상황을 보여주고 있었다. 앞서 언급한 바와 같이 다무라가 들불에 겁을 먹는 등 현지 주민에 의한 감시의 공포가 그려졌었다. 그러나 '적'이 현지 주민이나 미군에서 '우군'으로 바뀌어 가는 가운데, 감시하는 주체 또한 현지 주민에서 '원숭이'를 찾는 일본 병사로 변화한다. 그러면서 영화의 주제는 우군 내부의 상호 감시로 바뀌고, '가해'의 포학 역시 현지 주민에서 '우군'에게 향해지게 된다.

전쟁 묘사의 다양성

〈들불〉은 '인육식'까지 관련지으면서 이들 문제를 그린 점에서 분명 특이한 전쟁영화일 것이다. 하지만 〈들불〉이 개봉된 1960년 전후의 시기는 한계가 있다고는 하지만 후년과 비교하면 영화 속에 비교적 다양하게 전쟁이 묘사되었다. 〈들불〉과 같은 시기에 개봉된 작품으로는 〈인간의 조건人間の条件〉 시리즈1959~1961를 들 수 있는데, 거기에서는 말단 병사와 현지 주민에 대한 처참한 폭력이 그려진다. 〈이등병 이야기〉 시리즈에서는 흉포한 상관 비판을 주제로 삼고 있고, 이등병 등에 의한 좌충우돌 희극이 펼쳐진다. 〈독립우연대〉 시리즈는 상관과 상층부 비판을 담아내며 군의 부패를 파헤치는 액션영화이고, 약간 시대가 다르지만 〈야쿠자 군대〉 시리즈나 다카쿠라 겐高倉健 주연의 〈문신 돌격대いれずみ突撃隊〉1964에서는 야쿠자 출신의 말단 병사가 흉포한 상관에게 분노를 느끼고 묵사발을 만드는 서사였다. 그 밖에 엽기와 섹슈얼리티의 테마를 결부한 〈헌병과 토막난 미인憲兵とバラバラ死美人〉1957, 빈곤·격차와 천황 신앙의 결부를 그린 〈삼가 아뢰옵니다 천황 폐하님〉1963 등 전쟁영화의 주제는 다양했다.

오늘날 역시 대작 규모의 전쟁영화가 종종 제작되지만, 대형 극영화에서 '가해', '야쿠자', '활극', '희극', '빈곤', '엽기'와 같은 테마가 결부되는 것은 찾아보기 쉽지 않다. 오히려 〈호타루ホタル〉2001, 〈사나이들의 야마토男たちの大和YAMATO〉2005, 〈영원의 제로永遠の0〉2013 등의 마지막 장면에서 볼 수 있듯, '숭고한 전쟁의 기억을 어떻게 계승할 것인가'라는 이른바 '예의 바른' 주제가 전경화된다. 그러나 1960년대 전후의 시기는 반드시 이러한 '예의 바름'에 그치지 않고, 전쟁 묘사의 폭에 있어 확장성을 찾아볼 수 있었다.

그 배경에는 아마도 여러 가지 요인들이 있었으리라 생각되지만, 그 중 하나로 전중파戰中派 세대의 대두가 있었을 것이다. 종전 시점에 스무 살 전후였던 그들은 전쟁 말기에 가장 많이 전장에 투입된 세대였다. 그런 만큼 전쟁을 둘러싼 복잡한 기억과 정념을 알기 쉽게 말하는 것에는 거부감을 느낄 수밖에 없었다. 그들이 30대 후반에 접어들면서 사회적 발언력을 획득하게 된 것이 이 시대였다.

조치上智대학 재학 중 학도출진으로 징병된 비평가 야스다 다케시安田武는『전쟁 체험』1963에서 다음과 같이 말한다.

그 녀석이 죽고 내가 살았다는 것을 아무래도 납득할 수 없고, 게다가 죽어버린 놈과 살아남은 놈의 이 '결정적인 운명의 차이'에 대해서는 더욱더 납득이 가지 않는다. 납득이 가지 않는 마음은 신비주의나 숙명론으로는 도저히 납득할 수 없을 정도로, 그만큼 납득이 가지 않는다. 하물며 시원하고 논리적인 줄거리 같은 것이 따라오면 공연히 화가 날 뿐이다.[7]

전쟁 체험의 의미가 논의되어 재평가되고 그 사상화라는 말이 나올 때마다 그러한 행위의 모든 목적이 즉각 반전反戰·평화를 위한 직접적인 '행동'으로 조직되어야 한다거나, 조직화를 위한 이론이 되어야 한다는 말을 들어온, 그런 발상의 성급함에 나는 멈칫하지 않을 수 없다.[8]

7   安田武, 『戦争体験』, 未来社, 1963, 34쪽.
8   위의 책, 137쪽.

당시는 반전운동과도 결부되면서 활발했던 60년 안보투쟁으로부터 수년이 경과했을 뿐인 시기였다. 그런 가운데 야스다는 전쟁 체험이 직접적인 반전·평화운동의 정치주의로 링크되어 해석되는 움직임에 불쾌감을 느꼈다. 야스다는 체험을 둘러싸고 '납득이 가지 않는다'는 생각을 고집하며 '시원하고 논리적인 줄거리 같은 것이 따라오'는 듯한 체험의 내러티브를 혐오했다.

비슷한 논의는 동세대 영화인들을 통해서도 확인할 수 있다. 메이지明治대학 전문부를 조기 졸업한 후 징병되어 육군에 입대한 오카모토 기하치는 자신의 전쟁 체험을 돌아보며 〈독립우연대〉1959에 대해 다음과 같이 말한다.

전쟁은 비극이었다. 게다가 희극이기도 했다. 전쟁영화도 둘 중 하나다. 그래서 희극으로 꾸며 바보스러움을 웃음바다로 만드는 것에 의의를 느꼈다. 전쟁 중 우리는 자못 약자였다. 전후 13년째의 반항은 약자가 센 척하는 몸부림이었을지도 모른다. 그러나 작고 약한 인간이었던 병사들에게 바보스러움에 대한 반항은 절박한 바람이기도 했다.

너무나 절박한 바람 때문인지 독립우연대는 약간 높은 시야에도 서지 못하고, 통곡도 하지 못한 채 불성실하게 탄생했다.[9]

전쟁 말기, 도요하시豊橋예비사관학교에 재적 중이던 오카모토는 "사

---

9   岡本喜八, 「愚連隊小史·マジメとフマジメの間」, 『キネマ旬報』, 1963年 8月号. 인용은
     岡本喜八, 『マジメとフマジメの間』, ちくま文庫, 2011, 53쪽.

관학교 마당에 250kg의 폭탄이 떨어져 같은 내무실 전우의 99%가 내장이 드러나고, 손과 발이 잘려나가고, 경동맥이 터져 죽은"[10] 모습을 눈앞에서 목격했다. 이를 둘러싼 복잡한 정념도 있었기 때문에 전쟁을 액션 희극으로 꾸며 '바보스러움을 웃음바다로 만드는' 작품을 만들려고 했다. 오카모토에게 있어 '바보스러움'을 마주하는 것으로서의 '반항'이나 전쟁 비판은 '너무나 절박한 바람'이었다. 그것은 '성실'한 '통곡'과 정치적 올바름을 띤 '약간 높은 시야'로는 표현해내기 어려운 것이었다.

전쟁 체험을 둘러싼 이런 복잡하고 다양한 정념을 가진 영화작가들이 발언력을 갖게 된 것은 다양한 전쟁 묘사가 나온 것과 무관치 않을 것이다. 물론 1960년대 전후의 당시에는 전중파 세대보다 나이가 많은 영화인도 많은 활약을 하고 있었고, 〈들불〉의 이치카와 곤만 해도 1915년생으로 두 차례 소집을 받았지만 건강상의 이유로 입대를 모면했다. 하지만 이들 외에도 전중파 세대의 영화인들이 자신들의 복잡한 정념을 영화나 각본에 투영하기 시작했다. 그런 가운데 언뜻 보기에 '불성실'해 보이는 것까지 포함해 전쟁은 다양하게 묘사되었다.

〈들불〉과 '웃음'

〈들불〉이 이런 다양한 전장 묘사의 하나였다고 한다면 그 수용 방식에도 오늘날의 눈으로 보면 의외의 것이 있었다. 이 작품은 사실 종종 관객의 '웃음'을 자아냈다. 평론가 도네가와 유타카利根川裕는 「15년째의 전

---

10 위의 책, 51~52쪽.

쟁十五年目の戦争」『영화예술(映画芸術)』, 1960.2에서 "〈인간의 조건〉의 눈을 가리고 싶은 린치 장면"과 더불어 "〈들불〉에서 인육을 먹을지 말지 망설이는 장면"에서 관객들이 "와하고 웃었다"라고 적고 있다.[11] 이러한 지적을 특별히 도네가와만 한 것은 아니었다. 『영화예술』1960.3에 독자가 기고한 비평문에서도 다음과 같은 지적이 있다.

행진 중인 병사가 찢어진 군화 한 켤레를 주워들고 더 많이 찢어진 자기 것과 바꿔 신는 장면. 결국 완전히 구멍 난 신발의 클로즈업. 이들 장면은 극장 안을 웃음바다로 바꿀 정도의 매력이 있었다.[12]

여기서 예로 들 수 있는 것은 주인공 다무라를 비롯해 기아로 빈사 상태에 빠진 일본군들이 우기에 팔롬폰을 향해 이동하는 장면이다. 병사들은 버려진 일본군의 군화가 자신의 찢어진 것보다 낫자 그것으로 갈아신는다. 벗은 자신의 군화를 그 자리에 바로 버리는데 늦게 온 병사는 그것이 자기 것보다 그나마 상태가 나았기 때문에 마찬가지로 그것으로 갈아신는다. 비와 진흙탕 속에서 병사들이 망연히 걸어가는 장면인 만큼 뒤늦게 온 병사들일수록 파손 정도가 심한 군화를 고르는 장면은 전장이 비참하고 꼴사나우며 화려함과 아름다움과는 전혀 무관하다는 것을 보는 이로 하여금 절감케 할 만하다. 그러나 이런 장면이 종종 '웃음바다'를 만들었던 것 또한 사실이다.

---

11   利根川裕,「十五年目の戦争」,『映画芸術』, 1960年 2月号, 26쪽.
12   佐藤公彦,「『野火』をこう見る」,『映画芸術』, 1960年 3月号, 64쪽.

그렇다면 그 웃음에 어떤 의미가 담겨 있었을까. 이 독자 비평은 다음과 같이 이어진다.

분명히 희극적 장면이 만들어내는 웃음이긴 했지만 많은 관객의 속내를 파고들면 그것은 조소였을지도 모른다. '나도 저런 상황에서는, 저 병사들처럼, 저 낡아빠진 군화를 필사적으로 원했겠지……'라는 공감에서, 자신의 투영이라고도 할 수 있는 병사를 조소했을 것이다.[13]

'웃음'은 바로 너덜너덜해진 볼품 없는 병사들에 대한 '조소'였고, 그것은 동시에 같은 장면에서는 자신도 똑같이 행동했음에 틀림없다고 하는, 관객 자신을 향한 '조소'이기도 했다. '웃음'을 통해 영화에서의 전장 묘사를 자신의 문제로 치환한다. '희극적 장면'에는 이러한 읽기를 가능하게 하는 요소가 내포되어 있다.

'난사難死'에 대한 공감

그것은 '난사' 묘사에 대한 공감대이기도 하다. 〈들불〉에서 일관되게 묘사된 것은 굶주린 나머지 감자에 혈안이 되어 우기의 진흙탕에 쓰러져 죽어가는 병사들의 모습이었다. 그 죽음은 비극적인 것도 아무것도 아닌, 너무나 일상적이고 무감각한 사건으로 그려진다. 또 하나의 주제가 인육식인데, 그것은 말하자면 일본군이 '적'과 싸우는 것이 아니라 '우군'

---

13 위의 책.

<그림 4-6> 찢어진 군화를 주어든 다무라 일등병

끼리 서로의 '고기'를 찾아 교활하게 식욕을 드러내며 싸우는 모습을 묘사한 것이다.

적군과의 교전으로 인한 화려한 죽음이 아니라, 개미와 구더기가 가득한 기아 속에서 죽어가는 병사에 초점을 맞추고 있는 점은 오다 마코토小田実의 '난사의 사상'을 상기시킨다. 오다는 「난사의 사상難死の思想」『전망(展望)』, 1965.1에서, 전사를 영웅적인 것으로서 보고 미화하는 '산화散華'에 대해, 그 죽음의 무의미함과 부조리함을 강조하는 '난사'에 대한 주목을 논하고 있다. 전쟁 말기에 소년기를 보낸 오다는 거듭된 오사카大阪 공습 속에서 "그저 죽고 싶지 않아, 죽고 싶지 않아, 하며 도망치다가 검게 타버리"고 만 "벌레 같은 죽음"을 목격했다. 오다는 "여기서 공습으로 검게 타죽은 것이 왜 '대동아공영권의 이상' 달성에 도움이 되고, '천황 폐하를 위한 것'이 되는지"에 대해 의문을 품었다. 오다에게 있어 전쟁에서의 죽음은 '산화'와는 거리가 먼, "훌륭한 것도 아무것도 아닌, 그저 흉한" 것에 불과했다.[14] 〈들불〉에 있어 병사에 대한 묘사는 분명 오다의 이러한 문제의식과도 겹치는 부분이 있다. 그렇다고 해서 오다에게 있어 그들은 '전쟁찬미'나 '가해'와 무관한 존재는 아니었다. '난사'를 강요받는 '피해'와 병사들이 벌이는 '가해'는 구분하기 어렵게 교착된 것이었다.

1945년의 '패전'으로 끝나는 일본의 근대는 결국 죽이고, 태우고, 빼앗고, 죽고, 타고, 빼앗긴 역사였다. 그 역사의 전개 속에서 일본인은 단지 피해자였던 것이 아니었다. 분명히 가해자이기도 했다. 피해자이면서 가해자였다고 말하는 것은 오히려 아니었다. 피해자였기에 가해자가 되었다. 그 양상은 소집되어 전선으로 끌려가는 병사들을 생각해 보면 쉽게 알 수 있을 것이다. 그는, 그의 입장에서 보면 피해자이지만, 그는 전선에서 무엇을 했는가. 총을 쏴 '중국인'을 죽였다. 그래서 그는 틀림없이 가해자였다. 가해자가 되어 있었다.[15]

'난사'를 둘러싼 '피해'와 '가해'의 교착은 〈들불〉에 잘 투영되어 있다. 기아 때문에 '난사'에 이르는 병사들은 같은 이유로 현지 주민들의 식량을 강탈했고, 그 과정에서 종종 살육을 자행했다. 나아가 '우군'이 '가해'의 대상이 되기도 했다. 식량만 소비하는 환자 병사는 부대와 야전병원에서 배제되었다. 극한에 달한 기아 상황은 '우군'의 '원숭이 고기'를 찾아 서로를 죽였다. 〈들불〉은 '피해'와 '가해'가 구분하기 어렵게 결부된 '난사'를 그린 영화였다.

그런 점에서 〈들불〉은 역시 전후 일본의 전쟁영화 중 특이한 작품이었다. 전쟁을 그린 극영화 중에는 사령관이든 병사든 주인공을 영웅적으

---

14   小田實, 『「難死」の思想』, 岩波現代文庫, 2008, 3~5쪽.
15   위의 책, 306쪽.

〈그림 4-7〉 우기의 진흙탕 길에 쓰러진 일본군에 대한 묘사

로 그리는, 이른바 '산화'에 무게를 두는 것이 적지 않다. 〈연합함대사령장관 야마모토 이소로쿠〉1968 등은 그 일례일 것이다. 한편으로는 〈들어라 와다쓰미의 소리를〉1950 등 주인공의 비애나 그 앞에 비치는 '반전反戰의 올바름'이 강조되는 작품도 많다. 그러나 병사들의 '난사'를 끝없이 그리고, 주인공의 영웅주의나 '올바름'이 강조되지 않는 극영화는 예외적일 것이라 할 수 있다.

무엇보다 주인공 다무라는 결말에 이르는 장면에서 야스다를 덮쳐 그 고기를 탐하는 나가마쓰를 사살하는데, 이는 상쾌함이나 '올바름'과는 거리가 멀다. 자신을 포함한 병사들의 추악함에 대한 불쾌감이 극에 달한 묘사로 봐야 할 것이다. 다무라는 "저 들불 밑에는 농부가 있네. 저기에 가는 게 위험한 건 알아. 하지만 나는, 보통의 생활을 하고 있는 사람을 만나고 싶어"[16]라고 말하며 비틀비틀 걷기 시작하지만, 총탄이 난무하는 가운데 다무라는 땅에 쓰러져 움직이지 않는다. 영화는 이런 '난사' 장면으로 끝을 맺는다.

'인육식', '난사' 그후

〈들불〉1959 이후에 '인육식'이나 '난사'를 그린 영화는 그리 많지 않다. 군이 상기해 보자면 다음 장에서 다루는 후카사쿠 긴지深作欣二 감독의 〈군기는 똥구덩이 아래에軍旗はためく下に〉1972가 있다.[17]

전쟁 말기 뉴기니에서 적진을 앞에 두고 탈영하여 처형된 군조軍曹 도가시 가쓰오富樫勝男의 아내 사키에サキエ는 전국전몰자추도식에서 천황이 꽃을 바쳐줬으면 하는 바람에 옛 전우들에게 당시의 상황을 물으러 다닌다.

사키에는 적군에 화려하게 돌진해 전사했다는 '산화' 이야기를 믿으려 하지만, 전우들에게 기아 상황 때문에 감자와 들쥐를 놓고 치열하게 싸웠던 일본군의 모습을 듣게 된다. 심지어 부하들에게 경멸당하지 않으려고 과도한 폭력을 휘두르는 학도 장교, 종전을 맞이한 후 연합군 포로의 참살을 은폐하기 위해 도가시 군조를 처형한 부대 상층부의 모습도 드러난다. 마지막 장면에서 사키에가 "여보, 당신은 역시 천황 폐하에게 꽃을 받을 순 없겠군요. 어차피 뭘 어떻게 해주신들 당신은 성불할 수 없겠어요"라고 노여움을 담아 중얼거리는 장면은 '산화'에 관한 서사가 추악한 '난사'와 그 배후에 있는 조직 병리를 은폐해 버림을 여실히 보여준다.

영화에서는 도가시 등이 인육식에 관여했을지도 모른다는 것을 시사하는 한편, 인육을 먹음으로써 살아남아 귀환할 수 있었지만, 그 때문에

---

16 「들불」(시나리오), 앞의 책, 149쪽.
17 영화 〈군기는 똥구덩이 아래에〉의 '전쟁의 기억'을 둘러싼 정치학에 관해서는 다음 장을 참조.

부흥한 전후에 녹아들지 못하는 상등병의 모습도 그려진다. '산화'의 서사를 거부하고 '난사'와 인육식에 초점을 맞추고 있다는 점에서 〈들불〉과도 연결되는 극영화라 할 수 있다.

그런 의미에서 이 작품은 전쟁영화에서의 '의리 없는 전쟁'이라고도 할 수 있는 것이었다. 다카쿠라 겐과 쓰루타 고지鶴田浩二 등이 주연한 임협任俠영화가 정형적이고 예정조화적인 '의리義理'와 '인의仁義'의 서사를 전개한 데 반해, 후카사쿠 긴지 감독이 동시기에 작업한 〈의리 없는 전쟁仁義なき戦い〉1973은 그 예정조화를 뒤집고 인의 등을 저버리며 욕망대로 부딪치는 '야쿠자'의 항쟁을 그렸다. 〈군기는 똥구덩이 아래에〉도 전쟁영화에서 종종 볼 수 있었던 예정조화'영웅주의'와'올바름' 등를 부인하며 노골적인 장병들의 욕망과 폭력이 휘몰아치는 군 내부의 추악함을 그렸다.

그렇다고 그러한 수용이 13년 전에 개봉한 〈들불〉과 얼마나 중첩되었는지는 확실하지 않다. 더구나 그 전장에 대한 묘사에 '조소'한 관객이 얼마나 되었을까. 후카사쿠 긴지가 이미 〈피로 물든 대문血染の代紋〉1970과 〈현대 야쿠자 살인마 요타現代やくざ 人斬り与太〉1972 등의 야쿠자 영화를 작업한 점도 고려하면, 젊은 관객이 많았으리라 상상할 수 있지만 당연히 그들에게는 전중파 세대와 같은 전쟁 체험은 없었다. 당시는 체험을 내세우는 혹은 그렇게 보이는 전중파 세대의 화법에 반발하는 젊은이들의 모습이 사회 문제화되었고, '전쟁 체험의 단절'이 자주 거론되던 시기였다. 그렇다고 젊은 세대가 전쟁영화를 접하지 않은 것은 아니었다. 〈아! 동기의 벗꽃〉1967이나 〈아! 가이텐특별공격대あゝ回天特別攻撃隊〉1968 등 쓰루타 고지와 다카쿠라 겐 같은 임협 스타 배우들이 출연하는 전쟁영화는

임협영화 붐과도 겹치면서 젊은 관객을 매료시켰다. 그러나 "'나도 저런 상황에 놓인다면 저 군인들처럼, 저 낡아빠진 군화를 필사적으로 손에 넣으려고 하겠지……'라는 공감에서 자신의 투영이라고 해야 할 저 병사를 조소하는" 관객은 아마 많지 않았을 것이다.[18] '난사'가 '웃음'과 결부되는 상황은 이미 생각하기 어려운 시대였다.

'조소'의 후경화

1980년대 이후가 되자 이런 상황이 더욱 가속화되었다. 〈연합함대連合艦隊〉1981, 〈들어라 와다쓰미의 소리를〉리메이크판, 1995, 〈호타루〉2001, 〈사나이들의 야마토〉2005 등 대작 전쟁영화도 다수 제작되었지만, 예전과 같은 '활극물'이나 '야쿠자물', '희극'은 찾아보기 어렵게 되었다. '인육식'은 물론이거니와 '난사'가 대작 영화 속에서 다뤄지는 일도 거의 없어졌다. 당연히 그것들이 '조소'의 대상이 되는 일도 없어졌다고 할 수 있을 것이다. 대체로 '성실'해지긴 했지만 전쟁영화의 폭은 좁아진 듯하다.

관점을 바꿔 보면 '전쟁'이 무릎 꿇고 절하는 대상이 되었다고도 할 수 있을 것이다. 〈호타루〉나 〈사나이들의 야마토〉만이 아니라, 특히

---

18 〈군기는 똥구덩이 아래에〉에서도 괌의 정글을 26년간 떠돌다 생환한 일본군 요코이 쇼이치(橫井庄一)를 모델로 한 만담에 관객이 폭소하는 장면이 나온다. 하지만 그것은 관객 자신에게 향한 '조소'라고는 하기 어려운 것이었다. 거기서 묘사되는 만담은 분명 "부끄럽지만 살아서 돌아왔습니다"라는 발언 등 전후 27년 일본의 분위기에는 녹아들지 못하는 요코이의 언동을 염두에 둔 것이고, 잔류일본병의 기묘한 언행을 대놓고 조소하는 것이었다. 요코이를 이상한 사람으로 보며 '이야깃거리'로 취급하는 당시의 미디어 상황에 대해서는 야마구치 마코토(山口誠)의 『괌과 일본인グアムと日本人』(岩波新書, 2007)을 참조.

2000년대 이후의 전쟁영화에서는 종종 현대의 젊은이들이 할아버지 세대의 전쟁 체험에 진지하게 귀를 기울이고 공감하는 장면이 강조된다. 거기서 '전쟁의 기억'은 경건하게 공경하고 계승해야 할 것으로 여겨진다. 그러나 그러한 무릎 꿇고 절하기가 때로 사고 정지를 낳는 것은 아닐까. 추태와 '난사'를 직시하고 비슷한 곳에서 자신이 행할지도 모르는 추악함이 어느 정도 상기될까. '평화'와 '계승'이라는 미사여구가 '조소 받아야 할 자기'를 시야에서 놓치게 하는 측면도 있지 않을까.

　이러한 상황을 생각하는 데 있어서, 〈들불〉이 2014년에 리메이크된 점은 시사적이다일본 개봉은 2015. '난사'나 '인육식'을 다루는 영화는 〈군기는 똥구덩이 아래에〉를 제외하면 1959년 이후 전후 70년까지 거의 제작되지 않았다. 한편, 첫 번째 작품은 다이에이에서 제작되었지만, 두 번째 작품은 쓰카모토 신야 감독의 자체 제작으로 실현된 것이었다. 그리고 그것이 미니시어터 등에서 개봉하자 화제가 되어 기네마순보 베스트10의 2위에 오르기도 했다. 그러나 대형 멀티플렉스가 아니라 대개가 미니시어터 개봉이었기 때문에 광범위한 관객을 확보한 것은 아니었다.

　이치카와 곤은 〈버마의 하프〉를 전후 40년인 1985년에 다시 영화화하여 대히트를 기록했다. 하지만 〈들불〉의 재작업으로는 이어지지 않았다. 현지 주민과의 '따뜻한 교류'나 일본군의 '진혼'이라는 예정조화적인 서사는 광범위하게 수용되었고 '난사'를 다룬 영화는 자체 제작이나 기껏해야 미니시어터 개봉작으로밖에 성립되지 못했다. '전쟁 기억의 계승'이 주창되면서 현지 주민에 대한 '가해'와 우군 상호 간의 '가해'가 착종錯綜하는 양상은 대체로 찾아보기 어렵게 되었다.

또한, 과거의 〈들불〉에서 볼 수 있었던 '조소'를 제2편이 만들어내는 것도 도무지 생각하기 어렵다. 체험자나 그에 가까운 세대가 이미 영화 관객이 아니라면 그만이겠지만, '전쟁의 기억'을 무릎 꿇고 절하며 '계승'을 외치는 풍토는 보이나 '조소'와 '자조'가 환기되는 시대는 아니다. 그런 의미에서 전후 70년에 〈들불〉이 리메이크된 사회 상황은 제1편이 개봉된 시대와의 차이를 부각시킨다. 매스미디어에서 무엇이 이야기되고, 그 한편으로 무엇이 비가시화 되었는가. '난사'와 '조소'가 교착하는 이치카와판 〈들불〉은 현대의 이러한 문제를 조명한다.

제 5 장

영화 〈군기는 똥구덩이 아래에〉

계속해서 뒤집히는 '예상'

전쟁 체험을 둘러싼 논의를 규정해 온 것 중 하나로 '유족에 대한 배려'를 들 수 있다. 전후에 전장 체험자는 위령제 거행, 수기집·전우회 기관지 간행 등을 통해 과거의 체험을 언급해 왔는데, 때때로 지적하듯 유족에게 '처참하고 추악한 전장의 현실'을 전해서는 안 된다는 의식이 전직 병사들 사이에서 공유되고 있었다. 그렇기도 하고 해서, 전장에서 굶어 죽거나 부대 안에서의 제재^{사적인 형벌}에 의한 죽음, 혹은 포악한 행위나 인육을 먹는 등의 체험은 유족을 앞에 두고 이야기하는 일은 드물었으며, 유족 역시 육신의 죽음에 의의를 부여하는 이론을 모색했다. 일본유족회가 1960년대부터 1970년대에 걸쳐 야스쿠니신사 국가수호운동에 나선 것이 그 좋은 예이다. 그런 의미에서 요시다 유타카^{吉田裕}의 『병사들의 전후사^{兵士たちの戦後史}』²⁰¹¹에서도 지적하듯 '유족에 대한 배려'는 '객관적으로는 증언을 막기 위한 '협박 문구'가 되었다.[1]

하지만 전후의 전쟁영화를 살펴보면, 극히 일부이기는 하지만 유족을 주인공으로 한 영화이면서 아름다운 전몰자의 모습 혹은 속 시원한 전쟁 이야기를 뒤집어엎으려는 것이 보인다. 그중 하나로 들 수 있는 것이 후카사쿠 긴지^{深作欣二} 감독의 〈군기는 똥구덩이 아래에〉^{도호(東宝)·신세이}^{(新星)영화사, 1972}이다.

주인공은 유족연금을 지급받지 못하는 미망인 도가시 사키에^{富樫サキ}^{エ, 히다리 사치코(左幸子)}이며, 남편인 육군 군조^{軍曹} 도가시 마사오^{富樫勝男, 단바 데}^{쓰로(丹波哲郎)}는 종전 시에 '적 앞에서 도망쳤다'는 혐의로 군법회의에 회부

---

1   吉田裕, 『兵士たちの戦後史』, 岩波書店, 2011, 187쪽.

銃殺…敵前逃亡……上官殺害……日本軍の中に何が起ったか？
女の執念が今暴く　軍旗に隠された戦争と人間の真実！

軍旗はためく下に

《カラー作品》直木賞受賞作品　原作■結城昌治（中央公論社版）　監督■深作欣二

〈그림 5-1〉영화〈군기는 똥구덩이 아래에〉(1972) 광고

되어 처형된 것으로 나온다. 그런데, 당시 상황을 뒷받침할 기록이 없어 사키에는 남편에 대한 처분을 받아들일 수 없다. 남편이 야스쿠니신사에 합사되고, 또 전국전몰자추도식에서도 전몰자로 인정받을 수 있도록 사키에는 매년 8월 15일을 기해 후생성에 진정을 내고, 담당자에게 "저도 가능하다면 천황폐하와 함께 남편에게 국화를 바치고 싶어요"[2]라고 속 마음을 토로한다. 하지만 남편의 무고함을 밝히고자 옛 전우들에게 사정을 들어가던 중, 생각지도 못한 군대 내부의 일그러진 모습과 폭력을 알게 된다. 영화의 마지막 부분에서 사키에는 "여보, 당신은 역시나 천황폐하께 꽃을 받을 수 없네. 아무리 뭘 해도 당신은 살아 돌아오질 않는데"라고 탄식한다. 그것은 사자에게 내재적으로 다가가고자 하는 연장선에서 나타난 허식에 대한 혐오이기도 하다.

거기에는 '유족에 대한 배려'와 상통하는 사자상死者象이 제각각 뒤엎어지면서, 전후의 '사자의 이야기'에 대한 욕망이 비친다. 생각해 보면, '유족에 대한 배려'는 반드시 유족만의 문제가 아니라, 전후 대중적인 전쟁 이미지와도 연결되는 것이다. '올바름'이나 '아름다움'을 띠는 사자상은 전쟁대작영화를 시작으로 한 대중문화에서 많이 이야기되어 왔는데, 그것은 말단 병사의 폭력이나 광기, 군대 조직 병리에 기인하는 '무의미한 죽음'이라는 문제를 반쯤 터부시해서 후경화하는 상황을 낳았다. 그러한 점에서 〈군기는 똥구덩이 아래에〉는 예외적인 전쟁영화였다. 유족의 정념을 파고들기 전에 '유족에 대한 배려'가 파탄나고, 또 사자에 대한

2　본문 중에 인용한 대사는 모두 DVD 〈軍旗はためく下に〉(DeAGOSTINI, 2015)에서 인용.

내적 사유가 사자에 대한 미화를 거절하는 것으로 이어진다. 그 수가 적기는 하지만 이러한 역설이 이전에는 대중문화 안에서 다루어졌다.

이번 장에서는 '유족'에 초점을 맞춘 이 영화를 전후의 전쟁체험론사와도 겹쳐보면서 읽어보고, 전후의 '사자'를 둘러싼 예상에 대해 검토하고자 한다.[3]

1. '유족에 대한 배려'를 둘러싼 욕망

전쟁 상흔의 전후

이 영화의 원작은 나오키상을 수상한 유키 쇼지結城昌治의 동명소설 1970이다. 유키는 여기에서 '적전도망·분적奔敵', '종군면탈從軍免脫', '사령

---

3 〈군기는 똥구덩이 아래에〉에 대해서는 개봉 당시의 영화평으로는 「軍旗はためく下に」 (佐藤忠男, 『映画評論』, 1972年 4月号), 「今号の問題作批評I深作欣二監督の『軍旗はためく下に』」(岩崎昶・進藤七生, 『キネマ旬報』, 1972年 5月上旬号) 등이 있으며, 후카사쿠 긴지를 특집으로 한 잡지·서적에서 부분적인 언급은 있지만(キネマ旬報社 編, 『世界の映画作家22 深作欣二・熊井啓』, キネマ旬報社, 1974; 渡辺武信, 「ノスタルジーに支えられたバイオレンス」, 『キネマ旬報臨時増刊—「深作欣二の軌跡」』, 2003 등), 인문사회과학 쪽에서 연구 대상으로 다루는 경우는 많지 않다. 그 중, 영화연구의 관점에서 이 영화를 다룬 것으로는 峰尾和則, 「フラッシュバックから読み解く映画『軍旗はためく下に』」(『パンダライ』 8, 2009)가 있다. 이 논문에서는 이 영화에서 플래시백의 방식을 고찰하면서, 후카사쿠의 의도와 당시 영화평론의 엇박자에 대해 고찰하고 있다. 이에 대해 본 장에서는 야스다 다케시(安田武), 쓰루미 슌스케(鶴見俊輔), 하시카와 분조(橋川文三) 등의 논의와도 대조하면서 전후 전쟁체험론사 속에 이 영화를 위치시키고자 한다. 그리고 영화 속에서 죽은 자를 둘러싼 예견이 여러 번 뒤집히는 과정에 주목하고, 그것이 전후 '기억'의 존재 방식을 어떻게 되묻는지 검토한다.

관 도피', '적전당여도망敵前党与逃亡', '상관 살해'라는 다섯 가지 사건을 독립된 형태로 다루고 있다.

1927년 태어난 유키는 전쟁 말기에 해군에 지원해 입대했지만, 병으로 인해 곧바로 귀향해 전장에서의 체험은 없었다. 하지만 전후 초기에 도쿄지검 보호과에 근무하면서 샌프란시스코강화조약에 동반된 은사恩赦 사무를 맡아 2만 건 이상의 군법회의 판결서를 접했다. 거기에서 유키가 강한 인상을 받은 것은 '외지에서의 군법회의는 군규 유지를 명목으로 대부분 하사관과 병사만을 처벌'했다는 사실이었다.

유키는 '소집영장 한 장으로 출격해 벌레만도 못한 죽음을 맞이한 병사들의 운명에 자신을 빗대'면서, '저 수많은 병사는 대체 누구를 위해 무엇을 위해 죽어야 했던가'에 대해 생각하지 않을 수 없었다. 소설『군기는 똥구덩이 아래에』의 영감을 얻은 바탕에는 이때의 경험이 있었다. 유키는 관계자·생존자를 거듭 청취조사하고, 전우회나 헌병의 신년 연회에도 동석해 취재를 계속했는데, 그때마다 통감한 것은 '전쟁의 상흔이 아직도 수많은 이들의 가슴에 생생하게 살아 있다'는 것이었다. 이러한 생각에서 '부패한 고급장교와 비참한 병사의 모습'을 그리고자 한 것이 이 소설이었다.[4]

여기에 강한 인상을 받은 후카사쿠 긴지는 소설을 읽고 난 후 곧바로 직접 유키와 협의했고, 자비 100만 엔을 들여 영화판권을 사들였다.[5]

---

4   結城昌治,「ノート」,『結城昌治作品集 5 軍旗はためく下に・虫たちの墓』, 朝日新聞社, 1973, 360쪽.
5   최근〈도라 도라 도라〉(20세기 폭스)의 연출을 맡아 상당한 수입을 벌어들여 영화화 판권 구매가 가능해졌다고 한다. 深作欣二·山根貞男,『映画監督 深作欣二』, ワイズ出版,

1930년 태어난 후카사쿠는 군대나 전장에서의 체험은 없었기 때문에 전쟁 문제에 깊은 관심을 가지고 있으면서도 전장의 실상을 그리는 영화에 손을 대는 데는 주저했다. 하지만 유키의 원작을 읽고 '이것이라면 전후사가 가능하겠다', '이것이라면 전쟁을 실체화하지 않더라도 그릴 자격이 있을 것이다'라는 생각을 품게 되었다고 한다.[6]

> 원작은 전후 시점부터 시작됩니다. 전후에도 계속 전쟁의 상흔을 끌어안고 있는 사람들의 체험기입니다. 그러니 이것이라면 내가 하고 싶다고 생각은 했지만 못했던 것을, 전후사를 질질 끌고 있는 테마로 만들 수 있겠다는 기쁨이었을까요. 전장을 그리는 것은 차치하고, 전장을 모르고 지나쳐 온 여자가 남편도 돌아오지 않고, 너무해 라던가, 계속 상흔을 질질 끌면서 돼지와 함께 매립지에서 살아가는 인간이라거나, 그 원작을 읽고 있는 동안에 아이디어가 펑펑 터져나왔으니까요.[7]

전장을 체험한 적 없는 후카사쿠가 원작을 계속해서 읽은 것은 전장 체험 그 자체보다 체험자나 유족의 전후이자, 그들이 군대와의 알력이나 전장의 상흔을 전후에 일관적으로 질질 끌고 있는 모습이었다. 영화 〈군기는 똥구덩이 아래에〉는 이러한 관심을 바탕으로 제작되었다.

처음에는 신도 가네토新藤兼人에게 각본을 의뢰했으나 성욕에 중점을

2003, 210 · 212쪽.
6   위의 책, 216쪽.
7   위의 책.

둔 스토리가 뜻대로 되지 않아 후카사쿠 자신이 '상관 살해'에 초점을 맞추는 형태로 시나리오를 다시 썼다. 원작에는 없는 사키에를 주인공으로 한 것도 후카사쿠의 의도였다. 후카사쿠가 얼마나 깊이 생각했는지 엿볼 수 있는 대목이다.[8]

유족을 둘러싼 불평등

영화는 쇼와천황昭和天皇이 1971년 8월 15일 전국전몰자추도식에서 '마음 깊이 추도의 뜻을 표한다'고 말하는 장면에서 시작된다. 제1장에서도 다루었듯 정부가 주최하는 전국전몰자추도식은 점령 종결 직후인 1952년 5월 2일에 개최되었는데, 그 후에는 한동안 끊겼다가 1963년 이후 매년 8월 15일에 개최하는 것이 정례화되었다. 전몰자 서훈도 거기에 맞추듯 1964년 1월부터 재개되었다. 이 영화가 개봉되고, 또 영화의 무대이기도 한 1970년대 초에는 야스쿠니신사 국가수호운동 등 사자를 공적으로 표창하는 움직임이 두드러지기 시작하던 시기였다.

그러나 여기에 이어지는 장면은 전몰자 추도를 둘러싼 불평등을 떠올리게 한다. 앞에서 서술했듯, 사키에의 남편 도가시 마사오는 뉴기니아 전선에서 적 앞에서 도망쳤다는 이유로 사형에 처해져 사키에는 전국

8　후카사쿠는 이 영화를 기획한 의도로 "인육을 먹은 결과 멀쩡한 인간이었던 어부도 흉폭한 병사로 변해버리는 그 잔인함을 그렸다"고 말했다. 원작에서는 상관 살해는 사단 상부의 조작으로 포로 살해를 은폐하기 위한 것으로 그려지고 있지만, 후카사쿠는 '서민 = 피해자라는 도식'에 만족하지 않고, 상관 살해를 무고한 죄로 규정하는 것이 아니라, '살인할 정도로 몰리게 되기 때문에 전쟁은 위험하다는 이야기'로 바꾸어 놓았다. 위의 책, 211쪽.

전사자추도식에도 초대받지 못하고 유족연금도 지급받지 못한다.

그렇다고 해도 실제로 죄상을 밝히는 문서는 군법회의 기록조차 남아 있지 않고, 전몰자 연명부에 '적전도망에 의해 사형'이라고 기재되어 있을 뿐이다. 불복을 외치는 사키에에 대해 후생성 담당관은 종전 당시에 군법회의 문서를 포함해 기밀문서가 소각되었다고 언급하는데, '그러면 우리 남편이 사형당했다는 증거도 없는 거죠', '그러니까 우리는 이 연명부를 신용할 수밖에 없는 거예요. 뭔가 다른 유력한 증거라도 없는 한 말이죠'라고 같은 이야기가 계속 반복되는 논의가 이어진다.

여기에서 떠오르는 것은 국가가 표창할 만한 사자를 획일적으로 결정하는 폭력이다. 당사자의 이의신청이 재고되는 경우는 적고, '뭔가 다른 유력한 증거'를 스스로 모아야 한다는 아찔할 정도의 고생을 강요당한다. 또한 행정조직의 관료제가 이를 조장하고, 청원을 계속해도 사태가 좀처럼 진전되지 못하는 상황을 낳는다. 사키에가 후생성을 방문했을 때 '여보, 또 과장님이 바뀌었어. 같은 이야기만 몇 번이나 반복해야 끝날까'라는 독백이 그것을 암시한다.

사키에가 살고 있는 어촌에서도 '유족연금 받겠다고 필사적이구만. 옛날 같았으면 탈주병의 가족은 마을에서 따돌림당해도 싸다고 했던 일도 있었어'라는 말도 종종 들었다. 그러나 그녀는 눈물을 억누르면서 후생성 담당관에게 '나는 포기하지 않아요. 내가 포기하면 우리 남편은 영원히 드러나지 못하잖아요', '죽고 나서 26년이 지나는 동안 다른 유족들은 천황폐하와 함께 추도식에 참석해서 국화를 바친다는데, 어째서 우리 남편만 제대로 된 증거도 없고……. 나도 가능하면 천황폐하와 함께 남편을 위해 국화를 바치고 싶어요'라고 말한다. 일반 유족과의 불평등을 둘러싼 깊은 원망을 말하는 것이었다.

사자상死者像의 선별

그 후, 사키에는 도가시의 마지막을 알고 있을지도 모르는 관계자를 만나 진상을 파헤친다. 후생성 측에서도 계속되는 사키에의 청원도 있고 해서 부대 생존자를 조회하는데, 그중 네 명으로부터는 답변이 오지 않았다. 여기에는 아마도 무슨 사정이 있을 테고, 유족인 사키에가 직접 만나면 뭔가 실마리가 잡히지 않을까. 이러한 후생성 담당관의 권유도 있어서 사키에는 그 네 명을 방문하게 된다.

먼저 처음으로 만난 것이 도가시의 부하였던 전 육군 상등병·데라시마 쓰구오寺島継夫, 미타니 노보루(三谷昇)이다. 데라시마는 도쿄만 일각의 매립지 마을에서 양돈업을 하고 있었다. 고여 있는 물웅덩이에 쓰레기나 폐기물이 뒤섞이고, 쥐 사체도 보이는 비위생적인 일대는 기아나 말라리아가 만연한 전쟁 말기의 뉴기니아 전장을 생각나게 한다.

여기서 이야기하는 도가시의 모습은 전장에 익숙한 용감한 하사관의 모습이었다. 전장에서의 경험이 두터운 도가시는 '선견대가 위험하다. 구출하러 가겠다'라며 가능성 없는 총공격을 명하는 소대장소위에게 단호하게 반대의견을 내세우고, 부하들의 쓸모없는 죽음을 저지하고자 한다. 소대장은 욱해서 '나를 따르라'며 혼자 출격하는데, 아니나 다를까 적군 기관총의 먹이가 되어 목숨을 잃는다. 도가시는 그것을 보고 '죽는다고 다 되는게 아니야'라고 중얼거린다. 데라시마는 이로써 목숨을 구한 부

〈그림 5-2〉 폐기물이 뒤섞인 배경

하 중 한 명이었다.

그런데 최종적으로 사단 본부로부터 총공격 명령이 떨어진다. 데라시마는 그때 말라리아에 걸려 행군을 견디지 못하는 상태였기 때문에 자결을 강요당할 것으로 예견했다. 게다가 무기 탄약이나 물자 부족을 이유로 청산가리나 수류탄을 사용한 자결이 아니라, 빈 주사기를 심장에 꽂아 공기를 주입해 죽음에 이르는 방법으로 죽음을 강요받을 뻔했다. 그것을 보다 못한 도가시는 데라시마에게 감자 두 개를 쥐어 주며 도망가게 했고, 다른 부대에 합류하도록 했다. 도가시는 그 후 총공격에 투입되어 화려하게 전사했다.

데라시마가 이렇게 말하는 것을 듣자, 사키에는 '그러면 남편은 탈주한 것이 아니군요'라며 만면에 웃음을 띠고, 데라시마도 '도가시 씨는 홀륭하게 전사했습니다. 분명 그 전장에 익숙한 몸놀림으로 적진에 뛰어든 것이 틀림없습니다'라고 답한다.

그 말을 듣고 사키에는 기뻐하며 후생성 관리에게 증언해 달라고 데라시마에게 의뢰한다. 그것은 사키에가 남편의 무고함을 밝히고 싶어 하

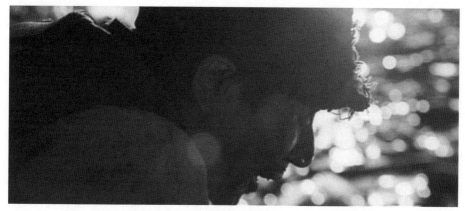
〈그림 5-3〉 '명예로운 전사'를 말하는 데라시마와 빛이 난반사되는 배경

는 마음이 있었기 때문이긴 하지만, 관점을 바꾸어 보면 데라시마가 말하는 도가시의 모습이 사키에가 원하는 것과 완전히 합치하고 있다는 것을 의미한다. 그것은 유족이 자신에게 기분 좋은 사자상을 원하기 쉽다는 점을 부각시킨다. '유족에 대한 배려'는 처참한 전장의 실상이나 반복되는 폭력이 얽힌 군대의 구조가 잘 보이지 않게 만드는데, 그것은 때때로 유족이 추구하고자 하는 것이기도 했다. 말하자면 '유족에 대한 배려'는 살아남은 체험자와 유족 쌍방의 공범 관계에 의해 성립된다는 점을 이 장면은 암시한다.

그런데 데라시마는 사키에의 의뢰를 거절한다. 데라시마는 어쩐지 꺼림직한 듯한 표정을 띠면서, '저는요, 이런 쓰레기장 같은 곳에 산 지 10년도 넘었어요', '깨끗해진 거리에서 사람과 만나거나 이야기를 하는 건 싫습니다'라고 말한다. 데라시마는 처참한 전장 체험 때문에 고도성장을 이룩한 전후의 풍요로움에 녹아들지 못하고, 위생조차 결여된 오염과 혼돈을 선택하려고 한다.

그래도 데라시마는 사키에에게 거듭 확인하듯 '앞으로 다른 사람들도 만나겠지만, 누가 뭐라고 해도 도가시씨는 훌륭하게 전사했어요. 저는 그렇게 믿고 있습니다'라고 말한다. 그때 카메라는 데라시마에게 포커스를 맞추고, 이제까지 오물이나 습기가 가득한 일대를 배경화시켜 그 핀트를 어긋나게 만듦으로써, 빛이 산뜻이 난반사하는 배경을 드러나게 한다. 사자를 아름답게 말하는 것이 끔찍한 전장 체험을 덮고 숨기는 것임을 암시하는 듯한 장면이다.

희극의 무게

사키에는 그 후, 전 육군 하사인 아키바 도모타카秋葉友孝, 세키 다케시(関武志)·럭키7분를 찾아간다. 아키바는 만담꾼으로 무대에 서는데, 거기에서 아직 패전 사실을 모르는 일본 병사를 연기하고 있었다. 상대역인 폴 마키ポール槇/ポール牧·럭키7분에게 '(일본은) 홀딱 망해버렸어요', '그러니 당신은 말이죠, 대포 끝에 동그랗게 붙인 그딴 걸 들고 남쪽 바다 동떨어진 섬에서 날아오는 비행기를 향해 시끄럽게 떠들어댔던 거예요. 바보같이'라는 말을 듣고, '그럼 나는 이런 빨간 딱지로 뭘 하고 있었던 거야'라고 던져버리는 장면에서 관객은 포복절도한다.

당시 관중이 이 장면에서 떠올린 것은 1972년 2월 괌에서 귀환한 전 육군 하사 요코이 쇼이치橫井庄一일 것이다. 보병 제38연대에 소속되어 있던 요코이는 1944년 괌으로 보내져 미군과의 전투에 투입되었다. 괌 수비대가 괴멸된 후, 요코이는 산속으로 철수해 게릴라전을 전개한 적도 있고, 포츠담선언 수락을 모른 채 26년여를 정글 속에서 지냈다. 귀국 당시 '부끄럽지만 살아서 돌아왔습니다'라는 발언도 전후 일본 국민에게 강한 인상을 주었다. 같은 해 2월 2일 NHK 보도특별프로그램 〈요코이 쇼이치씨 돌아오다〉는 41.2%라는 높은 시청률을 기록했다.[9] 아키바의 만담 장면은 분명 요코이 쇼이치를 비롯한 잔류 일본 병사 문제를 상기시키는 것이었다. 이 영화의 팜플렛에 요코이 발견을 보도한 신문 기사『아사히신문』, 1972.1.26가 게재되어 있는 것 역시 이를 시사하는 것이다.

아키바가 무대에서 내려오자, 사키에는 대기실을 찾아 도가시의 마지막에 대해 묻는다. 아키바는 도가시를 거의 기억하지 못하지만, 사키에가 데라시마에게 들은 도가시의 화려한 죽음을 언급하자, 약간 꺼림칙한 투로 '내가 아는 한 그때 그런 멋있는 흉내는 하고 싶어도 못했는데 말이지'라고 답한다. 사키에는 '그럼 총공격도 돌격도 없었단 말인가요'라고 물고 늘어지지만, '아, 정말이지. 그런 상황은 없었어요', '우리 부대에는 대포가 12문 있었는데, 쓸만한 건 한 문도 없었지. 기관총은 48정 중 딱 한 정이었고, 38식 보병총이라 해봐야 가지고 있는 놈은 3분의 2 정도였지. 나머지는 죽창이었소. 죽창으로 싸우라는 말을 들었으니'라고 꼴사나운 전장의 모습을 이야기한다.

그것을 대기실에서 듣고 있던 폴 마키는 '하하하, 그럼 선배는 지금 무대와 똑같은 일을 해 온 거군요'라고 포복절도한다. 하지만 뒤집어 보면 아키바는 자신의 체험을 오히려 희극으로서 이야기한 것이 된다. 아키바는 이어서 '없었던 것은 무기나 탄약만이 아니었어', '작전을 세우는 대단하신 분들은 아무것도 몰라'라며 중얼거리는데, 여기에는 쉬이 억누

---

9   引田惣彌, 『全記録テレビ視聴率五〇年戦争』, 講談社, 2004, 229쪽.

르기 힘든 분노가 엿보인다. 그러면 왜 자신의 참혹하고도 무거운 경험을 굳이 '웃음'으로 연결 지으려 했을까. 전쟁 말기의 남방전선을 다루는 만담인 만큼 대본은 체험자인 아키바가 담당했을 것이라는 점을 쉽게 상상할 수 있는데, 그렇다면 왜 떠올리기도 싫은 자신의 체험을 희극으로 다루고자 한 것일까.

영화 안에서는 그 점을 자세히 언급하지는 않지만, 영화감독인 오카모토 기하치岡本喜八의 에세이에 시사적인 부분이 있다. 1924년생인 오카모토는 메이지대학 전문부 상과에 진학하지만, 조기졸업 후 육군공병학교에 입대해 도요하시豊橋 예비사관학교에서 종전을 맞이한다. 전후 오카모토는 〈독립우연대独立愚連隊〉1959, 〈독립우연대 서쪽으로〉1960, 〈에부리만 씨의 우아한 생활江分利満氏の優雅な生活〉1963, 〈피와 모래〉1965, 〈육탄〉1968 등 많은 전쟁영화를 만들었다. 활극의 요소가 많은 작품도 적지 않지만, 그 안에서도 코믹한 묘사가 적지 않게 흩어져 있다. 특히 〈에부리만 씨의 우아한 생활〉이나 〈육탄〉은 자신의 전쟁 체험을 덧입혀 눈 뜨고 볼 수 없는 학도병의 비애나 분노를 코믹하게 그린다.

제4장에서도 다루었듯 거기에는 전쟁영화를 '희극으로 바꿈'으로써 '어리석음을 웃어 넘기'려는 의도가 있었다. 그리고 그것은 '약자의 으스댐', '어리석음에 대한 반항'에 뿌리를 두고 있다. 오카모토는 결코 비극으로서의 전쟁 묘사를 부인하는 것은 아니다. "〈히메유리의 탑〉이나 〈들어라 와다쓰미의 소리를〉 같은 작품을 보고는 그저 하염없이 울었다. 눈물이 안경알에 고여서 거의 아웃포커스 화면처럼 되어버릴 정도로 울었다"라고도 말했다. 하지만 '나는 이런 진지한 전쟁영화는 만들지 못한다'

는 생각과 동시에 전쟁을 희극으로 이야기하는 가능성에 걸어보고자 했다.[10] 말하자면 오카모토에게 전쟁 체험은 희극으로 만들 수밖에 없을 정도로 무게가 있는 것이었다. '전쟁은 비극이었다. 게다가 희극이기도 했다. 전쟁영화도 둘 중 하나이다. 그러니 희극으로 만들어 어리석음을 웃어 날려버리는 것에 의의를 느꼈다. 전시의 우리는 정말이지 약자였다. 전후 13년째에 내보이는 반항은 약자의 으스댐이었는지도 모른다. 하지만 작고 약한 인간인 병사들에게 있어서 어리석음에 대한 반항은 절박한 소원이기도 했다'라는 기술이 그것을 여실히 보여준다.[11]

〈군기는 똥구덩이 아래에〉에서 아키바의 만담도 오카모토 기하치의 이러한 생각과 연결되는 것이다. 전쟁 체험을 '웃음'과 연결 지은 이야기는 이제껏 사키에의 언동을 봐 온 관객들이 느끼기에는 약간 어울리지 않는 듯 느낄지도 모르겠다. 하지만 그 위화감을 통해 부각되는 것은 '웃음'을 끼워 넣지 않으면 마주할 수 없을 정도인 체험의 무게일 것이다.

'명예로운 전사'와 '감자 도둑'

아키바는 도가시의 일은 기억하지 못하지만, 전쟁 말기에 같은 부대에서 군조軍曹를 둘러싼 사건 중 식량 쟁탈이 발단이 된 사건에 대해 입을 연다.

적군의 공격을 두려워한 일본군 병사는 정글에 몸을 숨기는데, 보급

---

10 岡本喜八, 「愚連隊小史 · マジメとフマジメの間」, 『マジメとフマジメの間』, ちくま文庫, 2011, 50쪽. 초출은 『キネマ旬報』, 1963年 8月 下旬号.

11 위의 책, 53쪽.

루트가 끊겨 식량난은 극도로 비참한 상황이었다. 뱀, 도마뱀, 지렁이, 거미마저도 먹어 치우고, "특히 음식에 관해서는 자신 이외에는 모두 적이었지"라며 상황을 이야기했다. 영화 안에서도 한 마리의 쥐를 둘러싼 격심한 싸움이 발생하는데, 한 병사가 살아 있는 쥐를 입에 넣자, 다른 병사들이 얼굴색을 싹 바꾸어 달려드는 장면을 그리고 있다.

아키바는 더 나아가 다른 부대의 감자를 훔쳐 같은 일본군에게 사살된 일본 병사가 있었다는 이야기, 그리고 그것이 '군조였던 것은 분명했다'는 점을 덧붙인다. 그 이야기를 들으면서 사키에는 "그런, 우리 남편이 감자 도둑이란 말인가요", "증거 있나요, 증거가"라며 눈시울을 붉히며 분노를 나타낸다. 그것은 '명예로운 전사'라는 예상을 크게 뒤엎는 것이었지만, 반대로 말하자면 자신이 기분 좋을 만한 증거만을 찾으려고 하는 유족의 욕망도 부각된다.

이에 반해 아키바는 "부인, 기분 나쁘게 생각하지 마세요. 확실한 증거가 있는 것은 아니에요. 무리하게 떠올리려다 보니, 겨우 기억난 나쁜 꿈이에요. 어쩌면 내가 말하는 것은 전부 만담의 후속편일지도 모르죠"라고 말하는데, 이어서 옅은 웃음을 띠며 이렇게 말한다. "나는 말이죠, 이렇게 살아 있지만요, 이건 여분의 인생이에요. 진짜 삶은 거기서 끝나버렸어요."

실성한 듯 자조 섞인 아키바의 표정은 예상하지 못한 것이었지만, 사키에는 곤혹스러운 듯한 의아한 표정을 보인다. 하지만 그것도 사키에가 바라던 이야기와는 완전히 대조적으로, 비참하고 추악한 전장 체험을 뒷받침하는 것이었다.

조화의 거절

사키에는 더욱이 전 육군 헌병 군조였던 오치 노부유키越智信行, 이치카와 쇼노스케(市川祥之助)를 찾아간다. 오치는 복귀 후 황폐한 생활을 하던 중 밀조 주바쿠단에 빠져 실명하고, '안마'를 생업으로 삼고 있었다. 오치는 사키에에 대해 "어느 쪽 이야기가 진실인지는 나도 모릅니다"라고 말하며, 도가시 군조의 이름도 아는 바가 없다고 강조한다.

다만 전후 사회로 수용되지 못한다는 점은 데라시마나 아키바와도 통하는 부분이 있었다. 오치는 전범 혐의로 호주군에 체포당한 과거도 언급하면서 "나는 지금 나 자신이 무엇을 위해 살아 있는지 잘 모르겠어요. 차라리 그때 단숨에 총살당한 편이 더 나을지도 몰라요", "전직 헌병이라고 해서 내지內地에서도 미국에도 휘둘려서 말이죠"라며 속마음을 내비쳤다.

오치가 이어서 "군조로 말할 것 같으면……"이라고 핵심적인 이야기를 하려고 할 때, 접객일을 하는 아내가 귀가한다. 아내는 사키에에게 인사하면서 "접객이라니 정말이지 장사도 중노동이에요", "어젯밤에는 상점가 연회가 아침까지 이어졌지 뭐예요"라고 말하는데, 오치는 "거짓말이에요"라며 사키에에게 말하며 어젯밤 아내가 요리사와 육체관계를 맺었을 것이라며 폭로한다.

이제까지 사키에와의 대화로 보자면 너무나 당돌한 내용인 데다, 애초에 잘 알지 못하는 제삼자에게 배우자의 혼외 육체관계를 이야기하는 것 그 자체가 예상하지 못한 것이다. 하지만 이 장면은 깨끗한 것으로 가득 찬 허식이 실상을 뒤집어 감추는 것을 암시한다. 오치의 말을 들은 아내는 "농담 하지마. 어젯밤 나는 진짜……"라며 항변하는데, 오치는 사키에를 향해 "어때요, 정곡을 찔린 얼굴을 하고 있죠"라고 말한다. 그것은 걸핏하면 '전쟁 이야기'가 아름다움으로 가득 차 조금이라도 의심받으면 격분해서 더욱더 아름다움을 덧발라 굳히려고 하는 담론의 모습을 나타낸다. 이후 오치의 이야기는 한편으로는 아름다움의 허식을 벗겨내려는 것이었다.

오치는 "미리 양해를 구합니다만, 그다지 기분 좋은 이야기는 아닙니다. 게다가 그 사건 관계자가 남편분인지 어떤지도 몰라요. 알고 있는 것은 단지 그 남자가 군조였다는 점뿐이에요"라면서, 사키에와의 대화를 이어가려고 한다. 그때 오치의 아내는 처참한 전장의 실상을 이야기할 것을 겁내면서도 꾸며낸 웃음을 띠며 "뭐, 하나 드셔보세요"라며 사키에에게 전병을 내민다. 보통은 무리해서라도 미소를 띠며 받아 들겠지만, 사키에는 굳은 표정으로 오치의 아내나 전병 쪽으로 시선을 주지도 않은 채 "들려주세요, 부탁합니다"라고 오치에게 통사정한다. 이는 관객의 예상을 배신하는 것이기는 하지만, 보기에 따라서는 손님에게 내놓는 전병으로 상징되는 '무난함'을 거절하는 의도가 투영된다.

여기서 오치가 입에 담은 것은 "전우를 죽여서 먹어버렸어요"라는 인육을 먹었다는 사실이었다. 화면에서는 사키에의 경악과 함께 전병을 입에 문 채 충격을 받은 아내의 표정도 비춘다. 전장에서는 손님과 무난한 조화를 이루는 전병이 아니라, 인육이 사람의 입에 들어갔던 것을 강하게 상기시키는 장면이다.

영화 속에서는 인육이라고 말하지 않은 채, 그것을 소금과 교환하려

〈그림 5-4〉 전병을 입에 문 채, 인육을 먹은 이야기에 경악하는 오치의 아내

고 다른 부대로 향하는 도가시와 그 고기에 엄청난 식욕을 돋우는 병사들이 그려진다. 더욱이 도가시가 돌아오는 길을 미행해 좋은 사냥감야생 돼지인 척하려던 병사가 살해되어 식용 인육이 되었다는 점을 시사한다. 도가시는 다시 그 부대를 찾아가 이미 부패하기 시작한 고기와 소금을 교환하자고 요구한다. 도가시의 "익히면 괜찮아"라는 말이 인육을 먹는 행위의 비참함을 더욱 부각시킨다.

오치는 사건의 발단으로 "(도가시인 듯 한 군조가) 전우 한 명과 탈주하던 도중, 감자를 도둑맞아서 홧김에 살해해 버리고, 그 후에 너무나도 배가 고픈 나머지 전우의 엉덩이 살을……"이라며 설명하는데, 사키에는 부들부들 떨면서 "아니, 그만두세요"라고 외친다

하지만 오치에게 인육을 먹는다는 것은 꼭 남일 만은 아니었다. 오치는 전사한 전우의 새끼손가락을 유골 대신 잘라서 태운 일을 회상하며 "나는 내 코를 막기 전에 무심코 식욕을 돋우었던 것을 기억하고 있어요", "나와 그 군조는 별 다를 게 없었어요"라고 말한다.

사키에는 오치의 집을 나온 후, 길가에 쓰러져 "우리 남편이 사람을

〈그림 5-5〉 충격이 큰 나머지 쓰러진 사키에와 대중 자동차

먹었다니, 바보 같은 소리"라고 중얼거리며 '명예로운 전사'는커녕 '감자
도둑'보다도 훨씬 더 처참한 행위에 기인하는 남편의 죽음을 수용하지
못하는 모습이 그려진다. 그 배경에는 스바루R-2나 닷선 서니와 같은 승
용차가 비친다. 고도경제성장은 이러한 자동차 보급을 촉진했지만, 사키
에의 중얼거림에는 거기에 스며들지 못하는 모습이 투영된다.

동시에 이는 오치에게도 해당하는 것이었다. 오치의 자택은 날림으
로 지은 노후한 집이며, 배경의 고층 맨션이나 자동차와의 대비에서도
이러한 점이 강조된다. 그것은 오치에게도 경제성장으로 샘솟는 전후가
친화성이 결여된 것이라는 점을 부각시킨다. 사키에가 나간 뒤 "진짜는
아무도 몰라"라며 머리를 감싸 쥐며 엎드리는 모습은 이러한 점을 더욱
인상 깊게 한다.

오치의 이러한 중얼거림에 반해 아내는 "으응, 무슨 말 했어?"라며 무
뚝뚝하게 받아친다. 그것은 오치에게 뭔가 들으려는 것이 아니라, 애초
에 아무 흥미도 없다는 점을 오치에게 보여주려는 듯한 발화였다. 이것
을 들은 오치는 돌연 아내를 밀어 눕히고 강간한다. "뭐 하는 짓이야. 싫

어, 그만둬, 아프잖아, 그만두라니까", "기분 나빠"라며 강하게 반항하는 아내에 비해 오치는 "아무도 몰라, 아무도"라며 성난 목소리를 내면서 옷을 벗기려 든다. 거기에는 '아름다움', '무난함'을 가장한 '기분 나쁜' 것으로부터 눈을 돌리려는 자에 대한 분노와 함께, 그 허식을 벗겨내지 않으면 직성이 풀리지 않는 당사자의 원한이 떠오른다.

2. '학도병 신화'의 와해

학도병의 학대

사키에는 후생성 담당관이 만나보길 권한 네 명 중 마지막으로 오바시 다다히코大橋忠彦, 나이토 다케토시(内藤武敏)를 찾아간다. 고등학교 국어 교사로 재직 중인 오바시는 전쟁 말기에는 학도병 출신 육군 소위로 뉴기니아 전선으로 보내졌다.

오바시는 사키에의 질문에 '종전 후에 발각된 하나의 사건'에 대해 이야기하기 시작한다. 그것은 병사들이 공모해 상관을 살해했다는 것이었다. 살해된 소대장 고토後藤 소위에하라 신지로(江原真二郎)는 오바시와 같은 학도병 출신으로 장교까지 올라간 인물이었는데, 육군사관학교 출신 장교나 고참 하사관에게 우습게 보일 순 없다며 항상 어깨에 힘을 주고 다녔다. 그만큼 부하들에 대한 폭력도 심했다.

어느 날 연합군 비행기 조종사가 불시착해 고토 부대의 포로가 되었다. 포로 처형이 결정되었고, 사단 참모 지다 다케오千田武雄 소좌나카무라 간에

몬(中村翫右衛門)는 고토 소위에게 집행하도록 명한다. 영화 안에서는 고토가 솔선해서 그 역할을 맡았음을 암시하지만, 그것도 학도 장교라며 부대 내에서 경멸당하지 않겠다는 날카로운 심성이 드러나는 부분이다.

고토는 눈을 가린 포로의 경부를 군도로 내려치는데, 살아 있는 인간을 지근거리에서 살해한다는 공포에 사로잡혀 몇 번을 해도 제대로 되지 않았다. 결국 지다 소좌는 헌병에게 명령해 소총으로 포로를 살해하도록 했는데, 이로 인해 지다를 비롯해 부대 장병들은 고토를 한층 더 노골적으로 멸시하게 되었다.

그로부터 고토는 이전보다 더욱 히스테릭해졌다. 이유도 없이 부하를 폭행하고, 삽으로 안면을 구타해 빈사 상태에 이르게 하는 일도 놀랍지 않았다. 식량은 자신이 관리·독점하고, 부하에게는 극히 소량만을 나눠주었기 때문에 병사들도 심하게 쇠약했다. 그럼에도 필요 이상의 중노동을 시키고, 중증의 말라리아 환자를 사역에 내보내 죽음에 이르게 하는 일도 있었다.

분대장인 도가시 군조가 참다못해 고토에게 항의했지만, 고토는 "너이 자식, 상관인 나에게 반항하는 것인가"라며 오히려 더 화를 내고, 도가시를 때리고 발로 차며 장시간에 걸쳐 폭력을 휘둘렀다.

이러한 이야기처럼 '이대로라면 우리는 소대장에게 살해될 거야'라는 위기감을 느낀 병사들이 도가시를 중심으로 고토 살해를 결행한다. 오바시가 사키에에게 이야기한 것은 이러한 사실이었다.

우등생과 폭력의 과잉

고토처럼 광기에 가득찬 학도병의 모습은 전후 일본에서 그다지 눈에 띄지 않는다. 오히려 반전 지향에 이성적이면서 온화한 학도병의 이미지가 일반적이다. 전몰학도유고집 『들어라 와다쓰미의 소리를』1949이 크게 인기를 끌거나 그것을 원작으로 한 영화 〈들어라, 와다쓰미의 소리를〉세키가와 히데오(関川秀雄) 감독, 1950이 기록적인 흥행성적을 올린 것도 '무도한 직업군인'과는 대조적인 학도병의 좋은 이미지 유포를 촉진시켰다.[12]

그러나 그것은 전시하 학도병과 같은 극히 특수한 일면을 나타내는 것 만이 아니다. 적지 않은 대학·구제고교에서는 '국가적 사명에 대해서는 몸 바쳐 정열을 받들어야 한다'[13]라는 목소리가 넘쳐흐르고, 대학생들에 대한 징병 유예 조치를 솔선해서 반납하자는 움직임마저도 보였다. 그만큼 학도병들 사이에서는 스스로에게 부여된 역할을 적극적으로 완수하고자 하는 의지도 많이 보였다. 학도장교로 가이텐回天 탑승원 교관을 지낸 철학자 우에야마 슌페이上山春平는 당시를 회상하며 "해군병학교나 해군기관학교 출신의 프로 사관들에게 결코 뒤지지 않는 탑승원으로 만들어 보이겠다는 망상에 사로잡혀 있었다", "입대 이후, 프로 사관들로부터 사사건건 그 꼴사나움을 트집잡혀 온 학도병 중 한 사람으로서 이 특공기지에 와서까지 그들이 업신여기고 우습게 여기는 것은 학도병으로서의 자존심이 허락하지 않았다"라고 서술한다.[14]

---

12 이 점에 대해서는 졸저 『「戦争体験」の戦後史』(中公新書, 2009)를 참조.

13 日本戦没学生記念会 編, 『新版第二集 きけわだつみのこえ』, 岩波文庫, 2003, 287쪽. 인용은 와세다대학 재학중에 학도병 출정한 기도 로쿠로(木戸六郎) 일기에서 인용.

14 上山春平, 「解説」, 和田稔, 『わだつみのこえ消えることなく』, 角川文庫, 1972, 303·305쪽.

속성으로 예비 사관으로서 군무에 취임한 학도 장교는 아무래도 육군사관학교·해군병학교 출신의 정규 장교와 비교되어 그 미숙함을 지적받고는 했다. 군대에서의 경력이 다른 만큼 어쩔 수 없는 일이기는 했지만, 학도 장교들은 때때로 열등감에 사로잡혔다.

쓰루미 슌스케鶴見俊輔는 자신의 전시기 체험을 돌아보면서 이러한 학도장교들의 사고를 규정한 것으로 그들의 '우등생'인 채 하는 모습과 '준법정신'을 지적했다. 쓰루미는 「전쟁과 일본인」『아사히저널』, 1968.8.18에서 학도 장병의 심성에 대해 이렇게 서술하고 있다.

> 그들은 어쩌면 소학교 때부터 쭉 우등생이었겠죠. 항상 법에 복종해 왔어요.
> 자신은 친창 받는 사람이 되고 싶다는 일종의 유혹을 물리칠 수 없었어요. 이
> 유혹과 싸우는 것은 상당히 어려워요.[15]

학도 장교들의 '칭찬받는 사람'이고자 하는 심성은 '법에 복종'하는 행위의 과잉을 낳는다. 그것은 필연적으로 '프로 사관들에게 결코 뒤질 수 없는' 행동을 스스로 하게 되는 결과로 이어졌다.

그들의 '칭찬받는 사람'이라는 희망은 때때로 부하에 대한 폭력으로 이어졌다. 고등소학교를 졸업한 후 해군비행예과 연습생이 된 영화평론가 사토 다다오佐藤忠男는 1975년 글에서 다음과 같이 학도 장교의 폭력에 대해 엮어냈다.

---

15   鶴見俊輔, 「戦争と日本人」, 『朝日ジャーナル』, 1968.8.18, 8쪽.

내가 소년병으로 훈련을 받은 항공대에서는 장교는 대부분 학도 출신이었는데, 아직 섹스에 대해 잘 모르는 14세인 우리에게 무턱대고 변태 같은 이야기를 하는 놈도 있고, 지원병에서 올라온 전쟁 경험이 많은 하사관들에게 경멸당한 것에 분노해 하사관을 무릎 꿇리기도 했다. 또 자신들만 흰쌀밥을 배터지게 먹으면서 배가 고픈 소년병이 이것을 훔쳐서 먹으려고 하자 하사관에게 넘겨서 죽을 정도로 패거나, 얼마 되지 않는 체험으로 전체를 재단하는 것은 미안하지만, 아무래도 나는 학도 장교라는 패거리에 대해서는 좋은 인상이 없다.[16]

사토가 여기서 그리는 것은 경험이 풍부한 부하들로부터 경멸당하는 것을 두려워하고, 그들에게 격앙해 폭력을 휘두를 수 밖에 없었던 학도 장교의 허세이다. 〈군기는 똥구덩이 아래에〉에서의 고토 소위의 폭력은 분명 이러한 지적에 중첩되는 것이었다. 학도병을 둘러싼 관객의 예상을 전복시키고 '와다쓰미' 같은 학도병 신화를 와해시키는 듯한 묘사가 이 영화에 담겨 있다.

'전후'와의 괴리

오바시는 이어서 도가시의 처형 경위에 대해 이야기하기 시작한다. 포츠담선언 수락을 듣고, 포로 참살 사건이 탄로 날 것을 두려워한 지다 소좌는 은폐 공작을 획책한다. 도가시와 고토 소대의 생존자를 상관 살

---

16   佐藤忠男, 「差別としての美」, 『ユリイカ』, 1975.10, 90~91쪽.

〈그림 5-6〉 고개 숙인 사키에와 오바시, 그리고 무대의 일장기와의 대비

해를 이유로 처형한 것도 그 때문이었다. 그때 지다는 다음과 같은 말을 던진다. '일본은 권토중래를 기약하고 30년 후에는 반드시 재기하여 귀축미영鬼畜米英에 복수할 것이다. 그러나 상관을 살해한 불충하고 괘씸한 네 놈들을 조국은 필요로 하지 않는다.'

고등학교 체육관 구석에서 오바시의 이야기를 듣던 사키에는 바닥에 쓰러지듯 고개 숙인다. 체육관 무대에는 일장기가 걸려 있는데 사키에는 원망스러운 듯한 표정으로 일장기를 바라보면서 '여보, 얼마나 분했을 까'라며 한탄한다. 거기에는 히노마루日の丸로 상징되는 국가와 사키에나 도가시와의 부조화가 부상한다. 그것은 즉 당초 사키에가 안고 있던 '명예로운 전사'라는 서사에 대해 당사자의 집념이 뒤집힌다는 점을 시사하는 것이었다.

전후라는 시대와의 괴리도 여기에는 드러나 있다. 고등학생들은 일장기가 걸린 무대에서 오바시와 사키에에게 아무런 관심도 보이지 않고 무언가 행사 준비를 하고 있다. 또 고등학교 상공을 날아가는 미군기의 굉음에 오바시가 초조해하고, 점심시간이 끝나 고등학생들이 오바시와

사키에를 지나쳐 교실로 뛰어 들어가는 모습도 그리는데,[17] 그것도 데라시마나 아키바, 오치 등과 같이 전후의 정치나 사회에 녹아들지 못함을 나타내는 것이었다.

질서를 이야기하는 쾌락

그런데 특히 지다 소좌에 관해서는 전후 사회와의 조화가 두드러진다. 지다는 전후 '동남아시아개발공단'의 임원 자리에 앉았다. 아시아를 향한 왕년의 군사 진출과 전후의 경제진출 쌍방의 제일선을 담당했음을 암시하는데, 사키에가 지다를 만날 때 즈음에는 이미 은퇴해 손녀를 예뻐하며 유유자적하게 살아가고 있다. 데라시마나 아키바, 오치, 오바시 등 뉴기니아 전선의 생존자들과 비교하면 지다와 전후의 조화는 분명해진다.

사키에는 그때까지 들은 것을 바탕으로 지다를 힐문하는데, 지다는 "오해예요, 그건. 아니면 나에 대한 중상모략이거나", "그건 어디까지나 육군 형법에 따른 군법회의의 결과예요"라고 답한다.

지다가 중요시하는 것은 추상적인 '질서'였다. 지다는 "처형한 것에 관해서는 분명 틀리지 않았다고 생각합니다. 지금도 그렇게 믿고 있어요. (…중략…) 분열되었다고 해도, 일본의 명예와 긍지를 위해 질서를 지켜야만 해요. 그것을 위해서는 군법회의도 처형도 어쩔 수 없는 조치였

---

17   또한 운동부 활동과 마찬가지로 고등학교의 갈등을 즐기는 듯한 학생들도 그려지는데, 이 역시 오하시(大橋)와 학생들의 세대 차이와 오하시가 전쟁 후에 적응하지 못하는 모습을 부각시키고 있다.

어요", "어떤 경우에도 질서라는 것은 필요한 거예요. 패전국 일본이 전후 여기까지 부흥 번영해서 다시 세계열강의 전열에 들어선 것도 오로지 국가의 질서가 견고하게 지켜졌기 때문이 아닙니까"라고 주장한다. 사키에는 "그러면, 그러면, 남편은 본보기였다는 말인가요. 희생양이었던 건가요"라고 분개하지만, 지다에게는 전혀 들리지 않는다. 사키에가 도가시의 처형이라는 개별사건에 특화된 논의를 하고 있는 것에 비해, 지다는 이를 마주대하는 것을 피하고, '일본의 명예와 긍지', '국가의 질서'와 같은 추상적인 것으로 논점을 흐리려고 했다. 지다의 자세를 힐책하는 사키에의 자세에서 떠오르는 것은 추상적인 '전쟁의 이야기'를 떠드는 것으로 괴로움이나 울분으로 가득 찬 개별의 생으로부터 눈을 돌리고, 자신의 책임을 불문에 붙이는 구 지도자층의 교활함이다.

그때 지다와 함께 서 있던 손녀가 근처에서 딴 노란 국화꽃을 사키에에게 건네주려고 한다. 관객들은 사키에가 받을 것이라고 예상했을지 모르지만, 사키에는 분노가 담긴 시선을 지다에게서 떼지 않고 그의 손녀에게 얼굴을 돌리려 하지 않는다. 지다는 대신 꽃을 받고 미소를 지으며 손녀의 머리를 쓰다듬는다.

사키에가 국화 받기를 거부한 것은 '국화 문양'으로 상징되는 전시나 전후에 대한 거부를 암시한다. 병사들은 천황의 이름으로 전장에 동원되고, 전후에는 천황이 참석하는 전국전몰자추도식에서 사망자를 추모한다. 그러나 지다와 같은 군 상층부나 고토 소위와 같은 학도병 장교의 폭력에 시달린 말단 병사들의 모습은 거기에 드러나지 않는다.

계승의 역학

동시에 이 장면은 '계승'의 역학도 조명한다. 손녀가 건넨 꽃을 지다
가 받은 것은 할아버지-손녀 간의 '계승'과 '상호 이해'를 암시한다. 그러
나 말하기 어려운 말단 병사나 유족의 원한은 손녀에게 전달되지 않는
다. 즉, 안락한 '계승'이 망각을 낳는다는 것을 말해준다. 이러한 묘사는
전쟁 체험론을 많이 쓴 야스다 다케시安田武의 다음과 같은 논의를 떠올
리게 한다.

전쟁 경험을 고집하는 한 거기서 아무것도 나오지 않을 것이고, 그것이
다음 세대에 전승되는 것도 불가능할 것이라는 비판은 귀가 아플 정도로 많
이 들어왔다. 그러나 전쟁 경험을 포기함으로써 단순한 일상적 경험주의에
빠지고 그때그때의 상황 속에 빠져드는 것만은 나는 딱 질색이다.

전쟁 경험의 전승이라는 것, 이것에 대해서는 거의 절망적이다. 나는 전
쟁 경험을 고집하고 그것에 대해 계속해서 툴툴대며 말할 생각이지만, 그것
을 다음 세대의 젊은이들에게 반드시 전해야 한다고 생각하지는 않는다.[18]

1925년생인 야스다 다케시는 조치대학 재학 중 징집되어 소련군이 침공한 한반도 북단에서 종전을 맞이했다. 야스다는 "원숭이처럼 음란하고 악랄하며 잔인할 정도로 비인간적인 사람들의 무리"였던 군대에 대한 분노를 내면화하면서 수치심과 원한, 자책이 뒤섞인 전쟁 경험의 이야기하기 어려운 부분을 고집하며 "추상화, 일반화되는 것을 도저히 긍정할 수 없는 부분, 그 부분의 무게에 계속해서 압도당하고 있었다"고 했다.[19] 국화 받기를 거부한 사키에의 모습은 알기 쉽고 편안한 체험의 '전승'을 긍정하지 않는다는 점에서 야스다 다케시의 논의와 일맥상통하는 점이 있었다.

수다와 망각

그에 비해 지다의 과거에 대한 집착은 희박했다. 지다는 사키에에게 연민을 표하며 "잊으라는 것은 무리일지도 몰라요. 하지만 인간이 살아가기 위해서는 잊어버리는 것이 필요해요. 과거에 집착하면 아무것도 할 수 없어요"라고 말한다. 그 태도는 사키에가 도가시의 원한에 집착하고, 야스다 다케시가 말하기 어려운 경험의 무게를 고집하는 것과는 이질적인 것이었다. 지다는 은퇴 후 여가를 이용해 뉴기니 전선의 회고록 출판을 생각하고 있었는데, 거기서 망각이야말로 과도한 전쟁의 서사를 만들어낸다는 사실이 드러난다.

이는 전중파戰中派 세대 사이에서도 종종 감지되는 것이었다. 『시나리

---

18 安田武, 앞의 책, 10쪽.
19 위의 책, 158·192쪽.

오』1968.9에는 육군 청년 장교로 종전을 맞이한 평론가 무라카미 효에村上兵衛와 전 특공대원 출신 시나리오 작가 스사키 가쓰야須崎勝彌의 대담이 실렸다. 이 가운데 전쟁 경험을 둘러싼 수다와 침묵에 대해 다음과 같이 논의했다.

무라카미   얼마 전 우연히 네다섯 명이 모여서 이야기를 나눴는데, 가장 끔찍한 전투를 겪은 사람들이지만, 이제 그들은 전쟁을 기억하고 싶지 않다고 하더라고요. 싫다고 하더군요. 그렇게 심하지 않은, 한발 뒤에서 전투를 했던 사람들은 '너는 좋은 경험을 했어'라고 말할 수 있는 거죠. 미묘한 경계인 것 같아요.

스사키   말하기 싫다는 말은 정말 맞는 말인 것 같아요. 말을 잘하는 사람은 저를 포함해서 전투 경험도 별로 없는 사람들입니다. 그분들의 굳은 침묵에 항상 가슴이 울리는 듯한 느낌이 들어요. 솔직히 (시나리오를) 쓸 때마다 그 딜레마에 휘둘려요.[20]

스사키는 〈태평양 기적의 작전 기스카太平洋奇跡の作戦 キスカ〉1965, 〈아!, 동기의 벚꽃〉1967, 〈연합함대사령장관 야마모토 이소로쿠山本五十六〉1968의 각본을 맡는 등 전쟁영화 시나리오의 대가였다. 그러나 스사키는 전쟁을 장황하게 이야기하는 것에 대한 거부감도 느꼈다. 스사키는 이 대담에서 "내가 이렇게 전쟁 경험을 말할 수 있는 것은 적을 죽이지 않았고, 적을

---

20   村上兵衛・須崎勝彌,「対談 死と軍人の精神構造」,『シナリオ』, 1968.9, 26~27쪽.

보지 않았기 때문일지도 모른다"고 말하기도 했다.[21] 전직 특공대원이기는 했지만, 실제로 출격한 경험이 없는 스사키에게는 특공작전에 출정한 사람과 자신과의 사이에 큰 단절이 있었고, 혹독한 전투를 경험한 사람의 침묵은 무겁게 느껴졌다. 그것은 '전쟁을 기억하고 싶지 않다'는 사람과 '너는 좋은 경험을 했다고 말할 수 있다'는 사람과의 사이에 단절을 느꼈던 무라카미 효에 역시 마찬가지였다.

지다 소령의 망각을 주저하지 않는 태도나 회고록에 대한 욕망도 스사키와 무라카미가 지적하는 "한발 뒤에서 전투를 한 놈들", "별다른 전투 경험도 없는 놈들"의 수다스러움과 겹쳐볼 수 있을 것이다.[22]

3. 아름다움의 허상과 예상의 전복

미담의 욕망

지다는 사키에에게 "미군 포로 살해는 고토 소위가 독단적으로 한 일이에요. 나는 관여하지 않았어요. 그것을 은폐하기 위해 관계자를 처형했다는 것은 터무니없는 억측입니다"라고 말한다. 그것은 '억압의 이양', '무책임의 체계'마루야마 마사오(丸山眞男)를 연상시키는 발언이었지만, 지다는 계속해서 사키에에게 충격적인 사실을 이야기한다. 그것은 데라시마 상

---

21 위의 책, 31쪽.
22 앞서 말했듯이, 후카사쿠 긴지는 전장 경험이 없는 세대에 속했는데, 그렇기에 '제대로 된 전투 경험도 없는 놈들'의 수다스러움이 씁쓸하게 느껴졌는지도 모르겠다.

병이 상관 살해에 관여했지만 직접 손을 대지 않았기 때문에 처형을 면했다는 것, 그리고 도가시를 포함한 세 사람의 범행을 자백한 것도 데라시마였다는 것이다.

앞서 말했듯이 데라시마는 사키에에게 도가시의 '명예로운 전사'를 이야기하며 자신을 구해준 미담을 들려주었지만, 그것은 도가시의 최후뿐만 아니라 데라시마의 배신을 은폐하기 위한 것이었다. 사키에는 다시 데라시마를 찾아가 "그래서 그런 지어낸 이야기를 했구나. 자신의 잘못을 감추기 위해 나한테 거짓말을 한 거냐"고 추궁한다. 이는 미화가 복잡한 배경과 당사자의 정념을 보이지 않게 할 뿐만 아니라, 이야기하는 자의 책임과 폭력도 불문에 부치는 역학을 부각시킨다.

그것은 미담으로 촉발된 예상을 뒤엎는 묘사였지만, 영화 속에서는 예상을 뒤엎는 전복이 계속해서 이어진다. 데라시마는 "하지만 진짜 이야기는 그것만이 아닙니다"라고 말하며 종전 소식을 접했을 때의 부대의 모습을 이야기하기 시작한다.

도가시 부대에 포츠담선언 수용 통지가 도착해 사단 본부로 집결하라는 명령이 내려졌지만, 병사들은 영양실조와 굶주림으로 일어서지조차 못하고, 종전 소식에 감정이 동요하지도 않았다. 이는 천황의 옥음玉音 방송에 국민들이 울부짖는 '옥음 사진'의 이미지와는 이질적인 모습이다. 말하자면 이 장면은 종전을 둘러싼 관객의 기대와 예단을 뒤엎고, 옥음 방송의 '눈물 공동체'에서 누락된 최말단 병사들의 존재를 비춘다.

하지만 그곳에 분노한 소대장 고토 소위가 나타나 부하 병사들에게 총공격을 명령하려 한다. "종전이라는 말은 헛소문이다. 신의 나라는 불

〈그림 5-8〉 상관 살해 장면

멸, 황군은 불패다. 우리는 단호하게 싸울 것이다. 한 명도 남김없이 목을
쳐버릴 것이다.”

　　도가시 등 부하들은 총을 들지도 않고 의아한 표정으로 소대장을 바
라보지만, 이에 고토는 “왜 총을 들지 않느냐”, “너희들은 나를 우습게 보
고 있구나. 학도병 출신이라고 얕보고”, “나는 일본을 사랑하고 있다. 네
놈들 누구보다 더 사랑한단 말이다”라고 히스테릭하게 외치며 부하들에
게 폭력을 휘두른다. 고토는 말라리아 발작으로 움직이지 못하던 데라시
마를 일으켜 세우고 때리려고 했다. 학도병 장교의 우등생 의식과 그로
인한 ‘우습게 보이는’ 것에 대한 공포와 콤플렉스가 여기서도 그려진다.

　　고토의 언행은 점점 격해져 “좋아, 네, 네놈 같은 병사들은……”이라며 군도로 병사들을 때려눕히려고 한다. 참다못한 병사들은 소총과 총검을 들고 반격한다. 분노에 휩싸인 고토는 적개심을 드러내며 군도를 휘두르고, 한쪽 팔을 베인 뒤에도 소총으로 부하들을 쏘려고 한다. 결국 그는 살해당하지만, 그것은 고토와 부하들 사이의 치열한 '의리 없는 전쟁'이었다.

인육식 그후

도가시 일당은 "소대장이 종전 소식을 듣고 미쳐서 자결했다"라고 말을 맞추려 한다. 고토의 유해를 산속에 묻은 그들은 사단 본부로 모이기 위해 그 자리를 떠나지만, 말라리아로 움직일 수 없는 데라시마는 그 자리에 남겨진다. 사키에가 "당신을 남겨두고 간 것이냐"고 묻자, 데라시마는 "모두들 겨우 걸어가는 상태였어요. 움직일 수 없는 내가 남겨진 것은 당연했죠. 본부에 도착하면 데리러 올 사람을 보내주기로 했어요"라고 대답한다. 이는 종전을 맞이하고 누군가를 버리거나 배신하고서야 복귀할 수 있었던 수많은 일본군 병사들의 존재를 떠올리게 한다. '종전'이라는 말만으로는 예측할 수 없는 것이 거기에 투영된다.

남겨진 데라시마는 고독감에 괴로워하며 울부짖는데, 이때 눈물이 흘러내리면서 짠맛을 느낀다. 이는 데라시마에게 '내 몸 안에 이렇게 맛있는 것이 남아 있구나'라는 것을 깨닫게 해 주었다. 그러다 갑자기 배고픔을 느낀 데라시마는 자신의 팔을 바라보며 '이걸 먹을 수 있을까'라고 생각하다가, 베어버린 고토 소위의 팔을 구워 먹어야겠다는 생각에 이른다. 망설이면서도 인육을 먹은 데라시마는 "나는 사람을 먹었다. 사람

〈그림 5-9〉 영화 〈의리 없는 전쟁〉(1972) 포스터

을……. 하지만 세상은 딱히 바뀌지 않았어. 사람을 먹었다고 해서 그게 무슨 상관이야. 나는 살아갈 것이다. 살아내 보이겠다"라고 비참함에 눈물을 흘리며 스스로를 정당화하려 한다.

"나는 먹고 말았어요. 당신의 남편이 죽인 사람의 살을. 덕분에 나는 서서 걸을 수 있게 되었어요." 데라시마는 사키에게 그렇게 말하고, 자신의 발로 찾아간 사단 본부에서 자백했을 때의 상황을 이야기하기 시작한다. 데라시마는 사단 참모인 지다 등으로부터 "솔직히 말하지 않으면 총살하겠다"라는 협박을 받았고, '나는 꼭 살고 싶다'라는 생각과 함께 '게다가 소대장이 미쳤다고 말하면 도가시 씨 일행의 죄가 가벼워지지 않을까'라는 기대도 있었기 때문에 자백에 응했다. 다만 '인육을 먹은 것'만은 말하지 않았다.

데라시마는 '사람을 먹고 전우를 배신한 죄책감'을 안고 복귀했지만, 종전 직후의 혼란스러운 세상은 그런대로 그 회한을 외면할 수 있게 해주었다. 불탄 폐허와 암시장에서 사람들이 욕망을 드러내며 살아가는 모습은 데라시마의 가슴을 가볍게 했다. 그러나 점차 일본 사회가 부흥을 이루고 세상이 질서를 되찾기 시작하자 '사람을 잡아먹고 전우를 배신한 그 쓰라린 기억이 시종일관 데라시마의 마음을 짓누르기 시작'했다. '세상에 쫓기듯' 도심을 떠난 데라시마는 쓰레기로 뒤덮여 물 빠짐이 좋지 않은 매립지 '조선인 부락'에 정착했다.

하지만 데라시마의 소외감은 해소되지 않았다. 화면은 데라시마의 양돈장을 배경으로 군집한 공장들과 조업 소리를 비추며 1970년대 초반의 경제성장과 질서를 가리킨다. "이곳도 아마 한 달도 채 못 버티겠죠", "내가 안주할 수 있는 땅은, 그 불탄 흔적과 같은 편안한 세상은 지금의 일본에는 이제 남아 있지 않을지도 모른다"라는 데라시마의 말에는 전후 지다가 강조하는 '질서'와 어울리지 못하는 모습이 두드러졌다.

'천황폐하……'라는 마지막 외침

데라시마는 이어서 도가시 일행의 처형 장면을 이야기하기 시작한다. 도가시는 처형에 참석한 헌병에게 일본의 방향을 묻고, 그 방향으로 고개를 떨어뜨리듯 엎드려 있다. 그곳에서 목소리를 억누르며 참을 수 없는 고통을 견뎌내려는 모습이 그려진다. 처형당하는 것에 대한 공포로 오줌을 지리는 오바리小針 일병테라다 마코토(寺田誠)의 모습도 비추는데, 이러한 묘사는 아마도 관객의 기대와는 다른 모습일 것이다.

처형 장면이 크게 다뤄진 영화로는 주제는 다르지만 2·26사건을 다룬 〈반란〉1951, 〈총살〉1964, 〈일본암살비록〉1969 등을 떠올리게 한다. 그곳에서는 겁먹거나 겁먹지 않고 당당하게 처형당하는 청년 장교들의 모습이 비춰졌다. 이에 반해 정당방위 요소가 짙은 상관 살해임에도 불구하고 포로 살해를 은폐하기 위해 '제물'로 삼은 도가시 일당의 처형 장면에서는 그만한 오만불손함이 보이지 않고 오히려 공포와 좌절감에 시달리는 모습이 눈에 띄었다. 눈가리개를 한 도가시가 당황한 듯 "사카이, 고모리, 손 좀 빌려줘, 손 좀 빌려줘. 손 좀 빌려줘, 손 좀 빌려줘, 손 좀 빌려줘. 이봐, 이봐. 우린 쫓겨날 때도 함께였지만, 죽을 때도 함께라고. 알았어, 알았지? 처, 처, 처, 처, 천황폐하아"라고 외치며 총살당하는 장면이 이를 말해주고 있다.

이 말을 들은 사키에는 데라시마를 향해 "천황폐하라고 말했잖아. 만세라고 말할 생각이었던 건가"라며 탄식한다. 하지만 데라시마는 "아니, 그렇게 들리지 않았어요"라며 사키에의 상상을 부정한다. 사키에가 의아한 표정으로 데라시마를 바라보는데, 예상이 빗나간 것은 아마 관객들도 마찬가지였을 것이다. 데라시마는 이어 "뭔가 호소하는 듯한, 아니, 항의하는 듯한, 그런 외침이었습니다"라고 말하며, 거기에 도가시 일당의 분노가 담겨 있었음을 암시한다. 그것은 '천황폐하 만세'라는 예정된 조화로운 발화와는 대조적인 것이었다. 더 나아가 '처, 처, 처, 천황폐하아'로 끊긴 도가시의 외침은 그 이후의 발언을 봉쇄하려는 형 집행의 의도도 암시한다.

이 장면은 어딘지 모르게 2·26사건1936으로 사형당한 이소베 아사이치磯部浅一를 떠올리게 한다. 농촌이 쇼와昭和 공황에 허덕이는 가운데, 육군 청년 장교들은 '천황 친정'을 내걸고 일부 정치인이나 군 내부의 적대적인 통제파 등 '군부 내 간신배'를 제거하고자 했다. 그러나 청년 장교들의 결기는 그들이 숭배하는 천황의 강력한 의지로 진압되었다. 결기 장

〈그림 5-11〉 영화 〈일본암살비록〉(1969) 포스터

교의 핵심 멤버였던 이소베 아사이치는 옥중 일기에 천황에 대한 저주를 다음과 같이 적고 있다.

지금 저는 분노가 하늘을 찌를 듯이 치밀어 오르고 있습니다. 저는 이제 폐하를 꾸짖을 수 있을 정도로 정신이 고조되었습니다. 그래서 매일 아침부터 저녁까지 폐하를 꾸짖고 있습니다.

천황폐하 어찌 실정을 하고 계십니까, 어찌 실정을 하고 계십니까. 황조황종에게 잘못을 범하지 마십시오.[23]

폐하의 일, 일본의 일을 생각한 끝에 이 정도도 말씀드리지 않으면 신하로서의 충성이 서지 않기에 조금도 부끄러워하지 않고 폐하께 말씀드리는 것입니다. (…중략…) 악한 신하들의 상소를 그대로 받아들여 충신의 적자를 총살하신 폐하께서는 그 뜻을 모르신다고 말할 수밖에 없습니다.[24]

물론 도가시가 처한 상황은 2·26사건의 청년 장교들과는 다르다. 하지만 천황을 중심으로 한 군대와 사회에 대한 분노라는 점에서 공통점을 찾을 수 있을 것이다.

그것은 '국화 문양'을 떠올리게 하는 국화를 거부하는 사키에의 심정과도 상통하는 것이었다. 영화의 마지막에 도시의 번잡함을 배경으로 사

23　磯部浅一, 「獄中日記」, 河野司 編, 『二·二六事件 ― 獄中手記·遺書』, 河出書房新社, 1972, 301쪽.

24　위의 책, 288~289쪽.

〈그림 5-12〉 총살 직전에 "천황폐하아……"라고 외치는 도가시 일당

키에가 "나라가 멋대로 일으킨 전쟁인데, 뒷수습은 모두 우리들이 하고 있잖아", "여보, 당신은 역시나 천황폐하께 꽃을 받을 수 없네. 아무리 뭘 해도 당신은 살아 돌아오질 않는데"라고 중얼거린다. 그것은 '유족에 대한 배려'에 어울리지 않는 분노의 표출인 셈인데, 반대로 말하면 유족과 전몰자를 편안하게 안아주는 듯한 담론이 무엇을 감춰 왔는지를 암시하는 것이기도 하다.

4. 기억을 둘러싼 '의리 없는 전쟁'

전몰병사와 표창 거부

서두에서도 언급했듯이, 사키에는 원래 '가능하면 남편을 위해 천황폐하와 함께 국화꽃을 바치고 싶어요'라고 후생성 담당관에게 말했다. 마침 야스쿠니신사 국가수호운동이 활발하게 진행되던 시기이기도 했다. 그러나 도가시의 최후를 파헤칠수록 아름다운 추모와 공적을 치하하는 말로 가려진 군부의 왜곡과 폭력이 드러난다. 그것은 사키에의 예상, 나아가 관객의 예상을 송두리째 뒤엎는 것이었다. 이 아름다운 예상으로 무엇이 보이지 않게 된 것일까. 〈군기는 똥구덩이 아래에〉에서 이러한 주제를 읽어내는 것도 가능할 것이다.

영화의 마지막은 위에서 언급한 사키에의 독백과 함께 전국전몰자추도식 사진을 보여주며, 배경에는 기미가요君が代가 연주된다. 하지만 그것은 일반적으로 듣는 오케스트라 연주가 아니다. 일렉트릭 기타로 단음 연주한 것으로 듣는 이의 귀를 찢어놓을 것 같은 불쾌감을 동반한 음율이었다. 관객의 예상을 뒤엎는 기미가요의 불협화음은 전몰자나 사키에와 같은 유족들의 정서가 결코 조화로운 편안함 속에 안주할 수 없음을 말해준다.

이는 하시카와 분조橋川文三의 「야스쿠니 사상의 성립과 변용」『주오코론(中央公論)』, 1974.10과도 상통하는 부분이다. 제1장에서도 언급했듯이, 하시카와는 야스쿠니신사 국가수호운동을 염두에 두면서 국가에 의해 추앙받는 것을 거부하는 사자死者의 심정에 대해 다음과 같이 논했다. "그 전쟁의 불의에 분노한 영혼까지 포함한다면, 야스쿠니에 모셔지는 것을 꺼려하는 '영령英靈'의 숫자는 더 많아질 것이다. 야스쿠니를 국가적으로 수호하는 것이 국민 총체적 심리라는 논법은 종종 죽음에 직면했을 때 개별 전사자의 심정, 심리에 대한 배려가 결여되어 있으며, 산 자의 편의에 따라 죽은 자의 영혼을 마음대로 그려내고 규제해 버리는 정치의 오만함을 볼 수 있다."[25]

거기에는 죽은 자의 유언을 기리는 연장선상에서 야스쿠니 신사참배에 대한 위화감이 작용하고 있다. 죽은 자를 기리는 것이 그들의 고뇌와 회의감을 깎아내리게 된다. 하시카와가 발견한 것은 죽은 자의 미화가 내포하고 있는 이러한 기능이었다. 〈군기는 똥구덩이 아래에〉의 주제도 비슷한 문제의식과 연결된다.

조화調和에 대한 혐오

이는 후카사쿠 긴지 감독의 대표작인 도에이東映의 〈의리 없는 전쟁〉 시리즈1973~1974에 겹쳐볼 수도 있다.

1960년대부터 1970년대 초까지 도에이가 쓰루다 고지鶴田浩二, 다카쿠라 겐高倉健, 후지 스미코藤純子 등을 주연으로 내세워 〈일본협객전日本俠客伝〉, 〈쇼와잔협전昭和残俠伝〉, 〈붉은 모란 도박사緋牡丹博徒〉 등 의협 조폭 영화를 양산했다. 전통적인 인정공동체처럼 약자 편에 선 주인공이 강하고 악덕한 조직에 홀로 맞서 싸워 반드시 승리하는 전형적인 의리 휴먼스토리였는데, 연이어 흥행했다. 이에 반해 〈의리 없는 전쟁〉은 목적을 위해서는 수단과 방법을 가리지 않고 배신도 서슴지 않는 조직폭력배들의 약육강식의 모습을 그려내 화제를 모았다. 사람들은 기존의 의협 조폭 영화에서 정형화된 진부함을 감지하기 시작했고, 의협물은 단숨에 쇠퇴했다.

그것은 곧 관객의 기대에 맞춰서 조화성을 배제하는 것이기도 했다. 시나리오 작가 무라오 아키라村尾昭는 영화관에서 의협 조폭 영화를 보고

---

25 橋川文三,「靖国思想の成立と変容」,『中央公論』, 1974.10, 236~237쪽.

〈그림 5-13〉 영화 〈쇼와잔협전 당사자인의(昭和残俠伝 唐獅子仁義)〉(1969) 포스터

있을 때, '어떤 관객이 옆자리에 앉은 일행에게 "어이, 다음은 이렇게 될 거야"라고 말하자, 실제로 화면이 그대로 흘러가고, 그 관객이 "……거봐"라고 말하듯 얼굴을 마주보고' 있었다고 적고 있다.[26] 〈의리 없는 전쟁〉은 이런 종류의 예상을 뒤엎는 작품이었다.

이는 화면 속에서 '전쟁'과 '죽음'을 둘러싼 예상을 계속 뒤집는 〈군기는 똥구덩이 아래에〉와도 겹친다. 영화평론가 우류 다다오瓜生忠夫는 1974년 글에서 〈의리 없는 전쟁〉을 〈속편 군기는 똥구덩이 아래에〉라고 표현하면서 다음과 같이 평했다.

> 〈의리 없는 전쟁〉의 히로노 쇼조広能昌三, 스가하라 분타(菅原文太)가 〈군기는 똥구덩이 아래에〉의 도가시 군조에 다름 아니라는 점에 주목한다면 〈의리 없는 전쟁〉은 〈군기는 똥구덩이 아래에〉라고 해야 할 만한 작품이라는 것을 알 수 있다.
>
> 〈의리 없는 전쟁〉은 인의, 즉 도덕을 상실한 일본 사회에, 전쟁 중 황군을 방불케 하는 형식과 내용으로 발생한 도덕 상실 사회의 실록인 셈이다.[27]

하지만 〈의리 없는 전쟁〉에 비하면 〈군기는 똥구덩이 아래에〉는 이제는 별로 주목받지 못하는 작품이다. 1972년 『기네마순보キネマ旬報』 베스트10에서 2위를 차지하는 등 당시에는 높은 평가를 받았지만, 일본 국

---

26 村尾昭, 「「死んで貰いますっ!!!」この一言を書く為に」, 『シナリオ』, 1973.2, 94쪽. 의협 영화의 성쇠와 그 사회배경에 대해서는 졸저 『殉国と反逆』(靑弓社, 2007) 참조.

27 瓜生忠夫, 「高度経済成長と映画現況」, キネマ旬報社 編, 『世界の映画作家22 深作欣二・熊井啓』, キネマ旬報社, 1974, 51쪽.

내용 DVD는 2015년 가을까지 제작된 적이 없었다.[28] 또한, 그 때문인지 연구나 평론의 대상으로 거론되는 경우도 극히 드물었다.

후카사쿠 긴지 그 자신도 이 영화를 반드시 좋게 평가한 것은 아니었다. 이는 후카사쿠가 이 작품에 대해 이렇게 말하는 것에서 엿볼 수 있다. "휴머니즘적 감상주의로는 반전을 그려낼 수 없다는 것을 알면서도 거기에 빠져들었다. 의제민주주의가 형태만 남은 과정에서 계속되는 괴로움 같은 것들에 휘둘리면서도, 그래도 역시 이야기해야만 하는 그런 것을 그리고 싶었다……. 휴머니즘적 반전의 찌꺼기를 닦아내지 못한 것이 아쉬움으로 남는다."[29]

그러나 영화 〈군기는 똥구덩이 아래에〉에서 '전쟁의 기억'을 둘러싼 다양한 예상이 뒤집히는 프로세스는 개봉 후 약 반세기가 지난 오늘날에도 시사하는 바가 크다. 죽은 자에게 다가가는 듯한 미화가 반대로 죽은 자의 입을 막고, 조화로운 '계승'은 당사자들이 말하기 어려운 원한과 배경의 역사적 사실을 후경화한다. 이 영화는 관객의 예상을 비틀고 뒤집으면서 '전쟁 이야기'를 둘러싼 이러한 역설을 조명한다.

전후 70여 년이 지난 지금, '기억의 계승'에 대한 절박함은 많이 이야

---

28 VHS 비디오판은 1987년에 발매되었지만, DVD 제작은 〈도호・신도호 전쟁영화 DVD 컬렉션43 군기는 똥구덩이 아래에〉(2015.9.29, DeAGOSTINI)까지 기다려야 했다(참고로 미국판은 2005년에 제작・발매되었다). 다만, 2015년부터 아마존 프라임 등 인터넷 영상 서비스에서 시청할 수 있게 되었다.

29 斎藤正治,「深作欣二 人と作品」(『世界の映画作家 22 深作欣二・熊井啓』, 78쪽)에서 인용. 또 2000년 전후 인터뷰 중에서도 "이른바 반전 영화로 묶이기 쉬운 제작 방법이 되고 만 게 아닐까라는 조바심"이 일었던 점을 회상한다(深作欣二・山根貞男, 앞의 책, 214쪽).

기하지만, 회의적인 시각이 결여된 채 사자死者나 경험자를 칭송하는 것은 오히려 망각을 부추길 뿐이다. 그것은 종종 증언을 억압해 온 '유족에 대한 배려'와 다를 바 없다. 유족의 마음에 초점을 맞추면서 기억을 둘러싼 '의리 없는 전쟁'을 그린 이 영화는 오늘날의 '계승'을 둘러싼 욕망도 비추고 있다.

제 6 장

쓰루미 슌스케와
카운터 크라임의 사상

'준법'에 대한 의심

"『와다쓰미의 소리わだつみのこえ』를 쓴 사람은 매우 훌륭하다. 좋은 점이 있는 반면, 역시 뜨내기만도 못한 구석이 일부분 있는 것이 아닐지."[1] 쓰루미 슌스케鶴見俊輔는 1986년 와다쓰미회일본전몰학생기념회 하계대학 강연에서 이렇게 말했다.

1949년에 간행된 전몰학생유고집『들어라 와다쓰미의 소리를きけわだつみのこえ』은 연간 제4위1950 베스트셀러가 되었을 뿐만 아니라, 그 후도 증쇄를 거듭하며 베스트셀러가 되었다. 1982년에는 이와나미문고岩波文庫에 수록되어 '전쟁의 기억', '반전'을 말하는 데 있어 전형적인 지위를 획득하고 있다.

그러나 쓰루미 슌스케는 이러한 구절에서 떠오르는 학도병상에 회의적이었다. 전몰학생들과 동세대 전중파戰中派인 쓰루미는 미국 유학을 거쳐 전시기에 해군 군속으로 자바에서 지냈다. 제2차 와다쓰미회의 재건·운영에 야스다 다케시安田武 등과 함께 관여하고 있었다. 와다쓰미회는 거론할 필요도 없이『들어라 와다쓰미의 소리를』간행을 계기로 전 학도병이나 유족 등을 중심으로 결성된 반전 평화단체이다.

그럼에도 쓰루미는 왜 '반전'의 상징으로 여겨질 만한 학도병상에 거리를 둔 것일까? 이 장에서는 이 점에 주목하면서 쓰루미의 전쟁 체험론에 관해 생각해 보려고 한다.

---

1 다나카 히토히코(田中仁彦)는 쓰루미 슌스케가 1968년 '와다쓰미회·하계대학'에서 발언한 부분을 「世代の断絶と連帯」(『朝日ジャーナル』, 1968.8, 13쪽)에서 인용했다. 여기에서의 인용은 재인용.

'와다쓰미' 비판과 교양주의

『들어라 와다쓰미의 소리를』에 대한 비판은 베스트셀러가 된 간행 초기에도 볼 수 없었던 것은 아니었다. 특히, 패전을 30세 전후로 맞이했던 청년기에 자유주의와 마르크스주의 사상을 접하고 있던 전전파 지식인이나 그보다 윗세대에게는 이러한 경향이 현저했었다. 1913년에 출생한 아라 마사히토荒正人는 1949년에 『들어라 와다쓰미의 소리를』 논평한 문장에서 "이 수기를 남긴 청년들이 최고의 교육을 받았다고는 하지만 이 문장과 교육 등이 대체로 평화로운 시대의 중학교 상급생에 가깝다"라며 "초등학교 시절부터 전쟁의 소용돌이에 휩싸여 있던 그들의 교육수준이 그만큼 열악했다"는 것에 놀랐다.[2]

그리스 철학자 이데 다카시出隆도 「『와다쓰미의 소리』1950에서 무엇을 들어야 할까?」에서 "실로 내가 마음 아프게 생각한 것은 그 식견의 편협함이다. 널리 세계의 정세를 살피는 일은 거의 없다", "그들에게게서는 '나'라든가 '개성' 등의 자유와 고뇌는 있어도 전쟁에 휘말려 있던 세계전쟁의 전개를 통해 지배하고 있는 큰 법칙 그 자체가 전쟁을 지배하고 있다는 것을 '생각할' 여유는 없었을 것이다"[3]라고 적고 있었다.

이러한 가운데 교양이 부족한 학도병에 대한 비판적인 시선이 부상했다. 무엇보다 어느 의미에서는 당연했다. 전쟁이 끝난 시점에서 20세 전후의 학도병 세대전중파는 전시체제하에 청춘기를 보내고 있었다. 당시는 교양주의가 쇠퇴하고 있던 시기이고,[4] 그들이 자유주의와 마르크스주

---

2   荒正人, 「きけわだつみのこえ」, 『教育』 第3巻 第12号, 1949, 75~76쪽.
3   出隆, 「『わだつみのこえ」になにをきくべきか」, 『人間』 第5巻 第2号, 1950, 5쪽.

의에 접할 기회가 거의 없었다. 그래서 다수의 사상서·철학서에 접할 수 있었던 연장자 세대의 교양 체험과는 큰 격절이 있었다. 그만큼 그들은 교양이 풍부한 연장자 지식인들에게 '사변 후의 학생만주사변 이후에 청춘기를 보낸 세대'으로 불리고 그러한 '무교양'은 멸시받기 십상이었다. 아라 마사히토와 이데 다카시의 '와다쓰미'에 대한 비판도 전전파 지식인인 그들의 학도병 세대에 대한 이러한 인식에서 통하는 점도 있었다.

가해책임의 문제

그에 반해, 쓰루미의 전몰학도에 대한 위화감은, 다른 시각에 근거하고 있었다. 쓰루미는 「평화의 사상」1968에서 다음과 같이 기술하고 있다.

『들어라 와다쓰미의 소리를』은 전전에 어느 정도 군국주의 이외의 교양을 접할 수 있었던 학도병이 평화를 향한 마음을 드러내면서 전쟁에 몸을 바친 기록이다. 이들 학도병의 편지에는 평화로의 염원이 담겨 있음에도 평화롭던 시절에도 일본이 조선, 대만, 중국에게 지속해온 부당한 지배에 대한 자각과 반성은 볼 수 없다. 이는 학도병을 지탱했던 평화의 이념이 동적動的일 수 없었던 원인을 보여준다. 지난 15년 전쟁 이전의 평화가 어느 만큼의 굴종과 굶주림과 빈곤을 식민지 사람들에게 겪게 했는지? 또한 국내 사람들에게도 겪게 했는지? 이러한 측면에서 그들의 국가를 볼 수 있었다면 그들은 이 국가

---

4   게다가 자유주의와 마르크스주의 고전에 접하는 것은 어렵지만, 일본주의 고전을 통해 인격 도야와 생의 의미를 생각하려는 의도는 구 제국고등학교·제국대학에서 쉽게 볼 수 있다. 竹内洋·佐藤卓己 編, 『日本主義的教養の時代』, 柏書房, 2005 참조.

에 봉사하는 스스로 헌신의 기세를 미화하는 것으로 끝나지 않았을 것이다.[5]

여기서는 분명히 가해 책임과 식민주의의 문제에 대해 의식하고 있다. 1980년대 중반 이후가 되자, 와다쓰미회 내부에서도 학도병의 전쟁 책임이 적극적으로 거론되는데, 쓰루미의 논의는 이른바 그것을 20년 이상 전부터 앞선 것이었다.

무엇보다 졸저 『'전쟁체험'의 전후사』에서도 살펴보았듯이 이미 이시기부터 '피해자 의식'에 대한 비판은 어느 정도 보였다. 어떤 대학생은 와다쓰미회 주최 좌담회 '와다쓰미회의 오늘과 내일'1946에서 "와다쓰미회의 근저에 있는 하나는 피해자 의식이라는 것이 있다고 생각합니다만, 전쟁체험을 피해자 의식만으로 받아들이는 것에 매우 의문이 듭니다", "역시 자신이 책임져야 할 몫이 있지 않을까? 이러한 면을 모두 도외시하고, 전쟁에 놓여진 국민 전체의 입장을 지식인이 파악해 갈 수 있을지 아닐지?"라고 피력했다.[6]

이러한 논의는 전중파 세대에 대한 비판을 포함한 것이기도 했다. 야스다 다케시安田武를 비롯한 전중파 지식인은 말하기 힘든 고민과 치욕으로 가득 찬 전쟁 체험에 사로잡혀, 그것을 안이하게 '반전'의 정치주의로 결부시키는 것을 혐오했다. 그러나 베트남 반전운동과 대학분쟁에 관련 있던 젊은 세대에게 이러한 자세는 그들의 운동을 부인하고 전쟁 체험을

---

5   鶴見俊輔, 「平和の思想」, 『鶴見俊輔著昨集』 5, 筑摩書房, 1976, 150쪽. 초출은 『戦後日本思想体系4 平和の思想』, 筑摩書房, 1968.
6   座談会, 「わだつみ会の今日と明日」, 『わだつみのごえ』, 1964.2, 40쪽.

전중파가 점유하는 것처럼 비쳤다. 앞선 대학생의 '피해자 의식 비판'도 야스다 등의 전중파 세대를 염두에 둔 것이었다.

그것은 일면에서는 전쟁에서 손을 더럽힌 적이 없는 세대의 특권이기도 했다. 베헤렌베트남에 평화를! 시민연합 사무국장이었던 요시카와 유이치吉川勇一는 1971년에 "젊은 사람들의 비판을 듣고 있으면, 자신도 자기 비판하고 나서"라고 한마디 언급하고 마치 자신이 재일조선인의 입장이나 피차별부락민 입장에 섰던 것처럼, 다른 사람들에 대한 고발이나 규탄을 시작하는 듯한 경향"이 있던 점을 지적하고 있다. 작가 오다 마코토小田実도 "무거운 입을 열고 피폭자가 비로소 과거의 괴로운 체험을 이야기하려 하자, "당신은 가해자로서의 자신을 잊고 있다"며 목청껏 덤벼드는 젊은이의 주장"에 비판적이었다.[7]

회한과 비판의 결절

쓰루미의 '와다쓰미' 비판은 이와는 달랐다. 오히려 쓰루미의 논의는 전쟁기 자신의 체험과 회한에 뿌리를 두고 있었다. 하버드대학에 유학 중이던 쓰루미는 1942년 3월에 자신도 알 수 없는 스파이 혐의로 연방 경찰에 연행되었다. 일본계 미국인이 수용소로 보내지고 있었을 때, 쓰루미가 무정부주의 관계의 문헌을 읽고 있었던 것이 하나의 요인이었다고 여겨진다. 다만, 쓰루미는 거기서는 반전을 주장할 수는 없었다. 3개월간 수감 후 일본으로 송환되자, 쓰루미는 징병검사를 받고 해군 군속

---

7   小田実, 『「ベ平連」・回顧録でない回顧』 3, 1995, 52~53・544쪽. 요시카와 유이치의 발언은 동 서적에서 재인용.

으로 자바로 보내졌다. 당연히 그곳은 쓰루미가 학창시절을 보낸 미국과
는 완전히 이질적인 환경이었다. 쓰루미는 이 시기의 일을 회상하며, "미
국의 감옥보다 일본의 일반 사회가 무섭다. 하물며 군대라는 곳은 너무
무서운 곳이어서 나는 나의 반전사상을 입 밖으로 낼 수 없었다"라고 기
술하고 있다.[8]

쓰루미는 그곳에서 위안소 일을 담당하게 되었고, 또한 돈을 벌러 온
중립국 인도 남성 2명이 '스파이 혐의'로 처형되는 것도 보고 있었다. 이
에 반대하면, 총살 등 신변에 위험이 미칠 수밖에 없었다고는 하지만, 그
곳에서 아무것도 할 수 없었던 것은 쓰루미에게 깊은 회한을 안겨주었다.

미국에서 학창시절을 보낸 만큼, 쓰루미는 "제2차 세계대전에서의 일
본 입장이 옳다고 생각한 적이 없고, 일본이 지는 것 외에는 다른 종말을
생각할 수 없었다"면서도 "전쟁 반대를 위해 어떤 행동을 실행하는 일"
도 없었다.[9] 당시의 심경에 대해 이후 다음과 같이 회상하고 있다.

그것은 나태하거나 물리적 용기의 결여라는 것과도 조금 달랐다. 이는 물리
적 고통으로 크나큰 고통을 겪었고, 어찌되었든 견뎌냈고, 군으로부터 주어
진 잡일을 필요 이상으로 부지런히 했기 때문이다. 자신이 믿지 않는 전쟁목
적으로 인해 그 일이 직접적으로 살인과 관련이 없다고는 하나, 부지런히 일
하는 자신이 바보같으면서도 어쩔 수 없었다. 이렇게 근면하게 일한 것이 정

8   鶴見俊輔,「わだつみ・保安・ヴェトナムをつらぬくもの」『わだつみのこえ』, 1968.8, 2쪽.
9   鶴見俊輔,「すわりこみまで」,『鶴見俊輔著作集』5, 筑波書房, 1976, 93쪽. 초출은『朝日
     ジャーナル』, 1966.8.14.

부의 명령에 어긋나는 행동의 방향으로는, 향하지 않았다. 이러한 행동의 기동력이 되기에는 정신의 계기가 결여되어 있었다.[10]

쓰루미의 '와다쓰미' 비판은 "근면한 일이 정부의 명령에 어긋나는 행동의 방향으로는 향하지" 못한 것에 대한 회한에 젖어 들게 했고, 비판의 화살은 자신에게도 향해지고 있었다.

카운터 크라임

거기서 발견된 것은 '카운터 크라임counter crime'이었다.[11] 쓰루미는 식민지 점령지 주민들에게 폭력을 행사하고 학도병들을 뜻하지 않은 전투의 희생으로 몰아가는 국가범죄를 '원범죄原犯罪, original'로 규정한다. 반면 그러한 국가의 원범죄에 저항하는 범죄를 기어이 저지르는 것을 '카운터 크라임反犯罪, counter crime'이라고 표현했다. 게다가 학도병들은 "카운터 크라임 의식을 갖고 일어서는 것이 당연한 것이다. 그렇게 하지 않았다면, 자신이 국가의 원범죄에 가담하게 된다는 의식"이 결여되어 있었던 점을 쓰루미는 지적한다.

그들 한 사람 한 사람이 비행기에 타고 돌진해 갔기 때문에 용기가 필요했겠지요. 그러나 그 안에는 모종의 정신의 비겁함이라는 것이 숨겨져 있었던 것도 사실입니다. 자기 혼자 서서 국가를 상대로 카운터 크라임을 일으키려는

---

10   위의 글.
11   鶴見俊輔, 「戦争と日本人」, 위의 책, 136쪽. 초출은 『朝日ジャーナル』, 1968.8.18.

자세가 그들에게 결여되어 있었다. 이는 육체적인 용기가 없어서가 아니라 모종의 정신적 용기가 없어서입니다.[12]

쓰루미에게 특별공격대로 떠나는 학도병의 '육체적 용기'는 '카운터 크라임'을 일으킬 수 없는 '정신의 비겁함'의 표현이었다.

그렇다면 이들이 '카운터 크라임'을 일으킬 수 없는 이유는 무엇이었을까? 이는 학생들의 '우등생' 기질과 그에 기인하는 '준법정신'이었다. 제5장에서도 언급했듯이 쓰루미는 「전쟁과 일본인」1968에서 "그들은 아마 초등학교 시절부터 줄곧 우등생이었겠지요. 늘 법에 복종해 왔습니다. 자신은 칭찬 받는 사람이 되고 싶은 모종의 유혹을 물리칠 수 없었다. 유혹과 싸운다는 것은 상당히 어려운 일입니다"라고 피력하고 있었다.[13]

쓰루미는 항상 '우등생'이었던 학도병들의 자부심 안에 의심을 품으면서도 이것을 밝혀내지 못하고 국가의 요청에 부응함으로써 삶의 의미를 부여하려는 기제를 찾아내고 있었다.

우등생과 교양의 규범

'우등생'을 부정적으로 보는 자세는 보기에 따라서는 교양주의와 중첩되는 측면도 있었다. 교양주의는 학교가 정한 커리큘럼과는 별도의 독서를 중요하게 여겼다. 즉 시험공부나 취업 같은 실리를 위한 독서가 아니고 어디까지나 동서고금의 문학·철학·사학 고전 읽기를 통한 인격도

---

12   위의 책, 139쪽.
13   위의 책.

야의 규범이 교양문화 가치관의 근저에 있었다.[14]

이는 구제고등학교에 입학하기 위해 혹독한 수험공부를 거쳐온 학력 엘리트들이 '공부벌레는 아니다'는 것을 자신에게 제시하기 위한 수단이었다. 교양주의에서도 인격주의나 마르크스주의 나름의 문헌 독파라는 비공식적이면서도 확고한 커리큘럼이 존재했고, 그곳에서의 독서는 '공부벌레'적인 행위이기는 했다. 그러나 적어도 교양주의자나 그 영향권에 있던 학생들은 '우등생'인 것에 부정적인 태도를 취하고 있었다. 교양은 이들이 학력 엘리트이면서도 '공부벌레'가 아님을 암시하는 겉치레였다.

게다가 '카운터 크라임'을 중시하는 자세도 일면에서는 교양주의로 이어지는 것 같지도 않았다. 자기 성찰과 반성에 중점을 둔 다이쇼 교양주의에 반해 다이쇼大正 말기와 쇼와昭和 초기에는 사회민주주의·공산주의의 영향을 받은 교양문화를 볼 수 있었다. 이른바 마르크스주의적 교양주의나 가와이 에이지로河合榮治郎에 이끌린 쇼와 교양주의가 그것에 해당한다. 이들은 사회개량을 위한 지향성이 결여된 다이쇼 교양주의에 비판적이었다. 또한 전후, 반전운동에 가까이 있던 대학인·학생도 정치와의 결부에 부정적인 올드 리버럴리스트다이쇼교양주의 지식인와는 대립적인 관계에 있었다.[15]

이러한 관점은 전몰학생에 대한 부정적 평가로도 이어졌다. 이데 다카시는 앞서 「와다쓰미의 소리」에서 전몰학생의 '좁은 시야'를 지적하

---

14 전전·전후의 교양주의에 대해서는 竹内洋, 『教養主義の没落』, 中公新書, 2002에 상세하게 나온다. 전쟁체험(론)과 교양의 규범 접합에 관해서는 졸저의 『戦争体験の戦後史』(中公新書, 2009) 및 『焦土の記憶』(新曜社, 2011)을 참조.

15 졸저 『「戦争体験」の戦後史』, 2009.

고, 전쟁의 사회과학적인 요인에 생각이 미치지 못하는 그들을 비판하고 있다. 이러한 인식은 전몰학생에서 '카운터 크라임'의 결여를 발견한 쓰루미의 논의와도 표면적으로는 유사한 면이 있었다.

'준법'으로의 위화감

그러나 쓰루미의 시점에서 본다면, 오히려 전후 마르크스주의적 교양이나 이데 다카시 등의 논의는 비판의 대상이 될 것이다. 쓰루미가 말하려는 것은 '카운터 크라임'을 선택하는 것은 예를 들어 "기독교라서 안 되기 때문에 역시 마르크스주의로 가야겠다며 안이하게 환승하는" 것은 아니다.[16] 그래서 '법' 자체가 바뀌었을 뿐 '준법정신'은 여전히 유지되고 있다. 쓰루미는 전전·전후 교양주의에 대해 언급하지는 않았지만, 전쟁 중에 국가에 이의제기를 하지 않았을 뿐만 아니라, 전후 그들이 신봉한 마르크스주의 관점에서 전몰학생들을 단죄하는 입장은 아무리 봐도 '카운터 크라임'보다는 '준법정신'에 가까운 것이었다.

애초에 '와다쓰미'의 교양 부족을 지적했던 이데 다카시 등은 전시기에는 전의를 고취하는 논의를 적지 않게 했다. 이데 다카시는 1944년 3월에 『시인 철학자』를 출판했는데 모두 에세이 「서문을 대신하여 ― 이별의 물잔을 출진하는 학도 제군에게 바친다」에서 학생으로 출정하는 대학생들에게 말하고 있다.

---

16 鶴見俊輔, 앞의 책, 1976, 142쪽.

이제 아무것도 할 말이 없다. 다만 원하는 바가 하나 있다. 여러분, 아름답게 전사해 주게. 이것이 나의 단 하나의 소망이다. 플라톤은 진정한 최대의 학문을 죽음의 준비이고 죽는 연습이라고, 죽음의 날 소크라테스로 하여금 말하게 하고 있다. 여러분은 특히 가장 진정한 학문을 갈고 닦은 제군이다. 지금까지 여러분은 죽음의 준비를, 죽는 예행연습을 해 오신 것이다. 여러분은 이미 아름답고 값진 죽음에 대한 준비가 충분하다. 위대한 삶이 다할 때까지 죽는 예행연습은 이제 막을 내린다. 이제 실지實地에서 아름답고 명예로운 죽음을 맞이하길 바라네.[17]

이테 다카시는 1963년에 기록한 자서전에서 '애국자를 자처한 소크라테스'가 발호하는 전시하에서 자신이 생각하는 바를 '진정한 소크라테스'처럼 당당하게 말하지 못한 안타까움을 피력했다.[18] 다만, 이 기술에서는 앞으로 출정할 학생, 즉 '와다쓰미'를 향해 국가가 명하는 대로 독배를 부채질하는 소크라테스를 기리고 있다. 전전과 전후에는 전쟁에 대한 평가가 다르지만, 그것도 말하자면, 그때그때의 '옳음'에 따른 '우등생'적 사고라는 점에서 공통적인 것이었다.

전후의 '옳음'을 내세우는 '우등생'에 대한 반감은 다른 전중파에서도 적지 않게 볼 수 있었다. 1922년생 쓰루미보다는 어린 나이지만 전쟁 말기를 육군 유년학교생도로서 지낸 문학자 가가 오토히코加賀乙彦, 1929년생는 복귀 후 구 제국도립고등학교로 전입학했는데, 당시의 일을 회상하면

17   出隆, 『詩人哲学者』, 小山書店, 1944, 9쪽.
18   出隆, 「出隆自転」, 『出隆著昨集』 7, 勁草書房, 1963, 489쪽.

서 "자신이 전쟁 중에도 '군학교 학생이 아니라' 고등학생이었다는 것만으로 반전주의자라고 자칭하며 짓궂게 나를 추궁하는 학우들의 모습"에 대한 위화감을 담고 있다. 또한 가가는 천황제 비판을 하는 공산주의자들에게 일정한 공감대를 가지는 한편, "자신들의 그룹을 한층 우월한 사람으로 자칭해 다른 사람을 깔보는 태도, 너무 자신감 넘치는 치졸하고 졸렬한 언동"으로부터는 '전쟁 중의 군대와 유사한 징후'를 발견하고, 혐오감을 갖게 되었다.[19] 전후 '반전'의 규범은 전전·전후를 관통하는 '준법정신'이나 '우등생 기질'과도 구분하기 어렵게 연계되어 있었다.

'와다쓰미'와 '베트남'의 가교

'카운터 크라임'의 문제를 다루는 쓰루미의 논의는 전쟁기를 생각하는데 머무르지 않았다. 그것은 동시에 당시 베트남 반전운동을 묻는 것이기도 했다. 쓰루미는 '베트남에 평화를! 시민연합'베헤렌 활동을 통해서 오다 마코토 등과 함께 베트남전쟁을 반대하는 운동이나 탈영 미군 지원을 진행하고 있었다. 그래서 쓰루미가 염두에 둔 것은 운동을 단순히 '베트남 사람들이 불쌍해서라는 정도'의 '휴머니즘'에서 어떻게 실행력과 지속력 있는 것으로 바꿔 갈 수 있을지에 대한 과제였다.

지금의 단순한 휴머니즘, 단순한 인도주의가 안 되는 것이 아니라 전쟁의 책임은 누가 짊어질 것인가? 나는 어느 정도 짊어질 것인가? 그런 식의 문제 자

---

19   加賀乙彦, 『戦争ノート』, 潮出版社, 1982, 111~113쪽.

각과 이 문제를 제기할 용의, 누군가가 전쟁 책임을 추궁하면, 반드시 나에게도 되돌아올 것이고, 모두가 좋은 얼굴로 마주할 일은 없다. 그것을 굳이 재검토할 각오가 된다면, 이는 인도주의 그대로 매우 지구력 있는 반전운동이 될 것이다.[20]

쓰루미 슌스케는 「와다쓰미·안보·베트남을 관통하는 것」1968에서 이렇게 논하고 있다. '단순히 휴머니즘'을 '상당한 지구력을 갖춘 반전운동'으로 가교를 하기 위해 필요한 것은 국가의 '원범죄'에 자신이 어느 만큼 관여하고 있는 것인지, 즉 자신의 전쟁책임을 묻는 '각오'였었다. 탈영 미국 병사라면, '자신들이 이만큼 부유한 국가이면서도 왜 베트남에 쳐들어간 것인지'라는 문제로부터 '자신들의 책임', '자신들의 정부 책임'을 추궁하는 것이었다. 일본인이라면, 미군에 대한 시설 제공이나 후방 지원의 형태로 어떻게 베트남전쟁에 관련되어 있는가를 되묻는 것이었다.

준법정신으로의 의문 제기

이렇듯 자신을 향한 물음을 가능하게 한 것이 '준법정신'에 대한 문제 제기였다. 쓰루미 슌스케는 미국 대사관이나 수상관저에서 농성을 벌이는 의도에 대해, "앉아서는 안 된다는 곳에 가서 앉고 싶다. (…중략…) 앉음으로써 어떤 것에 의해 어떤 틀로 키워져 온 자신의 준법 감각이라는 것을 때로는 파괴해 간다. 그것의 필요성을 느낀다. 즉 준법으로서의 반

---

20   鶴見俊輔, 앞의 책, 1968.8, 8쪽.

사를 항상 새롭게 타파하기 위해 이러한 일을 하고 싶다"[21]고 피력하고 있다.

바꾸어 말하면, 베트남 반전운동의 고조 속에서 쓰루미는 "와다쓰미의 편지에 있는 것과 마찬가지로 함정에 빠져버린" 것에 대한 위기감을 느끼고 있었다. 쓰루미는 1968년 와다쓰미회 하계대학 강연에서 다음과 같이 말하고 있다.

와다쓰미는 아름답지만요. 여기에 있는 모든 것 모두가 아름답지만, 법을 파괴하는 것을 두려워하지 않을 것이고, 뜨내기조차도 지금 갖고 있는 것을, 갖고 있지 않은 자가 있거든요. 뜨내기가 모든 면에서 『와다쓰미의 소리』를 쓴 사람보다도 훌륭하다라는 건 아닙니다. 『와다쓰미의 소리』를 쓴 사람은 매우 훌륭하다. 그러나 좋은 점이 있는 반면, 역시 뜨내기만도 못한 구석이 일부분 있는 것이 아닐지.[22]

쓰루미는 『들어라 와다쓰미의 소리를』을 모두 부정하는 것이 아니다. 죽음을 앞에 두고 승화되었던 심정의 '미美'를, 어떻든 인정하고 있다. 그럼에도, 엘리트 학생들에게 "뜨내기만도 못한 일부분"이 있었던 점을 진지하게 보고 있었다. 그 일부분은 학도병이나 전투지역 주민에게 '15년 전쟁'의 참화를 가져온 것이었고, 나아가 베트남 반전운동의 성패를 결정짓는 것이기도 했다.

---

21 鶴見俊輔, 앞의 책, 1976, 142쪽.
22 田中仁彦, 「世代の断絶と連帯」, 『朝日ジャーナル』, 1968.8, 13쪽에서 재인용.

전중파의 정념과 규범의 상대화

'승려의 회坊主の숲' 운영도 이러한 사고의 연장선상에 있었다. 전중파 세대인 쓰루미 슌스케, 야스다 다케시, 야마다 무네무쓰山田宗睦 세 사람은 1962년부터 15년에 걸쳐 매년 8월 15일에 모여 이발소에 가서 이 중 한 사람이 승려머리를 하는 행사를 지속하고 있었다.

삭발하는 것은 "전쟁에서의 일을 하루만이라도 떠올리려는 마음"이 근저에 있었다. 다만, 쓰루미는 "머리카락이 자라기까지 3개월 정도, 지금 시대에 녹아들지 않는 묘한 느낌이 찾아온다. 이렇게 살아가도 괜찮은지 하고, 어쩔 수 없이 하루에도 여러 가지 시각으로 생각한다"는 점을 중시하고 있었다. 그것은 곧 "준법의 반사"를 부수는 것으로 이어지는 것이었다.[23]

1931년부터 1945년에 걸쳐 중국 침략으로 시작되는 15년간의 전쟁을 독려한 사람들은 패전이 되었음에도 현재도 그대로 일본 정부의 지도자로서 이 나라를 움직이고 있다.

이 사람들의 명령에 분명하게 서서 '싫다'고 말하지 못하고 전쟁에 나갔을 때의 나 자신의 모습을 까까머리는 이제 다시 한번, 나에게 되돌려 준다. 까까머리·벌거벗은 모습으로 징병관 앞에 섰을 때의 나. 그 무력한 나에게서 어느 만큼 지금, 떨어져 있는가? 펜으로 평화에 대해 현재 쓸 수 있다고 해도, 그런 것으로 그때의 무력한 내가 지금은 다른 내가 되어 있다고는 말할 수 없

---

23   鶴見俊輔, 「坊主」, 『鶴見俊輔著昨集』第5卷, 筑波書房, 1976, 376쪽. 초출은 『蛍雪時代』, 1971.8.

다. 마지못해, 불안한 벌거벗은 나를 내 안에 불러들여, 그러한 불안과 무력한 나인 채로 조금 더 분명하게, 이 무자비한 전쟁 세력에게 돌아가길 원한다.[24]

쓰루미는 『형설시대螢雪時代』 1971년 8월호에 모여진 에세이 「승려坊主」에서 이렇게 적고 있다. 전후 가치규범하에 "펜으로 평화에 대해 현재 쓸 수 있는" 상황에 안일함을 느끼기보다는 "불안과 무력한 자신"을 직시한 후, 상황에 맞설 수 있는 방법을 구상하고 있었다.

'승려의 회'는 1976년에 끝났지만, 그 후에도 쓰루미와 야스다, 야마다는 매년 8월 15일에 이즈伊豆 등에 모여 숙박하며 전쟁체험이나 전후 상황에 대해 대화하는 것을 정례화했다. 이 기록은 야스다 다케시의 지인들이 발행한 동인지 『이비루以悲留』야스다 다케시를 추모하는 회에 게재되고 있다. 1982년 모임에는 야스다 다케시가 전날 39도의 고열에도 무리하게 참석했었다. 야스다를 포함해 이들 세 사람이 어느 만큼 이 모임을 중요하게 여겼는지 짐작할 수 있다. 그것도 '평화'로운 전후에, 위화감을 지속적으로 확인하는 행위였을 것이다.

쓰루미가 '승려'라는 문장을 공식화한 지 약 반세기가 지났다. 미일안보체제는 '미일동맹'으로 익숙해지고, 집단적 자위권 행사가 용인되어가고 있다. 대학은 '선택과 집중'이라는 이름으로 신자유주의에 맡겨져 비판적 지식이 아닌 '실학'이나 '글로벌 인재'에 무게가 실리고 있다. 일찍이 '동맹국 독일'이 외쳐지고, 전시체제에 이바지하는 이공계 실용지

---

24   위의 책.

〈그림 6-1〉 마지막 '승려의 회'(1976.8.15). 왼쪽부터 야마다 무네무쓰(山田宗睦),
혼자 있는 야스다 다케시(安田武), 쓰루미 슌스케(鶴見俊輔)

가 우선시되던 시대를 어디선가 방불케 한다. 이러한 시대의 '옳음'에 대한 위화감이 지속되는 가운데, '카운터 크라임'을 스스로의 용감함에 취하지 않고 어떻게 구상해나갈 것인가?

"일 년에 한 번 까까머리 행사에 내가 의탁하는 것은 펜 위에서의 호언장담에서 벗어나려는 나의 심정에서 비롯한다."[25] 앞의 인용에 이어 이 구절은 전시기나 베트남 반전을 둘러싼 물음이면서 '포스트 전후 70년'과 관련된 물음일 것이다.

---

25 위의 책.

제3부

사회의 역학

'무난함'의 전경화와 현대

제 7 장

가고시마 · 지란

'평화의 고귀함'과 탈역사화의 현대

과거 육군특공대 기지가 있던 가고시마현鹿児島県 지란知覧은 현재 미나미큐슈시南九州市로 전적지戦跡地 관광지로서 많은 방문객을 불러 모으고 있다. 그중에서도 지란특공평화회관知覧特攻平和会館은 그 중심적인 존재이다. 특공대원들의 유서와 유품을 전시한 이 자료관은 매년 방문객이 60만 명을 넘어서는 일도 드물지 않다. 2003년에는 73만 5천 명을 기록했고, 2016년 발생한 인근 구마모토熊本 지진의 영향으로 최근에는 40만 명 미만으로 떨어졌지만, 그 이전 3년 평균은 약 52만 6천 명이다.[1] 이 숫자는 교통이 편리한 히로시마평화기념자료관2016년 : 174만 명에 비할 바는 아니지만, 기존에 수학여행객이 많이 찾는 나가사키원폭자료관2016년 : 68만 명과 오키나와현沖縄県 이토만시糸満市의 히메유리평화기념자료관2016년 : 58만 명의 연간 관람객 수에 필적하는 수치이며, 도쿄 구단九段에 있는 쇼와관昭和館, 2016년 : 35만 명의 그것을 크게 웃돌고 있다.

지란은 주변에 눈에 띄는 관광지도 없고, 무엇보다 교통편이 좋지 않은 위치에 있다. 가고시마 시내에서 차로 1시간 30분 정도 소요되며, 지금도 대중교통으로는 노선버스가 하루에 8대 정도밖에 없다. 오키나와 이토만시의 히메유리평화기념자료관은 그렇다 치더라도, 도심에 가까워 전철이나 지하철로 갈 수 있는 히로시마평화기념자료관이나 나가사키원폭자료관, 쇼와관과는 큰 차이가 있다. 그런 점을 감안하면, 그 방문자 수가 눈에 띈다. 그렇기에 '특공의 도시 지란'이라는 표현이 인구에 회자되고 있다.

---

[1] 미나미큐슈시, 「지란특공평화회관 입장객 수」(2013년도, 미나미큐슈시 제공) 및 시 관광과에 전화로 문의한 결과(2018.8.17)에 의함.

하지만 지란이 전후 초기부터 특공대 전적지였던 것은 아니다. 지란은 전쟁 이전부터 전국 굴지의 차茶 산지였던 만큼, 태평양전쟁 개전과 동시에 개소된 육군 비행장은 종전 후 곧바로 철거되어 일찌감치 차밭과 고구마밭으로 '복원'되었고, 1955년에는 특공평화관음당特攻平和観音堂이 건립되었는데, 그것은 어디까지나 과거 육군 항공 부문의 최고위층 제례의에 따른 것일 뿐 지역에서 널리 받아들여졌던 것도 아니고, 위령제와 같은 행사가 『조호町報』에 크게 다뤄지지도 않았다.

애초에 특공 출격은 지란 주민의 전쟁 체험이 아니다. 오키나와 전쟁은 오키나와 주민들이 폭넓게 경험한 것이고, 피폭 경험도 히로시마-나가사키 시민들에게 널리 공유되고 있었다. 이에 반해 지란의 경우, 육군 특공기지가 있었다고는 하지만 현지 주민들이 출격했던 것은 아니다. 특공 출격한 것은 어디까지나 전국 각지에서 모인 육군 파일럿들이었다.[2] 그렇다면 지역 주민의 경험도 아닌 것이 왜, 그리고 언제부터 '지역의 전쟁 기억'이 된 것일까?

물론, 전쟁 시기에 특공기지가 있었던 만큼 특공 출격과 지역 사회가 무관했던 것은 아니다. 기지 근로동원에 지역의 구제旧制 중학생·고등여학생들이 내몰리거나 특공대원들이 기지 인근 식당에서 휴가를 보내는 일도 많았다. 하지만 지란에서 이야기되는 것 중 압도적으로 많은 것은 특공대원 출격을 둘러싼 일이지, 근로동원과 같은 지역 주민의 체험은 아니다.[3]

더 나아가 그 '기억'의 모습은 결코 단일한 것이 아니다. 2015년 미나미큐슈시구 지란초(知覧町)는 특공대원 유서의 세계기록유산 신청을 앞두고 아우슈비츠수용소 유적이 있는 오시비엥침시폴란드 남부와 우호협정을 맺으려 했다. 함께 '평화'를 외치는 도시라는 것이 그 이유였는데, 특공대원 유족들의 거센 항의로 실현되지 못했다. 그 찬반은 차치하고서라도, 거기에는 '특공의 기억'을 둘러싼 지란미나미큐슈시과 유족의 괴리를 발견할 수 있다. 그렇다면 지란이 '특공의 고장'으로 널리 알려지게 되는 가운데, '기억'을 둘러싼 어떤 부조화가 나타난 것일까? 그것은 전적지 관광 속에서 어떻게 회수된 것일까?

이 장에서는 이러한 물음을 염두에 두고 지란이 특공전적지로서 만들어지는 과정과 거기에서의 기억의 뒤틀림을 역사사회학적으로 검증한다. 그리고 히로시마나 오키나와 등의 전적지 구축과정과 비교 대조하면서 현대 일본에서의 전적지 관광의 정치학을 부각시키고자 한다.[4]

---

2   伊藤純郎, 『特攻隊の〈故郷〉』, 吉川弘文館(歴史文化ライブラリー), 2019. 또한 특공대원이 처한 상황과 당시 국민의 인식에 대해서는 『特攻隊員の現実』(一ノ瀬俊也, 講談社現代新書, 2020)에 상세히 나와 있다.

3   특공대원과 지역 주민의 교류에 대해서는 종종 이야기되지만, 거기서 무게가 실리는 것은 '주민이 특공대원을 접했다'라는 체험이 아니라 그들이 들은 (것으로 여겨지는) 특공대원의 체험이나 심정이다. 그런 의미에서 지역 주민들이 체험한 일이 많이 이야기되는 히로시마, 나가사키, 오키나와, 혹은 도쿄 공습 등의 '기억'과는 분명히 이질적이다.

4   전후 일본에서 전적지(및 전적지 관광)가 어떻게 구축되었는지, 그것이 전쟁 체험의 '계승'과 '단절'에 어떻게 관련되었는지에 대한 역사적, 실증적 연구는 아직 미흡한 편이다. 전적지를 둘러싼 지역의 '전쟁의 기억'이나 위령 실천에 대해서는 종교학, 문화인류학, 지리학에서 일정한 축적이 이루어지고 있다. 거기에서는 기념비 건립이나 위령을 둘러싼 실천에 초점을 맞추어 지역에서의 추모의 의미 변용 등에 대해 고찰하고 있다(北村毅, 『死者たちの戦後誌』, お茶の水書房, 2009; 西村明, 『戦後日本と戦争死者慰霊』, 有志舎, 2006; 栗津賢太, 『記憶と追悼の宗教社会学』, 北海道大学出版会, 2017; 上杉和央, 「記憶のコンタクト・ゾーン—沖縄の「慰霊空間の中心」整備をめぐる地域の動向」, 『洛北史学』, 第1号, 2009 등). 포스트콜로니얼 연구나 역사학 등의 관점에서 전후 일본

지란 전적지의 구축과정에 대해서는 이미 저자의 졸저 『'전적'의 전후사「戦跡」の戦後史』岩波現代全書, 2015에서도 고찰한 바 있다.[5] 그러나 이 책에서는 위와 같은 1990년대 이후의 동향은 다루지 못했다. 후술하겠지만, 1970년대까지의 지란 전적지 관광은 대체로 전우회나 유족 관계자들이 주축이 된 반면에 1990년대 이후부터는 수학여행이나 일반관광 방문객이 대다수를 차지하게 되었다. 그렇다면 거기에는 어떤 연속성과 불연속성이 있는 것일까? 거기에는 어떤 사회적 배경이나 미디어전기 붐, 영화 등의 영향이 작용했을까? 이를 염두에 두면서 특공전적지의 구축과정을 살펴보고자 한다.[6]

　　의 전적지와 그에 얽힌 기억의 정치학을 고찰한 연구도 적지 않다(米山リサ, 『広島 記憶のポリティックス』, 岩波書店, 2005; 長志珠絵, 『占領期·占領空間と戦争の記憶』, 有志舎, 2013 등). 그러나 전후 일본의 주요 전적지가 어떤 과정을 거쳐 '의미 있는 것'으로 발견되었는가. 이에 따라 일대의 공간은 어떻게 정비되고 변용되었는가. 거기에 미디어와 사회 상황이 어떻게 관련되어 있었는가. 이러한 변용 과정과 사회적 역학에 대해서는 사료에 근거한 충분한 검증이 진행되고 있다고 말하기 어렵다. 전적지는 지역이나 위령 행사와의 관계만으로 만들어지는 것이 아니라, 미디어에서의 보도나 대중문화에서의 표상과도 밀접하게 연관되어 있으며, 그곳에서의 이미지를 때로는 내면화하고 때로는 역수입하면서 전적지는 구축되어왔다. 밝혀야 할 것은 그 역사적 변용 과정과 사회적 메커니즘이다(또한 졸저인 『「戦跡」の戦後史』(岩波現代全書, 2015)는 이러한 관심에 기초한 것이다). 이러한 문제의식으로부터 이 장에서는 지란의 전적지를 사례로 '미디어와 사회적 배경이 어떻게 관련되면서 어떻게 전적지가 구축되어왔는가'라는 점에 초점을 맞추어, 전후 일본에서 전적지가 구축되는 사회적 역학을 역사사회학적으로 검토한다.

5　　이외 지란의 특공전적지 관광을 미디어사연구·관광사회학·문화사회학의 관점에서 고찰한 것으로는, 『「知覧」の誕生』(福間良明·山口誠 編, 柏書房, 2015)을 참고할 수 있다.

6　　미디어와 지역 사회(및 글로벌 국제관계)가 관여하면서 전적지와 관광이 만들어지는 과정에 대해서는 괌의 전적지 관광을 다룬 『グアムと日本人』(山口誠, 岩波新書, 2007)이 있다. 또한 미디어와 지역 사회의 상호 작용의 관점에서 전후 일본의 전적지 역사를 다룬 것으로는 졸저 『「戦跡」の戦後史』를 들 수 있다. 이 책에서는 히로시마, 오키나와,

1. 망각되는 '특공'

유구遺構의 매몰

1942년 3월, 지란초에 다치아라이太刀洗 육군비행학교 지란 분교소가 개소했다. 사쓰마薩摩 반도의 남단에 위치한 이 시설은 일본 본토 최남단의 육군 항공기지였다. 그러한 이유도 있어서 오키나와전 당시 많은 특공대가 출격했다. 그 수는 오키나와전에서의 전체 특공 전사자 1,036명육군 중 40%가 넘는 439명중계기지가 된 도쿠노시마(德之島), 기카이지마(喜界島)를 포함에 달한다. 지란은 말 그대로 전쟁 말기 최대의 육군특공대 기지가 되었다.[7]

그렇다고 하더라도 앞서 설명했듯이 특공 출격한 것은 어디까지나 육군 조종사들이지 지란 주민들은 아니었다. 물론 기지 내 근로동원에 동원된 주민은 적지 않았다. 하지만 어디까지나 이들의 전쟁 체험은 기지에서의 작업이나 공습을 피해 도망치려고 이리저리 헤맸던 체험이지 특공 출격은 아니다.

지란의 전적지 구축과정을 비교 검토하고 있다. 이 장에서는 이 두 책의 관점을 바탕으로 지란 전적지의 구축과정과 그 현대적 파급효과에 대해 논의해 나간다. 또한 이 장에서는 주로 전후 초기부터 1970년대 중반까지의 시기와 1990년대 이후의 시기에 초점을 맞춘다. 지란특공평화회관이 개관되는 1980년대 시기도 중요하지만, '특공'이 지역의 기억으로 이미 성립되어 있다는 점에서 저자는 1970년대 중반 이후부터 큰 질적 변화는 없을 것으로 판단하고 있다. 오히려 이 장 후반에서 논의하겠지만, 전우회에 의한 위령 관광이 급격하게 감소한 1990년대 이후 질적인 변화를 볼 수 있다. 이러한 점에서 이 장에서는 '특공'이 지역의 기억으로 자리 잡게 되는 1970년대까지의 시기와 1990년대 이후를 주로 다루기로 한다. 1980년대 등 이 장에서 충분히 다루지 못한 시기의 변화에 대한 자세한 내용은 향후 과제로 삼고자 한다.

7 知覧特攻慰霊顕彰会 編, 『魂魄の記録』(2014) 및 지란특공평화회관의 홈페이지(https://www.chiran-tokkou.jp/summary.html) 참조.

〈그림 7-1〉차밭과 고구마밭, 자동차 교습소로 변모한 옛 지란 기지터(1965)

　　원래 지란초와 특공대 기지는 전시기에 있어서 조화적인 관계성에

있던 것은 아니다. 실제로 지란초 상층부 중에는 기지 유치에 열성적인

사람도 없지 않았다. 비행장이 건설되면 경제가 활성화되고 일자리 창출

도 기대할 수 있기 때문이다. 그러나 그것은 동시에 차 산업 종사자들에

게는 타격을 의미했다.

　　1934년 전국 품평회에서 농림대신상을 수상하고, 1938년에는 지란

의 홍차가 천황에게 헌상되는 등 지란은 일본 유수의 차 산지였다. 육군

비행장이 건설되는 기사누키바루木佐貫原에는 농림성 지정 홍차 시험을

맡고 있던 현립지란차업분장県立知覧茶業分場이 있었다. 이는 당연히 항공

기지 건설에 따라 이전 또는 폐업을 강요받았다.[8] 육군이 제시한 토지 매

입 가격도 놀라울 정도로 저렴했고, 심지어 "할머니와 부모 자식 여섯 명,

소 한 마리, 전기도 없고, 물도 없고, 부엌도 없고, 이로리いろり, 일본의 전통 취사 및 난방시설도 없고, 그저 비를 피할 수 있는 집이 있을 뿐", "마른 경작지는 수확량이 사람의 절반도 안 되고, 간신히 수확해도 가족들의 입에는 들어가지 않고 모두 공출이었다"는 회고담도 있다.[9] 지란의 주요 산업인 차 산업에 종사하는 사람들 입장에서는 항공기지 건설은 그들의 삶을 위협하는 존재일 뿐이었다.

그렇다면 종전을 맞아 일찌감치 기지시설이 철거된 것은 당연한 일이었다. 구 비행장 내 청사나 병영은 전쟁이 끝나자마자 해체되어 공습으로 불타버린 민가의 건축 자재로 활용되었다. 기지 일대도 차밭과 고구마밭이 되었고, 1947년에는 그 자리에 농림부 지란차 원종농장農林省知覽茶原種農場이 창설되었다.[10]

그것은 히로시마나 오키나와와 같은 다른 전적지와 비교하면 극명한 대조를 이룬다. 이들 지역에는 원폭 돔이나 육군병원 제3외과호터第3外科壕跡와 같은 유적이 남아 있어 전적지 관광의 주요 자원으로 활용되고 있다. 하지만 지란에서는 종전과 함께 옛 군 관련 시설들이 철거되었다. 말하자면 전쟁 당시 '동원'된 지란은 이전 상태로 '복원'된 셈인데, 이에 따라 '특공'의 유적은 차밭 땅속에 매립된 것이다.[11]

8 知覽町郷土誌編纂委員会 編, 『知覽町郷土誌』, 1982, 96쪽.
9 瀬戸口幸一, 「土地強制収容と特攻機の墜落」, 『特攻文化』, 第3号, 1993, 250쪽.
10 農林水産省種苗管理センター 編, 『種苗管理センター一〇年のあゆみ』, 1996, 40・80쪽. 『知覽町郷土誌』에는 지란차 원종농장의 개설이 1952년 7월로 기록되어 있지만, 이 농장의 설치가 가나야(金谷)나 나라(奈良)와 비슷한 시기에 이루어진 것을 감안하면 『種苗管理センター一〇年のあゆみ』의 기재대로 1947년에 개설된 것으로 생각된다.

무엇보다 이런 상황은 지란에만 국한된 것이 아니라 일반적인 상황이었다. 종전 후의 부흥과 방대한 수의 복원자의 존재를 생각하면, 지란에 국한되지 않고 옛 군 시설과 공습에 잿더미가 된 곳은 조속히 밭과 주택으로 전환해야 했다. 원폭 돔의 경우, 도심에 있는 거대한 잔해인 데다 붕괴 가능성도 있었던 만큼 전후 초기에는 국가 예산을 들여 철거하려는 움직임도 있었다.[12] 그런 의미에서 지란에 유구가 남겨지지 않은 것은 지극히 당연한 일이었다.

'특공'에 대한 '지역 영령'의 우위

그렇다고 해서 전후 이른 시기의 지란에서 '특공'이 전혀 기억되지 않았던 것은 아니다. 특공평화관음당이하 특공관음당으로 약칭의 건립은 그 점을 생각해 볼 때 중요한 의미를 지닌다. 이 관음당은 전 육군 대장 가와베 마사카즈河辺正三, 전쟁 말기 육군항공총군사령관와 전 육군 중장 스가와라 미치오菅原道大, 제6항공군사령관, 전 제6항공군 참모장 하무 게이타로羽牟慶太郎 등의 제의에 의해, 전몰한 육군특공대원을 추모하기 위해 일찍이 육군특공대 기지가 있던 지란초의 기사누키바루木佐貫原에 1955년 9월 28일 세워졌다.

때마침 샌프란시스코강화조약이 발효1952된 지 얼마 지나지 않은 시기였다. GHQ 점령하에서는 국가주의적인 담론이나 구군 찬양으로 이어질 수 있는 논의는 대체로 억제되는 경향이 있었다. 그러나 점령이 끝

---

11   히로시마, 오키나와, 지란의 전적지 구축과정을 비교한 내용은 졸저 『「戰跡」の戰後史』를 참조.
12   졸저 『「戰跡」の戰後史』.

나자 그동안의 반동으로 점령군 비판, 도쿄재판 비판, 구군 회고 담론이 많이 나타나기 시작했다. 충혼비 건립도 각지에서 많이 진행되었다. 특공관음당 건립이 기획되고 실현된 것도 이러한 사회적 상황 속에서였다.

그러나 이것이 지란초에서 곧바로 받아들여졌다고 보기는 어렵다. 당시 신문에 따르면, 건립 실무를 맡았던 하무 게이타로는 "웃으며 죽어간 젊은 전사들의 넋을 나만이라도 위로하고 싶고, 또한 한편으로 다시는 이런 비극이 반복되어서는 안 되겠다는 생각에 특공관음상 건립을 결심하"여 지란초 주변의 명망가들에게 도움을 요청했지만, "패배의 책임을 묻는 냉담한 민중의 귀는 이 이야기에 귀를 기울일 리가 없었고, 또 이야기의 의도는 이해할 수 있어도 때가 때인 만큼 갑자기 찬성할 수 없는 사회정세 때문에 협력하는 저명인의 숫자도 적었다"고 한다.[13] '특공의 기억'은 당시 지란에서 쉽게 받아들일 수 있는 것이 아니었다.

점령 종료 후 구군 찬미 담론이 일정하게 보였다고 해도, 전후 10년이 채 지나지 않은 시기였던 만큼 전쟁 찬미로 이어지는 듯한 논의에 대한 경계심은 여전히 컸다. 반전 색채가 두드러지는 전몰학도의 유고집 『들어라 와다쓰미의 소리를きけ わだつみのこえ』1949를 암시적으로 비판하고, '산산조각이 난' 특공대원들의 '더 담담하고 더 순수한' 심정에 초점을 맞춘 해군 비행 예비생 13기생 편 『구름이 흐르는 끝에雲ながるる果てに』1952나 이듬해 동명의 영화에 대해 "지금 공연히 그들의 모습을 찬양해도 되는 것일까?"라는 비판도 있었다.[14] 지란에서의 특공관음에 대한 평가도 이

---

13 「特攻観音をめぐる秘話(上)」, 『新鹿児島』, 1956.10.25.

14 졸저 『殉国と反逆—「特攻」の語りの戦後史』, 青弓社, 2007, 41~50쪽.

〈그림 7-2〉특공평화관음당(1955)

러한 시대적 상황을 반영하는 것이었다.

　게다가 당시 지란에서 '특공'은 '지역의 영령'에 비하면 존재감이 훨씬 희박했다. 호국신사와 특공관음당의 관계성이 그 사실을 말해주고 있다.

　야스쿠니 신사는 국가의 전몰자를 광범위하게 모시는 반면, 호국신사는 지역의 전몰자를 모시는 신사이다. 지란초에도 전쟁 이전부터 마을 중심부 근처에 호국신사가 세워져 있었다. 하지만 지란초 호국신사는 마을 주택 조성 등의 영향으로 1959년 옛 비행장 부지로 이설되었다. 더욱이 그곳은 특공관음당 바로 옆에 위치한 곳이었다. 하지만 그렇다고 해서 '특공'이 '지역의 영령'과 함께 현창되게 되었음을 의미하지는 않는다. 현의 도로에서 호국신사 및 특공관음으로 향하는 도로 입구에는 참배길 参道 비석이 있는데, 거기에는 '지란초 호국신사 참배길 比知覧町護国神社参道

碑'라고 새겨져 있다. 호국신사가 특공관음보다 나중에 이설되었음에도 불구하고, 당시 그 일대는 '특공의 땅'이라기보다는 '지역 전몰자를 모시는 곳'으로 인식되고 있었음을 알 수 있다. 원래 지란초 전몰자의 압도적 대다수는 육군 하사관이었다. 이들을 추모하는 장소가 마을의 유일한 육군 시설이었던 옛 비행장 터로 이전된 것은 결코 이상한 일이 아니다.

위령제 날짜 설정에서도 특공관음에 대한 호국신사의 우위를 읽을 수 있다. 호국신사가 옛 비행장 터로 옮겨감에 따라 위령제는 인접한 특공관음과 같은 날에 거행하게 되었다. 그 날짜는 원래 호국신사의 위령제 날인 7월 28일로 정해졌다. 특공관음의 건립은 1955년 9월 28일이므로 '특공'에 무게를 둔다면 9월 28일에 호국신사와 합동 위령제를 해도 무방했지만, 실제로는 호국신사 위령제의 날이 우선시되었다.[15] 호국신사가 특공관음당보다 우위에 있었음을 알 수 있다. '특공'은 '지역 전쟁의 기억'을 상징하는 것이 전혀 아니었다.

2. '특공의 고장'을 발견하다

특공만쥬特攻饅頭

그러나 1960년대 후반에 이르러서는 이러한 상황에 변화가 생기기 시작했다. 지란초의 홍보지 『조호 지란町報ちらん』에는 호국신사와 특공관

---

15   졸저 『『戦跡』の戦後史』.

음의 합동위령제가 매년 다루어졌는데, 1960년대 중반 이후부터는 그 비중이 커졌을 뿐만 아니라 '특공'에 대한 언급이 가속적으로 증가하고 있었다.[16] 『조호 지란』[1966.8]에는 「호국신사, 특공관음 여름축제」라는 제목의 기사가 있는데, 거기에는 '제전에는 전 특공대원, 도쿄도의 시바타 노부야柴田信也 씨, 마을 유족회 등 약 300명이 모여 하늘에 흩어진 특공대원 1,115주柱의 명복을 빌었다'고 적혀 있다. 사망한 특공대원들의 추모와 함께 마을 주민과 '특공'의 친화성이 드러난다.

때를 같이 하여 소비회小飛会, 육군소년비행병 전우회, 특조회特操会, 육군 특수조종 견습사관 전우회 등 전우회 관계자들의 방문도 급속히 늘어났다. 1964년 위령제에는 가와베 마사카즈와 스가와라 미치오를 비롯해 가고시마현 내 12명의 전 소년비행병이 참석하는 정도였으나, 1969년이 되자 백 수십 명에 이르는 전 소년비행병이 참석했다.[17] 전직 대원들이 육상자위대 음악대의 연주에 맞춰 〈동기의 벚꽃同期の桜〉, 〈가토 하야부사 전투대加藤隼戦闘隊〉 등 '그리운 군가'를 합창한 것도 해마다 크게 보도되었다.[18]

이는 곧 특공관음당이 전적지 관광의 장으로 떠오르고 있음을 말해 준다. 많은 전우회 관계자들이 위령제 참석을 겸해 특공관음당을 찾게 되면서 특공관음당, 나아가 옛 비행장 터는 전적지 순례의 대상으로 인식되기 시작했다. 그래서인지 전쟁 관련 사진을 많이 실은 『마이니치 그래프 임시 증간호 속・일본의 전력毎日グラフ臨時増刊号 続日本の戦歴』[1965.11]에는 당시

---

16 위의 책.
17 「特攻観音の夏祭り」, 『町報ちらん』, 1964.9; 「護国神社・特攻観音夏祭り」, 『町報ちらん』, 1969.8.
18 「特攻平和観音慰霊祭」, 『町報ちらん』, 1971.6.

지란초의 '특공 만쥬', '평화관음 센베이' 간판이 소개되어 있다. 특공대원들을 떠올리게 하는 만쥬가 어떤 맛이었을지는 알 수 없지만, 적어도 특공평화관음당과 옛 특공기지 터가 관광명소가 되고, 이를 기념하는 기념품이 판매될 정도로 '특공'은 지란초의 상징으로 자리 잡게 되었다.

'타인의 기억'의 역수입

그렇다고 해도 왜 1960년대 후반에 이르러서야 지란이 특공대 전적지의 땅으로 자리매김하게 되었는가.

하나는 미디어의 동향이 있었다. 당시 출판계는 전기戰記 붐이 일었고, 고이즈미 신조小泉信三의 『해군 주계 대위 고이즈미 신키치海軍主計大尉小泉信吉』1966와 아가와 히로유키阿川弘之의 『야마모토 이소로쿠山本五十六』1965, 해군비행예비학도 제14기회편 『아! 동기의 벚꽃あゝ同期の桜』1966 등이 대히트를 쳤다. 이에 보조를 맞추듯 전쟁 대작 영화가 양산되었다. 궁성사건宮城事件, 포츠담선언 수락과 옥음방송의 실시에 반대해, 육군 청년 장교들이 군 상층부와 각료들을 습격한 쿠데타 미수 사건을 다룬 오카모토 기하치岡本喜八 감독의 영화 〈일본의 가장 긴 하루日本のいちばん長い日〉의 개봉도 1967년이며, 같은 해 일본 영화 흥행 성적 2위를 기록했다. 특공을 그린 영화도 많이 제작되었으며, 특히 도에이東映가 만든 〈아! 동기의 벚꽃〉1967과 〈아! 요카렌あゝ予科練〉1968, 〈아! 가이텐특별공격대あゝ回天特別攻撃隊〉1968의 3부작은 화제가 되었다.[19]

이런 가운데 지란을 다룬 작품도 몇 가지 만들어지게 되었다. 1964

---

19 특공 영화의 사회적 수용동향(및 1960년대 후반의 의협 야쿠자 영화 붐과의 연관성)에 대해서는 졸저 『殉国と反逆』를 참조.

〈그림 7-3〉 지란을 방문한 전우회(촬영일 미상)

〈그림 7-4〉 '특공만쥬·평화관음 센베이'의 간판(1965)

년에는 한때 지란에 머물렀던 전 육군 영화보도반원 다카기 도시로高木俊朗가 잡지 『주간아사히』에 「지란」을 연재하기 시작해, 특공대원들의 심정에 공감해 가면서 그들의 고뇌를 그렸다. 이것은 이듬해에 단행본으로 출간되어 판을 거듭했다후에 『특공기지 지란』으로 제목이 바뀌었다. 이에 앞서 1961년 8월에는 NHK에서 〈유족〉이라는 제목의 다큐멘터리가 방영되었다. 이것은 지란 특공대를 둘러싼 다카기의 글을 원작으로 야마다 요지山田洋次가 각본을 맡았다. 그것들도 맞물려 지란은 점차 '특공의 땅'으로 알려지게 되었다.

전우회가 활성화된 것도 컸다. 당시 전우회 설립 건수가 전후 제2의 피크를 맞이하는 등 전우회 활동이 고양되고 있었다.[20] 때마침 전쟁 체험을 둘러싼 '세대 간 단절'이 거론되면서 전중파 세대들이 당시 세대들끼리 이야기를 나눌 자리를 모색하던 시기였다.[21] 이들이 장년기에 접어들어 사회적 발언력이 커진 것도 전우회 활성화에 힘을 보탰다. 이런 가운데 소비회 등 전직 육군 조종사들의 전우회가 종종 지란을 찾게 되었다.

이러한 상황은 내셔널한 미디어와 방문객들의 지란 이미지를 주민들에게 내면화시키는 것으로 이어졌다. 앞서 언급했듯이 당시 지란에는 '특공 만쥬', '평화관음 센베이'라는 간판이 걸려 있었는데, 이는 곧 외부로부터의 방문객이 지란에 '특공'을 기대하고 있으며, 동시에 지란 주민들이 그들의 기대에 부응하는 '지란'을 연기하고 있음을 보여준다. 1974

---

20   高橋三郎 編, 『共同硏究 戰友会』, 田畑書店, 1983; 吉田裕, 『兵士たちの戰後史』, 岩波書店, 2011.
21   졸저 『『戰爭體驗』の戰後史』, 中公新書, 2009.

년에는 자치단체의 청년부 회원들이 실물 크기의 모조특공기를 제작해 특공관음의 참배길 입구 부근에 전시했다. 지란특공위령현창회 편 『혼백의 기록』2004에는 그 모조특공기 앞에서 사진을 찍는 당시 관광객들의 사진이 실려 있다. 지란은 관광객과 미디어의 기대에 맞춰 '특공'이라는 자아를 발견하고 스스로 연기하고 있었던 것이다.

물론 이러한 움직임이 반드시 지란에만 국한된 것은 아니다. 제3장에서도 언급했듯이, 당시 미군 통치하에 있던 1960년대 오키나와에서는 복귀운동과 함께 일본 본토로부터의 관광객 수용이 가속적으로 확대되고 있었다. 본토 측의 오키나와 반환 여론을 고양시키려는 의도도 있었지만, 이런 가운데 전우회나 유족회 등의 위령비 건립이 붐을 이루었다. 마부니摩文仁에 각 현의 위령탑이 숲을 이루며 주요 전적지 관광의 장으로 자리 잡게 된 것도 이 시기다. 하지만 이는 오키나와 반환 실현을 위해 본토의 심기를 건드리지 않으려 한 의도도 맞물려 일본군의 오키나와에 대한 폭력 문제는 뒤로 밀려나고 '일본과 함께 과감하게 싸운 오키나와'라는 상이 강조되게 되었다.[22]

히로시마에서 원폭 돔의 보존이 결정된 것도 거의 같은 시기인 1966년이다. 앞서 언급한 전쟁 체험기 붐 속에서 피폭 체험기 간행도 많이 볼 수 있었다. 당시 원폭 돔은 자연붕괴 위기에 처해 있었지만, 유카와 히데키湯川秀樹 등 저명한 지식인들의 노력으로 전국 언론에서 원폭 돔 보존에 대한 많은 논의가 이루어지게 되었다. 원래 돔의 철거를 생각했던 히로

22　졸저 『「戰跡」の戰後史』와 이 책의 제3장을 참조.

〈그림 7-5〉 영화 〈아! 동기의 벚꽃〉(1967)의 포스터

〈그림 7-6〉 다카기 도시로의 『지란』(1965)

시마시가 이를 영구 보존하여 주요 관광명소로 자리매김하게 된 것은 이로부터 비롯되었다. 제2장에서도 언급했듯이, 전후 초기에는 '히로시마시 한가운데에 으스스한 유령의 집처럼 서 있는 구 산업장려관 돔'은 '조속히 철거해야 한다'는 목소리도 작지 않았지만,[23] 그런 목소리를 잠재우기라도 하듯 원폭 돔은 전적지로서 정비되었다. 그런 의미에서 미디어의 동향과 전우회, 유족회 등의 관광객, 일본 중앙으로부터의 기대를 헤아려가면서 지역의 전적지가 관광의 장으로 성립되는 것은 결코 지란에 국한된 것이 아니었다.

그렇다고는 해도, 주민들의 전쟁 체험이 아닌 것이 '자신의 기억'으로 대체되게 된 것은, 역시 지란의 특징적인 부분이다. 오키나와에서의 지상전이나 히로시마의 피폭이라면 지역 주민들이 널리 체험한 일이기는 했지만, 특공 출격은 앞서 말한 것처럼 결코 지란 주민이 아닌 전국 각지에서 모인 육군 조종사들이었다. 지란이 '특공'으로 기울어져 가는 것은 분명히 '타자의 체험'을 '자기의 기억'으로 바꾸어 가는 것이나 다름없었다.

그 사실을 여실히 보여주는 것이 당시의 마을주민운동회다. 1974년 10월의 마을주민운동회에서는 지역 청년들이 특공대 출격을 '재현'한

23　「原爆ドームの処置」,『夕刊中国新聞』, 1950.10.24.

가장극假裝劇을 선보였다. 당시 『조호 지란』에 실린 사진에는 출격하는 대원들뿐만 아니라 정비병과 배웅하는 여학교 학생으로 분장한 젊은이들의 모습까지 담겨 있었다.[24]

실제 크기에 가까운 모조특공기도 제작되어 프로펠러가 돌아갈 수 있도록 소형 엔진까지 장착되어 있었다. 관광객들의 사진 촬영용으로 전시된 앞의 모조특공기는 이 운동회에서 제작된 것이다.

이는 보는 이들에게 일정한 감명을 주었다. 당시 관람석에 있던 한 여성은 지란초 부녀회 기관지에 다음과 같은 소감을 남겼다.

경례할 줄 몰랐을 법한 현대의 젊은 사령관이 특공대원들에게 출격 명령을 내리고, 대원들과 작별의 물잔을 반합의 뚜껑으로 주고 받았고, 사령관이 대원 한 명 한 명에게 "힘내주길 바라네", "야스쿠니 신사에서 만나자"는 등 박진감 넘치는 연기였습니다. (…중략…) 출격하는 모습을 눈물 없이는 볼 수 없었습니다.[25]

하지만 곰곰이 생각해 보면, 이것은 기묘한 현상이다. 히로시마나 오키나와에서 지역의 전쟁 체험을 운동회의 가장극으로 취급한다는 것은 거의 생각하기 어렵다. 그러나 어째서인지 지란에서는 이런 일이 가능하게 되었다.

원래 지란 주민들에게 있어서 '특공'은 반드시 지역의 전쟁 체험이 아

---

24   「第11回町民体育大会」, 『町報ちらん』, 1974.11.
25   折田フサコ, 「町民体育大会によせて」, 『白い雲』第31号, 知覧町婦人会, 1975, 29쪽.

〈그림 7-7〉 모조특공기의 전시(1975년경)

〈그림 7-8〉 지란마을주민운동회에서의 특공가장극(1974.10)

〈그림 7-9〉 특공대원을 배웅하는 지란고등여학교의 학생(1945.3)

니었다. 그럼에도 불구하고 운동회 자리에서 그것이 크게 다뤄지기에 이른 것이다. 지역 운동회는 기본적으로 지역 주민들에게만 열린 폐쇄적인 장소이며, 다른 지역의 관중이 있는 것을 전제로 하지 않는 것이다. 이는 곧 지역 주민들이 '특공의 기억'을 내면화하고 있다는 것을 의미했다.

참고로 이 가장극은 1945년 3월 지란에서 촬영되어 이후 『마이니치 그래프 임시증간호 속 일본의 전력』1965.11에 실려 유명해진 사진을 모방한 것이었다. '출격의 모습을 눈물 없이 볼 수 없다'는 듯한 감명을 받을 정도로 내셔널한 타자에 의한 지란의 이미지를 역수입하여 그것을 자신의 로컬한 '기억'으로 대체하고 있었던 것이다.

'특공'의 발견과 과소過疎

무엇보다 지란이 '특공'관광을 선택해 가는 것은, 당시의 사회 상황을 생각하면 어쩔 수 없는 일이기도 했다. 1960년대의 일본은 고도 경제 성장에 들끓었지만, 그것은 지방에서 도시로의 인구 유출을 가속했다. 많은 농·산촌은 과소화에 허덕이게 되었는데, 지란도 예외는 아니다. 게다가 홍차 관세 인하 등의 영향으로 인해 지란의 차 산업은 부진에 빠져 있었다. 이런 가운데 지란이 특공기지 흔적을 관광자원으로 발견하고 그것을 통한 지역진흥을 목표로 한 것은 어떤 의미에서는 필연적인 것이었다. 『조호 지란』1970.6의 일면에는, 「특공관음 여름축제」의 기사와 함께, 「과소 지역으로 지정되다 긴급 대책을 계획 중」이라는 제목의 기사가 크게 실렸다. 과소의 심각함과 '특공 기억의 내면화'가 밀접하게 연결되어 있음이 드러난다.

이를 증명하듯 1970년대 이후 지란은 점점 '특공'으로 기울어져 간다. 1975년에는 지란특공유품관이 건립되어 특공대원들의 유품과 유서가 전시되었다. 1987년 개관한 지란특공평화회관의 전신이다. 앞서 모조특공기가 전시된 곳도 이 지란특공유품관 앞이었다. 이 박물관이 전적지 관광의 장으로 성립하고 있는 것을 알 수 있다.

하지만 앞서 언급했듯이, 전후 지란에는 특공대 기지의 유구가 거의 존재하지 않는다. 급수탑이나 탄약고 등 일부 설비가 남아 있기는 하지만, 특공대 기지의 모습을 직접적으로 보여주는 것은 아니다. 히로시마의 원폭 돔이나 오키나와 육군병원 제3외과호_{히메유리의 탑}와 같은 대규모 유적을 동반한 전적 관광지가 되는 것은 불가능했다.

그래서 힘을 쏟은 것이 바로 '레플리카' 전시다. 물론 전사한 대원들의 유서와 유품은 이들 자료관에 적지 않게 전시되어 있다. 그러나 그것들과 함께 큰 비중을 차지한 것은 '레플리카'였다. 마을주민운동회를 위해 제작된 모조특공기가 옛 비행장 터에 전시된 것은 바로 그것을 가리킨다.

1980년에는 바닷속에서 인양된 제로전투기_{零戰}가 지란특공유품관에 전시되었다. 이것도 어떤 의미에서는 '레플리카'라고 해야 할 것이다. 이 제로전투기는 전쟁 말기에 사쓰마반도 서쪽 해안에 가라앉은 전투기이기는 하다. 그러나 제로전투기는 어디까지나 해군기일 뿐, 지란 육군특공기지에서 출격한 것이 아니다. 당연히 원래는 지란의 자료관에 전시될 리 없는 물건이었다.

하기야 당시만 해도 '특공'이라고 하면 제로전투기를 비롯한 해군 전투기를 떠올리는 경우가 많았고, 1960년대 후반에는 『아! 동기의 벚꽃』 1966, 『청춘의 유서―"료카렌" 전몰자의 유서』1968 등 특공대원의 유고집이 베스트셀러가 되어 이들을 원작으로 한 영화가 도에이에서 제작되어 큰 흥행 성적을 올렸다. 하지만 이들은 모두 해군의 특공대원을 다룬 것이고, 육군 특공을 다룬 것은 아니다.[26] 아울러 제로전투기는 전후 일본에서 가장 유명한 구 일본 군용기 중 하나이며, 그 민첩성 때문에 전쟁 초기에는 종종 미군기를 압도했다는 사실은 당시에도 널리 알려져 있었다. 이러한 사람들의 이미지도 있기에 지란초는 막대한 비용을 들여 수중에 가라앉아 있던 제로전투기를 굳이 인양하여 특공유품관에 전시한 것이다.

그러나 거듭 말하지만, 그것은 지란과 인연이 깊은 육군 특공기의 '실물'이 아니라 그 대리'레플리카'인 해군기에 지나지 않았다. 거기에는 반드시 역사적 사실이나 실물에 구애받지 않는 지란의 자세가 그대로 드러나 보인다.

뒤집어 말하면 '레플리카'는 관광객에게 보여주고 싶은 자아상의 제시를 가능하게 하는 것이었다.[27] '있는 그대로'의 실물이나 유구라면 지란이 보여주고자 하는 것이지만, 다른 잉여가 들어가지 않는다고도 할 수 없다. 게다가 실물을 찾아내고 위상화하는 데에도 막대한 비용과 노력이

---

26   여기에는 당시 '해군 붐'의 영향도 있었다고 생각된다. '야만적'이고 '비합리적'인 육군의 이미지에 비해 해군은 '스마트'하고 '합리적'이며, 미일전쟁 개전에도 소극적이었다는 이미지를 볼 수 있다. 이는 역사적 사실과 다르지만, 이러한 인식에 준거한 형태로 해군에 대한 동경이 이야기되면서 그 연장선상에서 육군 비판, 나아가 전쟁 비판까지 이야기되기도 했다. 吉田裕, 『日本人の戰爭觀』(岩波書店, 1995) 참조.

27   山口誠, 「「特攻」の眞正性」, 福間良明·山口誠 編, 앞의 책.

필요하다. 이에 반해 '레플리카'는 보여주고 싶은 '자아상'으로 일관되게 만들어낼 수 있다. 인양된 제로전투기는 좁은 의미의 레플리카는 아니지만, 특공을 해군이나 제로전투기와 연관 짓는 당시 사람들의 이미지에 따라 지란의 '특공'을 제시할 수 있는 것이었다. 실물이나 유구가 없는 지란은 오히려 그 제약이 없기 때문에 '외부'의 사람들이 기대하는 이미지를 역수입하여 그에 맞는 자아상을 적극적으로 제시해 나갔던 것이다.

무엇보다 '레플리카'가 전경화되는 것은 지란에만 국한된 것이 아니라, 일본의 전적지에서 흔히 볼 수 있는 것이다. 제2장에서도 언급한 원폭 돔이 그 한 예이다. 원폭 돔은 말할 필요도 없이 피폭 유구이지만, 그것이 반드시 피폭의 참상을 '그대로' 남겨둔 것은 아니다. 1967년 보존 공사에서 벽과 기둥의 기울기를 보정했고, 벽의 균열은 강력한 접착제로 메워졌다. 쓰레기와 이끼는 제거되었고 주변에는 가로수와 분수대가 설치되었다.

참고로 오늘날 원폭 돔 부지에는 잔디가 아름답게 깔려 있다. 피폭 당시의 '잔해'도 배치되어 있지만, 쓰레기나 인골, 혈흔이 없는 정연한 '잔해'이다. 이러한 경관은 관광객에게는 편안하기는 하지만, 피폭 당시의 끔찍하고 황폐했던 폐허의 돔과는 분명히 이질적이다. 말하자면, 그것은 관광객의 기대에 맞춰 '리폼'된 것으로, 과거의 유구 그 자체와는 크게 다르다. 어떤 의미에서는 '레플리카'라고 해야 할 만한 것이었다.

제2장에서도 언급했듯이, 마쓰모토 히로시松元寬는 1970년에 "보강 공사와 동시에 돔은 전혀 다른 돔이 되어 버렸다. 1945년 8월 6일의 체험 유적으로서의 의미는 사라지고, 그것은 전후에 세워진 수많은 기념비

〈그림 7-10〉 지란특공평화회관에 전시된 해군기·제로전투기(零戰, 2004)

와 같은 것으로 변해 버렸다"[28]고 말했다. 그것도 이 점을 파고드는 지적이었다. 물론 보강공사를 통해 '바람직한 돔'으로 개조된 셈이지만, 그것은 말하자면 일종의 '레플리카'나 다름없었다. 보존공사를 거친 돔은 주변 경관 정비를 포함해 관광객들에게 편안하게 '과거'를 제시해 주었을지 모르지만, 과거의 참혹함 같은 것은 뒷전으로 물러났다.

그런 의미에서 '레플리카'가 전경화되면서 과거의 무언가가 가려지는 것은 결코 지란에 국한된 것이 아니다. 오히려 다른 전적지에서도 흔히 볼 수 있는 것을 지란이 집약적으로 투영하고 있었던 것이다.

---

28   松元寬,「被爆体験の風化」,『中国新聞』, 1970.8.3.

망각의 메커니즘

지란에서 '특공'이 전경화되는 것과는 달리, 호국신사의 존재감은 저하되는 경향을 보였다. 앞서 언급했듯이 특공관음의 위령제는 호국신사의 위령제에 맞춰 7월 28일에 거행되었으나, 1970년 이후에는 두 달 앞당겨 5월 28일에 거행하게 되었다. 미나미큐슈의 한여름 무더위를 피하고 싶다는 전우회나 유족들의 의향이 있었다고 한다.[29] 그리고 1974년에 이르러서는 5월 3일로 변경되었다. 연휴 기간 중이 더 참여하기 쉽다는 이유에서였다.[30] 호국신사와 특공관음의 위령제는 이렇게 별개로 치러지게 된 셈인데, 거기에는 전우회와 유족의 편의가 최우선시되는 상황을 엿볼 수 있다. 지란의 '외부' 사람들의 시선을 의식하고 내면화한 것을 생각하면 당연한 일이었지만, 이는 호국신사의 상대적 지위 하락을 가리켰다. 이를 뒷받침하듯 이후 『조호 지란』에서는 특공관음의 위령제는 대대적으로 보도해도, 호국신사의 위령제는 보도되지 않게 되었다.

참배길의 일반적인 호칭도 그에 따라 변화했다. 나중에 이르러서 이기는 하지만, 지란초가 펴낸 『옛날의 시간이 흐른다 지란』1992에는 호국신사 참배길 사진의 캡션으로 '특공관음 참배길'이라고 기재되어 있다.[31] 한때는 호국신사의 참배길로 인식되어 '지란초 호국신사 참배길'이라고 새겨진 비석이 있음에도 불구하고, 지금은 특공관음의 참배길이라고 습관적으로 불리게 되었다.

29　「特攻観音夏祭り」, 『町報ちらん』, 1970.6.

30　知覧特攻慰霊顕彰会 編, 앞의 책, 72쪽.

31　知覧町 編, 『いにしえの時が繙かれる ちらん』, 1992, 32쪽.

이런 형태로 '지역의 전쟁 기억'이 만들어진다는 것은 또 다른 기억이나 체험이 망각되어 가는 것을 의미하기도 했다. 예전 같으면 뉴기니 전선 등에서의 전장체험이나 유골 수집 수기가 종종『조호 지란』에 실렸지만, 1970년대 중반 이후부터는 이러한 기사를 찾아볼 수 없게 되었다. 그것은 특공관음 위령제가 크게 다뤄지게 된 것과는 분명한 대조를 이룬다. '특공의 기억'이 전경화되는 한편, 지역 주민들의 전쟁 체험은 빠르게 후경화되었다.

당연히 지란 사람들이 전쟁 수행에 고양되었던 과거를 떠올리는 일은 드물었다.『지란 조호知覧町報』1938.12에는 일본군의 우한武漢 공략에 환호하는 여학생의 수기가 실려 있다. 아래는 그 한 구절이다.

"한구漢口 함락" 오! 이 얼마나 기분 좋은 울림을 가진 말인가요. (…중략…) 육군성에서 이렇게 발표했을 때, 우리는 우리도 모르게 만세를 외쳤습니다. 군인 여러분, 정말 감사합니다. (…중략…) 우리도 곧바로 다음날 성대한 깃발 행렬을 만들었습니다. 작렬하는 불꽃, 흔들리는 깃발의 물결, 그 물결에서 터져 나오는 씩씩한 군가, 함성, 작은 우리 마을이 이날만큼은 일장기로 가득 채워진 듯했습니다.[32]

중국 대륙에서 전개된 일본군의 '전과'에 고양된 마을 사람들의 모습이 역동적으로 기록되어 있다. 물론 이것은 비단 지란에 국한된 것이 아

---

32   難波涼子,「知覧実高女慰問文」,『知覧町報』, 1938.12.

니다. 각지에서 볼 수 있었던 당시 일본 국민의 모습이기도 했다. 하지만 전후 사반세기가 지나면서 '특공'을 둘러싼 슬픔의 카타르시스에 빠지면서 잘 보이지 않게 된 것은, 지란 주민들을 포함한 일본 국민의 전쟁 수행에 대한 과거의 고양감이 아니었을까.

참고로 이 수기를 쓴 것은 지란실과고등여학교知覧實科高等女學校의 학생이다. 이 학교는 지란고등여학교의 전신이다. 전쟁 말기 지란고등여학교 학생들은 육군항공기지에 근로 동원되어 특공대 출격을 배웅하는 일도 종종 있었다. 앞서 기술한 바와 같이 그 모습을 촬영한 사진은 1960년대 중반 이후 널리 알려지게 되었고, 앞서 소개한 지란마을주민운동회의 '특공대' 가장극도 이를 모방한 것이었다. 하지만 그녀들은 중일전쟁 당시 군대의 대륙진출에 환희하는 여학생들이기도 했다. 그러나 그 체험은 '특공의 기억'의 뒤에서 희미해져 버리고 있다.

탈역사화하는 기억

거기서 우리는 기억의 '탈역사화'를 읽을 수 있다. '타인의 기억'이 자신의 기억으로 대체되면서 지역의 전쟁 체험은 뒷전으로 밀려난다. 그것은 전쟁을 둘러싼 지역의 역사가 망각되어 가는 것과 다름없다. 더욱이 이러한 동향은 특공, 나아가 전쟁을 둘러싼 공적인 역사와 배경을 후경화시키는 것이기도 했다.

가고시마현 지사 가네마루 사부로金丸三郎는 지란초에 특공 동상 및 특공 유품관 건립을 호소하는 취지문에서 다음과 같이 말했다.

이 특별공격대야말로 필사필중必死必中의 공격으로 세계 전쟁사에 유례가 없는 전력투구옥쇄전법体当たり玉砕戦法이었다. 날개에 선명하게 일장기를, 그리고 동체에는 필살의 폭탄을 품고 출격을 기다리는 특공대. 그 탱크 안에는 적함에 돌격할 때까지의 편도 휘발유밖에 저장되지 않았고, 칠생보국七生報國의 머리띠 또한 당당하며, 미소 지으며 조종간을 잡은 어린 독수리의 오체에는 적함굉침敵艦轟沈과 조국필승을 염원하는 뜨거운 피만이 흐르며, 눈을 부릅뜬 그 모습이야말로 숭고지순崇高至純, 바로 호국의 귀신이었다고 할 수 있습니다.[33]

'특공의 기억'으로 기울어져 있던 당시 지란은 특공유품관과 관련 동상 건립을 추진하려 하고 있었다. 그것을 생각하면, 이 기술은 가고시마현 지사뿐만 아니라 지란초의 공적 담론 공간에서 널리 공유되고 있던 인식이라고 볼 수 있을 것이다. 또한 취지서를 배포하고 기부금을 모집하는 대상이 유족이나 전우회 관계자가 많았던 것을 감안하면, 특공관음위령제에서도 이러한 발언이 많이 이루어졌을 것이라는 점은 어렵지 않게 상상할 수 있다. 거기서 선택되고 현창되었던 것은 특공대원 개개인의 사적인 '순국의 심정'의 아름다움이었다.

그러나 뒤집어 말하자면, 그러한 '아름다움'을 강요한 공적인 역사적 배경이나 군의 조직적 폭력을 떠올리는 경우는 드물었다. 군 내부에서는 특공 출격 '지원'을 강요하는 폭력이 확산되고 있었다. 그렇다 하더라도

---

33 金丸三郎,「特攻銅像の建立・特攻遺品館の建設 趣意」(知覧特攻平和会館所蔵), 1971.

전술적 효과를 기대할 수 있다면 모를까, 이미 오키나와전 초기에는 기체의 공기저항과 적의 탄막을 뚫는 데 어려움이 있어 특공작전의 효과가 미미하다는 것이 알려져 있었다. 그럼에도 불구하고 '가상의 전과'를 쌓기 위해 특공 출격이 반복되었다.

더욱이 전쟁 수행 전반에 있어서도 조직 병리 문제가 심각했다. 군공軍功에 급급한 지휘관이 병사들에게 무모한 행군이나 돌격을 강요해 사망자만 늘리거나, 자포자기에 빠진 말단 병사들이 지역 주민들에게 무자비한 폭력을 휘두르는 일도 적지 않았다. 그러나 죽은 자들이 죽음을 선택하는 사적인 심정의 아름다움만이 강조됨으로써, 그것을 만들어낸 공적인 역사적 배경과 군과 정치의 조직적 병리 현상이 가려지게 된다. 그곳에서의 '계승'은 공적인 역사가 폭력을 외면하는 행위에 지나지 않았다.

그것은 말하자면 '위령제'의 연장선상에 있는 것이기도 했다. 위령제는 과거를 추모하는 것이기는 하지만, 책임 추궁이나 비판은 교묘하게 기피된다. 전직 상급자나 지휘관도 참석하는 자리에서는 비판이나 책임 추궁은 그 자리를 험악하게 만들 뿐이다. 어찌 보면 위령제에서 죽은 자들이 현창되는 것은 상급자들의 책임을 불문에 부치는 일이기도 했다.

또한 위령제에는 유족들도 적지 않게 참석했다. 이 또한 비판과 책임 추궁을 무디게 하는 요인으로 작용했다. 작전 수행이 비판의 대상이 된다는 것은 죽은 자들의 죽음이 의미나 필연성을 결여한 것이었음을 가리킨다. 그 사실을 마주한 유족들의 고뇌를 피하기 위해 죽은 사람들의 심정의 아름다움이 많이 강조되었다.

이를 생각하는데 있어서는 전우회의 '증언 억제 기능'을 지적한 요시다 유타카의 『병사들의 전후사』2011의 논의가 시사하는 바가 크다. 이 책에 따르면, 전우회와 같은 과거 '전우들'이 친목을 도모하던 자리는 그 연장선상에서 '전우회 구성원이 전장의 비참한 현실이나 잔학행위, 상급자에 대한 비판 등에 대해 말하고 쓰는 것을 통제하고 관리하는 것'으로 이어졌다.[34] 전우들의 친밀권 창출은 증언과 기억을 끌어내기보다는 그 토로에 제동을 거는 측면도 갖고 있었다.

'유족에 대한 배려' 역시 같은 기능을 띠고 있었다. 유족들에게는 '처참하고 추악한 전장의 현실'을 알려서는 안 된다는 의식이 전직 병사들 사이에서 공유되고 있었던 만큼, '유족에 대한 배려'는 '객관적으로 볼 때 증언을 봉하기 위한 '고로시몬쿠'殺し文句, 상대를 꼼짝 못하게 하는 말가 되었'다는 것이다. 그런 의미에서 전우회에는 '가해 증언 등을 억제하고 회원을 통제하는 기능'이 따라다녔다.[35]

그렇다면 전우회 관계자에 더해 유족까지 모이는 위령제에서 군의 조직 병리나 폭력에 대한 언급이 회피되고, 어련무던한 '현창'으로 일관하는 것은 당연한 일이었다. 앞서 언급한 특공유품관 건립 취지문에 나와 있는 것과 같은 '현창'의 언사는 유족과 전직 대원, 전직 상관이 모인 자리에서 누구에게나 무난하게 받아들여질 수 있는 논리였다. 그리고 이러한 위령제의 모습은 사적인 심정에 대한 '감명'이 공적인 사실史實과 조직의 폐해를 외면하는 '탈역사화'의 축소판이기도 했던 것이다.

---

34   吉田裕, 앞의 책, 2011, 111쪽.
35   위의 책, 111 · 187쪽.

동상이몽

물론 이러한 지란에 대한 위화감도 어느 정도 볼 수 있었다. 『지란』 1965을 쓴 다카기 도시로의 논의가 가장 대표적이다. 다카기는 지란의 '특공' 이야기에 대해 다음과 같이 혹독하게 비판하고 있다.

세월이 오래 지나면 사람들의 기억도 전승도 달라진다. 전쟁 당시 지란고여학생이었던 사람들은 지금도 여전히 잊기 힘든 것들을 가슴에 간직하고 있는데, 그중 한 사람은 이렇게 말한다.

"특공대원들은 일본의 평화를 기원하며 출격했습니다." 이것은 지어낸 이야기다.

지란에는 현재 특공평화관음과 유품관이 있다. 마을 당국은 이를 명소로 만들어 마을의 번영책으로 삼고 있다. 마을 당국은 이를 자랑스럽게 말한다.

"혹독한 훈련을 견뎌낸 특공대원들을 아는 것은 청소년 육성에 도움이 된다." 이는 전시 군부의 사상 그대로다.[36]

육군보도반원으로 임팔과 레이테에 머물렀던 다카기는 『임팔イムパール』, 『분사憤死』, 『육군특별공격대』 등의 저서에서, 효과가 없음이 분명한데도 '죽음'을 강요하는 군의 조직 병리를 날카롭게 파고들었다. 그것은 『지란』에서도 일관된 문제의식이었다. 다카기는 이 책에서 레이테 작전에서 육군특공대를 지휘하다 필리핀 함락 직전 대만으로 도망친 도미나가 교지富永恭次 중장을 언급하며 다음과 같이 적고 있다.

육군 최초의 특공대는 경폭격기를 이용한 반다 부대万朶隊와 중폭격기를 이용한 후가쿠 부대富嶽隊였다. 두 부대 대원들은 특공 계획의 모순과 무모함에 비분했다. 한 대원의 일기에는 "나는 지금 사형수의 심정으로 있다"고 적혀 있다. 또한 감상상문感状上聞에 이르러, 2계급 특진의 영예를 안은 대원은 그 후 생환했기 때문에 죽음을 강요당했고, 마지막에는 사살하려 했다. 이들 특공대를 지휘하고 격려하며 "마지막 한 대로 나도 돌격하겠다"고 하면서 도망친 도미나가 교지 사령관은 태평양전쟁 사상 최대 오점이 되었다.[37]

다카기는 특공대원들의 죽음을 아름답게 묘사하기보다는, '헛된 죽음'으로 죽어야 하는 데 대한 그들의 비분과 이를 낳은 조직 병리와 무책임을 추궁했다. 필연적으로 다카기의 입장에서는 '삶과 죽음의 틈바구니에서 고뇌하며 영원한 평화를 염원하고 나라를 지키기 위해 순국한 젊은이들'이라는 특공대에 대한 이해는 '헛된 죽음을 강요하는 폭력'을 외면하고 있는 것으로밖에 보이지 않았다.

참고로 지란에서 출격한 특공대원들을 '죽음과 삶의 틈바구니에서 고뇌하며 영원한 평화를 염원하고 나라를 지키기 위해 순국한 젊은이들'이라고 표현한 것은 지란고등여학교의 나데시코 모임이 펴낸 『지란특공기지』1979이다.[38] 지란기지로의 근로동원 체험을 했던 지란고등여학교 졸업생들은 종종 특공대원들의 '호국의 정'을 칭송하곤 했다. 그러나 그것

---

36 高木俊朗, 「角川文庫版あとがき」, 『特攻基地知覧』(改版), 角川文庫, 1995, 364쪽.
37 위의 책, 360쪽.
38 知覧高女なでしこ会 編, 『知覧特攻基地』, 文和書房, 1979.

은 다카기가 보기에는 군 내부의 폐해와 폭력의 역사를 은폐하는 것이나 다름없었다.[39]

때마침 1974년에는 특공 동상 '도코시에니'とこしえに, 영원히가 건립되고, 이듬해에는 특공유품관이 건설되는 등 특공관음이 있는 옛 비행장 터는 점점 더 '특공의 성역'으로 변모해가고 있었다. 위령제 참석자도 해마다 증가 일로를 걸었다. 1964년에는 400명이 참석했지만 1982년에는 800명, 1985년에는 2000명에 달했다.[40] 지란의 성역화가 가속화되고 위령제에서 군가가 드높게 창화唱和되는 상황은 다카기에게 용납하기 어려운 일이었다.

그렇다고는 하지만 다카기의 의도와는 별개로 다카기의 저술이 지란의 성역화를 뒷받침하는 기능을 수행한 점은 부인할 수 없다. 확실히 구군의 조직 병리를 비판적으로 논한 다카기의 특공 인식은 전우회에서 만들어지는 특공 인식과는 분명히 이질적이었다. 하지만 다카기의 의도와는 별개로 『지란』은 종종 특공대원의 순수함을 아름답게 그려낸 이야기로 받아들여지기도 했다. 전국소비회全国少飛会, 육군 소년비행병 전우회의 초대 회장 시미즈 슈지清水秀治는 그 설립집회장에서 다카기의 『지란』을 언급하며 다음과 같이 말했다.

---

39 '특공'으로 기울어져 가는 지란의 모습에 대한 비판은 다카기 도시로의 논의가 가장 두드러지지만, 이는 사회적으로도 어느 정도 공유되고 있었다. 예를 들어 『아사히신문』(1968.8.22)은 지란을 언급하면서 "전후에 특공대원에 대해 지어낸 이야기나 거짓을 말하거나 찬양하는 사람"을 비판한 다카기의 에세이 「강연회로부터-특공대원의 추억」을 게재하고 있다. 다카기의 논의가 전국 신문에 크게 다뤄졌다는 것 자체가 특공 전적지가 전경화되고 있는 지란에 대한 위화감이 반드시 다카기에게만 머무르는 것은 아니었음을 가리킨다.

저는 얼마 전『지란』이라는 소설을 읽었습니다. 특공대로 출격했던 우리 동료들을 보았습니다. 어떤 장교는 특공 출격을 거부하고 결국 비행장에서 자폭했다고 하는데, 그에 반해 소년비행병들은 순진하게 소중한 비행기와 함께 나라에 도움이 되는 것을 자랑스러워하며 웃으며 이륙해 갔다는 내용이 적혀 있었습니다. 이 마음이야말로 우리 소년비행병의 마음이었다고 생각합니다.[41]

다카기의 의도를 넘어『지란』이 '나라에 도움이 되는 것을 자랑스러워하며 웃으며 이륙해 갔다'고 하는 소년비행병의 이야기로 받아들여지고 있음을 알 수 있다. 당사자인 전직 비행병이 이렇게 이해한다면, 지란 주민들이 같은 이해를 했더라도 이상할 것이 없다.

물론 이를 '오독'이라고 말하는 것은 쉽다. 그러나 중요한 것은 그 '오독'을 거론하는 것이 아니라, 왜 그러한 '오독'이 만들어졌는가 하는 점이다. 전우회나 내셔널 미디어와 지란초의 상호작용은 다카기의 구군 비판을 간과해 버릴 정도로 '위령제'적인 '특공'의 서사를 뿌리 깊게 재생산하고 있었던 것이다.

---

40 『町報ちらん』, 1964.9 · 1982.5 · 1985.5.
41 清水秀治, 「全国少飛会の皆様」, 『翔飛』, 創刊号(少飛会), 1968, 1쪽.

3. '평화의 고귀함'이라는 아젠다

'평화'의 강조

하지만 1990년대 이후 지란에는 또 다른 변화가 나타나기 시작했다. 무엇보다 특징적인 것은 수학여행의 증가다. 1989년에는 255개 학교초중고, 기타 합계 3만 8912명가 지란특공평화회관을 방문했지만, 1993년에는 444개교6만 5543명, 2011년에는 621개교5만 6144명로 방문학교 수가 늘어나고 있다.[42]

그것은 전우회 및 유족 관계자의 방문 감소와 나란히 하고 있었다. 전후 60년 이상이 지나면서 당연히 유족과 전 특공대원들의 고령화가 진행되고, 사망하거나 간병이 필요한 상태가 되는 경우도 많아졌다. 이들이 규슈 남단의 위령제를 찾는 것은 물리적으로 어려워져 갔다.

그럼에도 지란특공평화회관의 입장객 수는 오히려 급격한 증가세를 보이고 있다. 특공유품관이 생긴 당초1976에는 4만 2292명이 방문했으나, 그것이 특공평화회관으로 리뉴얼한 1987년에는 35만 1041명, 그리고 2001년에는 71만 9573명으로 약 두 배로 늘었다. 그 이후에도 대략 연간 60만 명 내외로 유지되었다. 이는 특공평화회관을 비롯한 지란의 방문객의 압도적 다수가 유족이나 전우회 관계자가 아닌 수학여행이나 일반 관광객이 차지하고 있는 셈이다.

그것은 필연적으로 지란의 '특공' 서사를 변용시켰다. 이를 말해주는

---

42 知覧特攻平和会館, 「知覧特攻平和会館入館者数」, 知覧特攻平和会館, 2012.

것이 '평화 스피치·콘테스트 from 지란'의 실시이다. 지란초이후 미나미큐슈시의 주최로 1990년에 시작된 이 콘테스트는 '내일 생명 빛나라あしたいのちかがやけ'를 주제로 전국에서 참가자를 널리 모집'하여 '세계의 항구적인 평화를 기원하며 평화의 메시지를 발신'하는 것을 목적으로 하고 있다.[43] 동관에 따르면, "'생명의 고귀함', '평화의 소중함'을 추구하는 의미에 대한 뜨거운 메시지"가 그동안 많이 모아졌다고 한다. 여기서 중요한 것은 실제 스피치·콘테스트의 내용이 아니라 지란특공평화회관이 '생명의 고귀함'이나 '평화의 소중함'이라는 단어를 내걸고 있다는 점이다.

거기에는 '나라를 지키기 위해 순직한 젊은이들'의 현창이라기 보다는 오히려 전후의 평화주의와 기본적 인권의 이념과의 친화성이 엿보인다. 그것이 암시하고 있는 것은 지란에 있어서의 '특공' 서사가 '사자死者의 현창'에서 '평화'로 이동하고 있다는 것이다. 물론 그 전에도 '사자의 현창'에서 '평화'를 이끌어내는 논의가 없었던 것은 아니지만, 이 스피치·콘테스트의 모집 요강에는 '평화'에 대한 언급은 보여도 '사자의 현창'에 대한 언급은 특별히 보이지 않는다.

1990년대 이후 관광객의 대부분은 전후 고도성장기에 접어들면서 출생한 연령대이지, 전장체험자나 그 부모·형제의 세대가 아니다. 그것을 생각하면, '사자' 그 자체가 아니라 전후의 '평화'에 비중을 둔 '특공', '전쟁'의 서사가 전경화되는 것은 어찌 보면 필연적이었다.

---

43 「평화에의 메시지 from 지란─스피치·콘테스트에 대하여」(지란특공평화회관 웹사이트http://www.chiran-tokkou.jp/contest/ 2017.6.2 검색). 제28회 스피치·콘테스트 모집 요강」(http://www.chiran-tokkou.jp/contest/application/index.html 2017.6.2. 검색). 또한 이 스피치·콘테스트의 사무국은 '지란특공평화회관' 내에 설치되어 있다.

세계기록유산 신청의 좌절

하지만 1990년대 이후의 지란이 반드시 '평화'에서 한결같았던 것은 아니다. 오히려 종래의 '현창'의 서사와 새로운 '평화'의 서사와의 알력도 때로는 볼 수 있었다. 지란이 있는 미나미큐슈시와 폴란드 남부의 오시비엥침시와의 우호교류협정을 둘러싼 문제는 이를 여실히 보여준다.

2015년 7월 14일 미나미큐슈시는 아우슈비츠 강제수용소 유적이 있는 오시비엥침시와의 우호교류협정 체결 방침을 발표했다. 당시 미나미큐슈시는 특공대원들의 유서를 세계기록유산으로 등재하는 것을 목표로 하고 있었다. 시는 전년도에도 세계기록유산 등재 신청을 했지만, '일본의 시점만 설명되어 있어 보다 다양한 시점에서 세계적인 중요성을 설명하는 것이 바람직하다'는 등의 이유로 국내 심사에서 탈락한 바 있다.[44] 이런 가운데 우호교류협정은 '일본의 시점'으로 끝나지 않는 '보다 다양한 시점'을 가져다주는 것으로 자리매김하고 있었다. 시모이데 간페이霜出勘平 시장당시도 "아우슈비츠 박물관에서 지란특공평화회관이 소유하고 있는 특공대 관련 자료를 전시할 수 있다면, 전 세계인이 특공에 대해 이해할 수 있을 것이라 생각하여 우호교류 제휴를 생각했다"고 말했다.[45]

그러나 이 협정 구상이 발표되자 유족과 전 대원 등으로부터 강력한 항의가 쏟아졌다. "조국과 가족을 지키려던 특공대원 및 특공 출격과 나치에 의한 유대인 학살이 동질적으로 받아들여질 수도 있다"는 비판이 100건 이상이었다고 한다. 미나미큐슈시 총무과장은 "(항의전화를 걸어온

44　『朝日新聞』, 2015.2.14.
45　『産経新聞』, 2015.7.25.

사람들에게) 시의 입장을 설명했지만, 이해해 주는
사람은 아무도 없었다"고 했는데, 항의는 그만큼
뿌리 깊은 것이었다. 결과적으로 교류협정 체결
은 단념하게 되었다.[46]

'특공'과 '홀로코스트'가 어떻게 연결되는지
를 묻는 유족들의 지적은 어떤 의미에서 정곡을
찌른 것인지도 모른다. 미나미큐슈시가 이 점을
다 메우지 못한 것이 혼란을 초래한 요인이기는
하다. 그러나 오히려 물어야 할 것은 왜 이런 우
호 교류 협정을 생각해 냈는가 하는 것일 것이다.
거기에는 앞서 언급한 전적지 관광의 변질이 관
련되어 있다.

"특공 출격과 유대인 학살을 동일시하는 것이
냐"는 유족의 지적은 분명히 종래의 전우회·유
족의 전적지 관광으로 상징되는 '현창'의 논리이

〈그림 7-11〉'지란'과 '아우슈비츠'의
우호협정 보도
(『南日本新聞』, 2015.7.15)

다. '조국과 가족을 지키려고 한 특공대원'이라는 표현에 잘 나타나 있다.
이에 반해 오시비엥침시와의 우호협정을 모색하는 입장은 최근 수학여
행으로 상징되는 '평화'의 논리에 가깝다. 거기에는 '현창'에만 국한하지
않고 '평화의 고귀함', '생명의 소중함'으로까지 이야기를 넓혀가고자 하
는 지향이 돋보였다. 제2차 세계대전의 피해와 폭력을 가장 상징하는 '아

---

46 『産経新聞』, 2015.7.29.

<그림 7-12> 유족의 반발과 우호협정중지 보도
(『南日本新聞』, 2015.7.28)

우슈비츠'가 선택된 것도 그 때문이었다.

하지만 위에서 언급한 바와 같이 '왜 지란과 아우슈비츠가 연결되는가'라는 질문에 대한 답은 담겨 있지 않았다. 제2차세계대전의 전화戰禍와 관련된 장소라는 공통점이 있지만, 뒤집어 보면 그 이상의 공통점은 없으며, 나치에 의한 대량학살과 '국가를 위해 순국한 특공대원'을 동렬로 취급하는 것은 어떻게 생각해도 어려운 일이다.

그것은 곧 최근 수학여행객이나 일반 여행객을 향한 '평화'의 서사가 특별히 파헤쳐지는 일 없이, 오히려 모종의 사고정지를 낳고 있다는 것을 암시한다.[47] 학교 교육의 일환인 수학여행에서는 종종 '정치적 중립'이 요구되며, 역사인식 등 논쟁적인 주제를 둘러싼 가치판단은 대체로 피하는 경향이 있다. '평화'라면 가치중립적인 것으로 누구나 받아들일 수 있지만, '현창'이나 '전쟁책임 추궁'에 비중을 두면 '편향'이 비난받을 수 있다. 일반관광에 대해서도 다양한 가치관을 가진 불특정 다수의 방문을 전제로 하기 때문에 논란의 여지가

---

47   '평화'의 서사가 내포하고 있는 정치학에 대해서는 山本昭宏, 「〈平和の象徴〉になった特攻」, 福間良明・山口誠 編, 앞의 책 참조.

있는 주제에 개입하는 것을 주도면밀하게 피해 간다. '평화'라는 무색투명의 단어가 선택되는 이유이다.

하지만 달리 보면, 이는 '평화'를 주창하는 것이 배경이나 사실을 깊이 있게 읽으려는 사고를 가로막고 있음을 가리킨다. 누구도 부정하지 않는 '평화의 중요성'을 확인하는 것은, 역사를 직시하고 사고를 깊이 파고드는 것을 제지하는 것일 뿐이다.

그것은 종래의 '위령제'적인 '특공'의 서사와도 통하는 것이기도 했다. 앞서 언급했듯이 이러한 '기억'은 과거의 사회와 조직 병리를 파헤쳐 사고하는 것을 억제하고 '탈역사화'를 촉구해 왔다. 실제로 전우회·유족의 전적지 순례에 뿌리를 두고 있던 당시의 '현창'의 서사와 수학여행·일반관광을 전제로 한 '평화'의 서사는 언뜻 보기에 전혀 다른 것 같기도 하다. 그러나 어느 쪽이든 역사적 배경에 다가서려는 사고를 억누른다는 점에서는 동등했다. 오히려 그때그때의 방문객에 맞춘 '편안함'과 '무난함'을 추구했다는 점에서는 일관적이었다고까지 말할 수 있다. '위령제'든 '평화'든 모두 '탈역사화'를 뒷받침하는 것이었다.

탈역사화의 욕망

지란에서는 전후 4반세기를 거치면서 '특공의 기억'이 지역의 기억으로 발견되게 되었다. 전우회의 활성화, 전쟁 서적, 전쟁영화의 고조, 고도성장의 부정적 유산으로서의 과소화가 서로 중첩되는 가운데 '특공의 고장 지란'이 사회적으로 구축되었고, 지란도 그 이미지를 역수입하면서 지역 정체성을 창출해 갔다. 하지만 거기서 '특공'이 선택된 것은 다른 기억을 망각하고 도려내는 일이기도 했다. 지역 주민의 전쟁 체험이나 특공의 배후에 있는 공적인 폐해는 뒷전으로 밀려났다. 특공대원들의 '사적인 심정미心情美'에 대한 관심이 높아지는 가운데, 그러한 '미'를 강요해온 공적인 배경은 잘려져 나가고 '탈역사화'가 진행되어 간다.

거기에는 지역로컬과 중앙내셔널, 그리고 미디어의 공범 관계라고 할 만한 것이 관련되어 있었다. 지란을 둘러싼 '전쟁 기억의 계승'은 그런 역학관계에 의해 지탱되고 있었다.

그렇다고는 하지만 전우회나 유족 관계자가 아닌 수학여행이나 일반 관광객이 압도적으로 많이 찾게 된 오늘날, '현창'보다는 '평화'에 무게를 둔 '기억'도 만들어져 가고 있다. 하지만 그렇다고 해도 '탈역사화'를 촉구하고 있다는 점에서는 변함이 없다. 그것은 고뇌와 회한을 띤 자신의 기억이 아니라 타인의 기대에 맞춰 만들어진 '기억'에 기반한 것이기 때문에 생기는 귀결이기도 했다. 그것은 당연하고 무난하고 기분 좋은 것이기는 했지만, 그 이상의 것은 결코 아니었다.

이러한 '계승'의 모습은 비단 지란에만 국한된 것은 아닐 것이다. 전후 70년 이상이 지나면서, 과거를 이야기할 수 있는 전쟁 체험자는 줄어들고 있다. 당연히 비체험 세대가 당사자를 대신해 당시를 이야기하고, 나아가 그것을 전하는 '내레이터語り部, 가타리베'를 맡는 일은 드물지 않다. 히로시마나 오키나와에서도 마찬가지다. 그렇다면 타인의 기대를 내면화한 '기억'의 이야기는 점점 더 양산되는 것은 아닐까.

물론 그곳에서 '평화의 고귀함'이 많이 이야기되겠지만, 그것은 일종의 사고 정지를 불러일으키는 것도 쉽게 상상할 수 있을 것이다. '야스쿠니 문제'나 '집단자결 문제' 등 역사를 둘러싼 논쟁은 여전히 끊이지 않고 있으며, 따라서 불특정 다수가 방문하는 전적지에서는 논쟁의 쟁점과 관련된 주제를 교묘하게 기피하게 된다. '기억의 장소'를 방문하고 있으면서도 그런 이유로 하여 기억과 역사적 배경에 대해 깊이 생각하는 것을 억누르고 만다.

그렇다면 지란의 사례는 결코 특수한 것이 아니며, 앞으로를 생각하면 오히려 일반성을 지닌 것일지도 모른다.

지란을 둘러싼 '기억'의 모습은 전후사의 문제인 동시에 현재의 문제이자 미래의 문제이기도 하다. '계승'을 따라다니는 '탈역사화'의 욕망을 어떻게 마주할 것인가. 지란의 전후사는 전적지가 만들어내는 '기억'의 정치학을 반영하고 있다.

제 8 장

'위령제'의 담론 공간과 '히로시마'
'무난함'의 정치학

'축제의 장'과 내면의 분노

나가사키 원폭을 경험한 작가 하야시 교코林京子는 소설 「축제의 장祭りの場」『群像』. 1975.6에서 나가사키 의과대학생이었던 아들의 시신을 찾아 헤매는 '큰아버지'의 심정을 다음과 같이 기술하고 있다.

치아가 발견되면 죽은 것이 확실하다. 하나의 재와 뼈 속에서 (치아에 박혀 있었을지도 모르는) 금 알갱이가 빛났다. 꺼내어 보니 완전히 녹아 굳어 있었다. 아들이라고 단정할 만한 증거품은 어떤 산에도 없다. 큰아버지는 (수많은 시신) 더미 한가운데 앉아 아들이 죽지 않았을지도 모른다고 생각했다. 희망이 생겨 마지막 시신을 살펴보았을 때 아들의 만년필 펜촉을 발견했다. 튼튼한 금색 펜은 아들의 것이었다. 나의 아버지가 입학 선물로 주신 독일산 만년필 그 펜촉이었다. 참았던 눈물을 한꺼번에 쏟으며 죽었구나, 죽었구나, 라며 양손으로 쓰다듬었다. (…중략…)

큰아버지는 만년필을 찾았지만 포기할 수 없었다. 불에 탄 시신과 중상자를 살펴보며 걸었다. 의대생에게 이름을 알려주며 물었다. 두세 명의 학생이 알고 있었고 같은 말을 했다. 죽은 것이 확실해 보였다. 큰아버지는 불탄 자리에서 이나토미稲富를 만났다. 이나토미가 나의 안부를 물었다.

그날부터 전쟁이 끝나는 날까지 큰아버지는 자신의 방에서 나오지 않았다. 나는 8월 15일 종전을 알리는 라디오 방송을 들었을 때의 큰아버지의 말을 잊을 수 없다. 떨리는 입술을 깨물며 라디오를 듣던 큰아버지는 "왜, 좀 더 빨리 말하지 않았나"라며 목소리의 주인공을 원망했다.

종전 후 그 사람이 이사하야시諫早市에 찾아왔다. "보러 가자"며 뛰쳐나온 여동생의 옷깃을 큰아버지가 잡아당겼다. "집에 들이지 마라. 다른 사람들도 내 말을 들어라" 한낮이었지만 덧문을 모두 닫게 했다. 그 무렵 우리는 큰아버지 집에 함께 살고 있었다. 무력한 큰아버지의 처절한 저항이었다.[1]

여기에는 자식을 잃은 부모의 슬픔과 함께 원폭이 투하될 때까지 전쟁을 장기화한 국가와 천황에 대한 분노가 드러난다. 옥음방송은 라디오라는 매체를 통해 천황과 국민을 반쯤 통합한 '종전의식'을 성립시켰다.[2] 그러나 '큰아버지'가 거기에서 발견한 것은 슬픔의 카타르시스로 가득 찬 '상상의 공동체'가 아니다. 옥음방송이 '큰아버지'를 자극한 것은 '왜, 좀 더 빨리 말하지 않았느냐'는 분노였다. 이는 쇼와천황의 나가사키 순행1949 때 집안의 문을 모두 걸어 잠그고 거부의 뜻을 전하려고 할 정도로 철저한 것이었다. 그것은 '무력한 큰아버지의 필사적인 저항'에 불과했을지 모르지만 가능한 최대한의 저항이었다고 볼 수 있다.

'원만함'과 전후 71년

그로부터 약 70년이 지난 2016년 5월, 미국 오바마 대통령이 히로시마를 방문했다. 미국 정부 수뇌부의 방문은 전후 처음이었기 때문에 전국의 신문과 텔레비전은 방문 전부터 이를 크게 다루었다. 그러나 '축제의 장'에서 '큰아버지'의 원한과 같은 심정은 그다지 언급되지 않은 것 같다. 신문 지면에서도 '히로시마가 전하는 비핵화 염원은 하나', '오바마,

---

1   林京子, 「祭りの場」, 『群像』, 1975.6, 53쪽.
2   佐藤卓己, 『八月十五日の神話』, ちくま新書, 2005.

피폭자에게 다가가 악수', '피폭자 포옹, 오바마 대통령과 생각 일치' 등의 제목과 피폭자를 안아주는 오바마 대통령의 사진이 눈에 띄었다.[3]

물론 원폭 투하에 대한 '사과'가 없었다는 점, '핵 없는 세상'과는 거리가 먼 미국의 상황에 대한 비판이 없었던 것은 아니다. 그러나 전체적으로 볼 때 오바마 대통령의 방문에 대한 환영 분위기라고 해야 할까, 조화롭고 무난한 보도가 언론에서 많이 보였다.

이러한 보도 태도는 처음부터 예견된 것이기도 했다. 애초에 미국 내에서는 원폭투하를 긍정하는 여론이 여전히 강고한 만큼, 대통령 개인의 판단으로 피폭지에서 '사과'를 한다는 것이 불가능에 가깝다는 것은 어쩌면 자명한 일이다. 그러한 제약이 있음에도 굳이 히로시마를 방문한 것에는 일정한 평가를 내릴 수 있을 것이다. 이를 맞이하는 일본이나 히로시마의 입장에서도 강대국의 국가원수를 세레모니 자리에서 비판하고 추궁하는 일은 생각하기 어렵다.

이런 점을 고려하면 오바마 대통령의 히로시마 방문 보도가 줄곧 원만했던 것은 당연한 일이다. 히로시마 방문과 그곳에서의 성명이 어떤 새로운 정치적 전개를 만들어 낼 것이라는 것은 애초에 생각하기 어려운 일이었다. 그것은 전후 70년의 미일 관계와 '화해'를 상징하는 정치적 이벤트였을지 모르지만, 그 이상의 성과는 애초에 기대할 수 없다는 점에서 논점이나 쟁점이 불분명한 의제였다고 할 수 있다.

그럼에도 불구하고 방문 전부터 이 사건을 둘러싼 보도는 뜨겁게 달

---

3 『朝日新聞』, 2016.5.28; 『読売新聞』, 2016.5.28.

아올랐다. 그렇다면 왜 이런 열기와 원만함이 공존할 수 있었던 것일까? 더 나아가 이러한 무난함은 전후 일본 속에서 어떻게 만들어진 것일까? 본 장에서는 제2장의 논의와도 연계하여 전후 히로시마 원폭피해 유적에 관한 담론의 변용을 조망하면서 이러한 물음에 대해 검토해 보고자 한다.[4]

유적에 대한 거부감과 '축제'

오바마 대통령이 연설한 히로시마 평화기념공원은 1949년 발표된 건축가 단게 겐조丹下健三의 계획에 따라 1950년대 초반에 정비되었다. 평화대로에서 원폭자료관 필로티, 하니와埴輪 모양의 위령비를 통해 원폭 돔을 바라볼 수 있도록 그것들이 일직선상에 배치되어 있다는 것은 잘 알려져 있다.

그러나 제2장에서도 언급했듯이, 처음에는 이러한 설계안에 대한 불편한 감정이 적지 않았다. 그중에서도 두드러진 것은 원폭 돔 철거론이었다. 히로시마 평화기념도시건설전문위원회 위원장이었던 이누마 가즈미飯沼一省는 1951년 무렵의 의견서에서 "평화도시의 기념물로는 매우 부적합하며, 개인적인 생각으로는 조속히 철거하고 그 터를 깨끗하게 청소해야 한다고 생각한다."고 말했다.[5] 히로시마 시장 하마이 신조濱井信三도 『주고쿠신문中国新聞』1951.8.6에 게재된 좌담회 「평화제를 말하다」에서

---

4   히로시마 전쟁 피해 유적에 대한 역사에 대해서는 졸저(『「戦跡」の戦後史』, 岩波現代全書, 2015)에서 논한 바 있다. 이 장에서는 그 논의를 바탕으로 '무난함'이 논의의 억제를 낳는 미디어의 역학에 대해 고찰한다.
5   飯沼一省, 「広島平和記念都市建設計画についての意見書」, 広島市公文書館所蔵, 1951.

"나는 보존할 방법이 없는 것이 아닌가라고 생각한다", "돈을 들이면서까지 남겨서는 안 된다고 생각한다"라고 밝히고 있다. 히로시마 언론에서도 비슷한 논의가 있었던 것은[6] 제2장에서 언급한 바와 같다.

그 이면에는 끔찍한 과거 경험의 회상을 거부하려는 감정이 존재한다. 히로시마에 거주하는 작가 하타 고이치畑耕一는 1946년 논설 「완전히 새로운 히로시마를」『주고쿠신문』, 1946.2.27에서 "원자폭탄에 대한 기록은 사료나 서적으로 남기는 것 외에 그 어떤 것도 새로운 히로시마의 땅 위에 남기고 싶지 않다"고 적고 있다. 원폭 돔을 직접적으로 언급한 것은 아니었지만, 과거의 참상을 떠올리게 하는 것을 눈에 보이지 않게 없애고자 하는 의지가 엿보인다.

다소 시기적으로는 후년이지만, 히로시마 거주 작가 시조 미요코志條みょ子의 발언도 비슷한 감정의 존재를 뒷받침한다. 시조는 『주고쿠신문』 1973.1.25에 기고한 「'원폭문학'에 대하여」라는 에세이에서 "그런 끔찍한 지옥 그림 따위는 더 이상 보고 싶지도 듣고 싶지도 않다"고 생각하며, "원폭을 다루지 않는 소설이나 그림은 히로시마 사람에게는 진정한 작품이 아닌 것처럼 알려져 있다. 7년이나 지난 오늘, 이제 옛일로 잊어버리라는 것은 아니지만, 그러나 이제는 지옥의 그림을 그리거나 지옥의 문장만 늘어놓는 것으로부터는 벗어나도 되지 않겠는가"라고 말했다.

시조의 이 발언은 파문을 일으켜 이른바 원폭문학논쟁제1차을 불러일으켰지만, 적어도 시조의 논의 이면에는 과거를 떠올리는 것조차 거부하

---

6   「あなたはいつまでそのままで?」, 『夕刊ひろしま』, 1948.10.10; 「時言 原爆ドームの処置」, 『夕刊 中国新聞』, 1950.10.24.

〈그림 8-1〉 1947년 8월 7일의 히로시마
(『석간 히로시마(夕刊ひろしま)』, 1947.8.7)

고 싶을 만큼의 체험의 무게가 존재한다.[7]

이러한 감정은 일부 문인들뿐만 아니라 시민들 사이에서도 널리 공유되고 있었다. 종전 직후인 1940년대 후반에는 8월 6일을 기점으로 며칠에 걸쳐 히로시마 부흥제와 히로시마 평화축제가 개최되었다. 거기에서는 브라스밴드와 꽃전차, 가면을 쓴 시민들을 태운 수레가 시내를 순회하며 예능대회 같은 것도 열렸다. 『주고쿠신문』[1947.8.7]은 이러한 모습을 '환희로 들썩이는 모습', '모두가 즐거워하는 밝은 모습'이라고 표현하며 대대적으로 보도했다.

그 중에는 "'마치 축하하는 것 같다. 죽은 사람이 제일 불쌍하다'며 탄식하는 사람이 있다", "저런 잔치판을 벌이는 것은 말도 안 된다"는 지적도 있었다.[8] 하지만 그렇다고 하더라도 8월 6일에 맞춘 '축제 소동'이 히

---

7   제2차 원폭문학논쟁에 대해서는 졸저(『焦土の記憶』, 新曜社, 2011) 참조.

8   「放射線」, 『中国新聞』, 1946.8.6; 中国新聞社 編, 『ヒロシマの記録』, 未來社, 1966, 29쪽. 전후 '8월 6일', '8월 9일'의 히로시마·나가사키 축제 이벤트에 대해서는 졸저(『焦土の記憶』) 참조.

〈그림 8-2〉 평화제 고조를 보도하는 기사(『中国新聞』, 1947.8.7)

로시마시나 관련 단체를 중심으로 기획되고, 그것을 지역 언론이 고무적으로 보도한 것을 고려하면 사람들 사이에서 원폭투하일의 축제가 폭넓게 받아들여지고 있었음을 엿볼 수 있다.

그 배경 중 하나는 GHQ 점령하에서 원폭피해의 규모나 투하 책임에 대해 공개적으로 논의하기 어려웠던 것이 한몫했다. 하지만 그뿐만은 아니다. 주고쿠신문사 기자 가나이 도시히로金井利博는 그러한 축제 행사가 진행된 요인으로 "원폭체험자의 입장에서 보면 그런 끔찍한 일을 새삼 떠올리기보다 잊어버리려는 소동, 무리하지 않는 일종의 도피, 아니 어떤 의미에서는 심리적인 저항이기도 하고, 이러쿵저러쿵 어설픈 식견으로 설교하는 사람이야말로 인류사의 공중변소의 뚜껑을 사람들 앞에서 거리낌 없이 열어젖히는 후안무치한 사람, 그것을 체험한 사람은 그 끔찍한 기억과 정면으로 마주하는 것에 지금도 상당한 심리적 노력이 필요하다고 입을 놀릴 것이다"라고 말했다.[9] 너무 많은 체험의 무게가 사람들을 축제로 내몰아 참화의 직시를 거부하려는 감정을 만들어 내고 있었던 것이다.

원폭 돔 철거론도 이러한 여론에 근거한 것이었지만, 한편으로는 폭심지 일대를 기념공원으로 정비하는 것에 대해 호의적인 시각도 적지 않았다.

히로시마대학 총장인 모리토 다쓰오森戸辰男는『주고쿠신문』[1951.8.6] 좌담회 기사에서 "나도 원폭 돔을 남길 필요는 없다고 생각한다", "그런 것을 계속 남겨두는 것은 마음이 편하지 않다"라고 밝히며, "어쨌든 과거를 회상하지 않아도 되는 평화의 전당을 만드는 것이 더 의의가 있다"고 말했다. 그곳에는 피폭 당시의 참상을 노골적으로 떠올리게 하는 유적과 '과거를 되돌아보지 않아도' 되는 '평화의 전당'을 대비시켜 후자를 선택하고자 하는 모습이 엿보인다.

'평화의 전당'인 평화기념공원은 1950년대 초기에 건설·정비가 진행되었다. 원폭 위령비는 1952년 8월에 제막되었고, 1955년에는 히로시마 평화기념자료관원폭자료관이 완성되었다. 이러한 폭심지 일대의 미화는 참화의 흔적을 아름답게 덮어 감추는 것을 의미했다. 평화기념공원이 아름답게 정비되면서 폐허에 불과한 원폭 돔 철거론이 활발해질 것으로 기대되었던 것은[10] 제2장에서 언급한 바와 같다. 분명 기념공원의 남단

9   金井利博, 「卄世紀の怪談 広島の一市民の述懐」, 『希望』, 1952年 7·8月号, 50쪽.
10   「第三回広島平和都市建設専門委員会要点記録」, 1951.1.20, 広島市公文書館所蔵.

에 설치된 원폭자료관은 피폭 유물을 수용하기 위한 것이었지만, 건설전 문위원회 위원장인 이누마 가즈미는 "원폭피해 실상에 대해서는 사진 기록 등으로 이를 새롭게 건축할 전시관에 보존하면 된다. 이 흉물을 새롭게 건설하는 평화도시 중심에 남겨두는 것은 적당하다고 말하기 어렵다"고 밝혔다.[11] 자료관 내부를 제외한 시가지의 공간을 '깨끗한' 공간으로 창조하는 것이 일대의 공원 정비 속에서 구상되었던 것이다.

보존론保存論의 고조

원폭 유적을 둘러싼 논의의 양상에 변화가 나타난 것은 1960년대 중반에 이르러서였다. 이미 1960년 5월에는 히로시마 종이학 모임이 원폭 돔 보존을 위한 서명과 모금운동을 시작했으며, 같은 해 12월에는 원수폭금지일본협의회일본원수협가 히로시마시에 원폭 돔 보존요청서를 전달했다. 그러나 하마이 신조 시장은 "지금 당장 보강하려고 해도 1천만 엔이 소요되는 예산을 마련하기 어렵다", "나로서는 돔을 보강해서까지 보존할 가치가 없다고 생각한다"고 발언했다.[12]

그러나 같은 시기에 원폭 돔에 대한 자연 붕괴 우려가 제기되었다. 당시 조사에서도 '차량 진동 정도로도 붕괴될 우려'가 있다고 지적되었다.『주고쿠신문』, 1961.8.31 이에 대한 위기감도 더해져 원수폭금지히로시마현협의회 '평화와 학문을 지키는 대학인 모임' 등 히로시마의 11개 단체는 1964년 12월 원폭 돔 영구 보존을 요구하는 요청서를 시장에게 전달했

---

11 「広島平和記念都市建設計画についての意見書」, 앞의 책.

12 『中国新聞』, 1960.8.21(夕刊); 1963.10.5.

다. 요청서에는 "히로시마 원폭 유적은 단지 히로시마의 참상의 기념물일 뿐만 아니라 인류가 파멸과 번영의 갈림길에 서게 된 원자력 시대 최고의 기념탑이며, 또한 그 과오를 다시는 되풀이해서는 안 된다는 계율의 금자탑이다", "이것을 지키고 남기는 것은 단지 우리 히로시마의 후손에 대한 책임일 뿐만이 아니라 인류에 대한 히로시마의 책무라고 생각한다"라고 기록되어 있었다.[13] 이는 1950년대 초에 나타났던 '평화도시의 기념물로서는 전혀 어울리지 않는 것', '비참함 외에는 아무것도 아닌 잔해'와 같은 원폭 돔에 대한 인식과는 크게 다르며, 오히려 피폭 유적에 대한 신성함을 엿볼 수 있다.

체험기의 활성화

원폭 돔 보존을 둘러싼 여론의 확산은 피폭 체험기의 활성화와 맥락을 같이 했다. GHQ의 점령이 끝난 직후, 그리고 제5후쿠류마루第五福竜丸 사건1954을 계기로 원수폭금지운동이 활발했던 1950년대 중반에도 피폭 체험기 발간이 활발한 편이었지만, 1960년대 후반에는 그보다 훨씬 많은 기록이 출판되었다. 이에 주고쿠신문사가 1966년부터 1971년에 걸쳐 정리한 '히로시마의 기록広島の記録' 시리즈 『증언이 사라지지 않는 히로시마의 기록証言は消えない広島の記録』1, 『화염의 날로부터 20년 히로시마의 기록炎の日から20年 広島の記録』2, 『히로시마·25년 히로시마의 기록ヒロシマ·25年 広島の記録』3, 『히로시마의 기록 연표·자료편ヒロシマの記録 年表·資料

---

13   原水爆禁止広島県協議会事務局長·伊藤満ほか11名,「要請書」,広島市議会 編,『広島市議会史 議事資料 編』II, 1986, 817쪽.

編』은 모두 미라이사未来社에서 간행되었는데, 그 임팩트는 컸다.

1968년에는 나가사키의 증언간행위원회長崎の証言刊行委員会의 정기간 행물인 증언 기록집『나가사키의 증언長崎の証言』이 창간되었다. 나가사키 에서의 이러한 움직임은 히로시마에서의 새로운 증언과 기록 수집을 촉 진시켜 이후에『히로시마·나가사키 30년의 증언広島·長崎30年の証言』上下, 未 来社, 1975의 간행과 잡지『히로시마·나가사키의 증언ヒロシマ·ナガサキの証言』 의 창간1982을 이끌었다.

때마침 베트남전쟁이 격화되면서 과거의 전쟁체험이 재조명되기 시 작했다. 미군의 북베트남 폭격은 일본에서도 매일 신문과 뉴스를 통해 보도되었으며, 이는 20년 전 일본 각지의 공습을 떠올리게 했다. 한편 미 군은 사세보와 오키나와 기지에서 베트남으로 출격했는데, 이는 당시 일 본의 전쟁 협력과 과거의 '가해 책임'을 문제 삼는 계기가 되었다. 이러한 배경으로 전쟁소설 외에도 개인 전우회에 의한 전장체험기록이 1960년 대 중반부터 1970년대 초반에 걸쳐 다수 간행되었다.

히로시마와 나가사키의 체험기록 붐도 이러한 흐름에 따른 것이었지 만, 사세보와 오키나와를 둘러싼 핵 문제도 컸다. 1968년 1월 핵무기를 탑재할 수 있는 항공모함 엔터프라이즈가 사세보 미 해군기지에 기항했 을 때, 전국에서 약 4만 명이 시위에 참가하여 경찰 기동대와 격렬한 충 돌이 벌어지기도 했다사세보 투쟁. 이미 오키나와에서는 메이스Mace B 등 핵무 기 배치가 드러나 오키나와 반환이 실현되더라도 오키나와 주둔 미군기 지로의 핵무기 반입이 계속될 것이라는 우려가 존재했다.

재한 피폭자와 재오키나와 피폭자 문제도 피폭 체험론을 활성화시켰다. 한반도와 오키나와에 거주하는 피폭자의 존재가 밝혀지면서 히로시마·나가사키 혹은 일본에 국한된 논의는 재검토를 요구받게 되었고, 한반도와 오키나와에 대한 가해 문제와 얽히면서 히로시마 고유의 체험이 재조명되기 시작했다. 원폭 돔 보존운동은 한편으로는 피폭 체험을 발굴하고 재조명하려는 이러한 움직임과 맞물려 있었다.

'보존'과 논의의 억제

한편 원폭 돔의 보존과 주변 정비가 무언가에 대한 시야를 흐리게 만든 것도 간과해서는 안 된다. 앞서 언급했듯이 종전 직후의 원폭 돔은 끔찍한 체험을 직접적으로 떠올리게 했기 때문에 철거를 요구하는 목소리가 높았던 것이다. 그런 목소리에는 유적 직시를 거부할 정도의 체험과 기억의 무게가 있었다. 전후 20년 가까이 지나 원폭 돔 보존이 히로시마에서도 폭넓은 지지를 받게 된 것은 종전 직후의 이러한 논의가 배경으로 작용했음을 의미한다.

그러나 1960년대 중반에도 원폭 돔에 대한 거부감을 지울 수 없는 피폭체험자가 있었다. 『주고쿠신문』1965.7.29은 원폭 돔 보존 여론이 고조되는 한편, "피폭 시민들 중에는 '돔을 볼 때마다 그 참상이 떠올라 불쾌감을 느낀다'는 등 보존 반대 목소리도 적지 않다"고 보도했다. 그러나 보존론이 우세해지고 '정당함'까지 띠게 되면서 이런 종류의 위화감은 공적인 담론 공간에서 배제되기 시작했다.

모금운동에 협력한 배우 다무라 다카히로田村高廣는 히로시마시 편 『돔은 호소한다-원폭 돔 보존기념지ドームは呼びかける-原爆ドーム保存記念誌』

1968에 짧은 글을 기고했다. 이 글에는 "내 개인적인 감정으로는 원폭 돔을 빨리 철거해 주었으면 좋겠다. 원폭 돔을 보면 어쩔 수 없이 그날을 떠올리게 된다. 그러나 국민 전체의 입장에서 생각하면 전쟁의 비극을 두 번 다시 반복하지 않는 평화의 상징으로서 원폭 돔은 반드시 남겨야 한다"는 피폭체험자의 호소에 감동했다는 내용이 적혀 있다.[14] 그러나 이는 결국 원폭 돔 보존론이 '원폭 돔을 빨리 철거해 달라'는 '개인적인 감정'을 억누르고 있었다는 것을 암시한다. 미담이나 정당성과도 결부되면서 우세해진 보존론은 그 연장선상에서 체험의 목소리를 봉쇄하는 기능도 가지고 있었던 것이다.

이를 생각하면서 제2장에서도 언급한 영문학자 마쓰모토 히로시히로시마대학 조교수의 논의를 다시 한번 인용하고자 한다.

원폭 돔이 보수되었을 때, 나는 그 취지에 찬성해 미력이나마 협력했지만, 보수공사가 완성되어 돔이 다시 모습을 드러냈을 때 나는 뭔가 잘못된 일을 하지 않았나, 하는 생각에 빠졌음을 기억한다. 공사는 돔이 풍화해 급속히 붕괴하려고 할 때 그 풍화를 막기 위해 최신 약제로 보강했던 것인데, 풍화가 보수되면서 돔은 갑자기 생명을 잃은 것처럼 보였다.

본질적으로 말하면, 보강공사와 동시에 돔은 전혀 별개의 돔이 되어 버렸다. 그것은 1945년 8월 6일의 체험 유적으로서의 의미를 상실하고, 전후 다수 건립된 기념비와 같은 것으로 바뀌어버렸다. 풍화를 막은 게 아니라 도리어 촉진시켜 버린 것은 아닐까.[15]

마쓰모토에게는 당시 첨단 건축기술을 동원하여 보수되고 주변이 아름답게 정비된 원폭 돔이 이전과는 전혀 다른 이질적인 것이었다. 보존공사로 인해 이 거대한 폐허에 대대적인 손질이 가해지면서 "갑자기 그 생명을 잃어"버리고 "원폭 돔은 전혀 다른 돔이 되었"다. 이것은 '1945년 8월 6일의 체험 유적으로서의 의미' 상실을 말해주는 것으로 원폭 돔은 '전후에 세워진 수많은 기념비와 같은 것'으로 바뀌어버렸다. 전후 얼마 지나지 않은 시기에는 끔찍함을 자아내는 원폭 돔과 추상적인 아름다움을 담은 평화기념공원과 같은 기념물은 종종 이질적인 것으로 여겨졌다. 하지만 마쓰모토의 눈에는 보존된 원폭 돔은 유적으로서의 성격을 상실하고 주변의 기념물에 녹아든 것처럼 비쳤다. 이는 직시하거나 말하기를 거부할 정도의 기억의 무게가 원폭 돔을 둘러싼 공적 담론에서 배제되는 상황과 맞물려 있었다.

정치적 쟁점의 배후화

보존론의 고조는 정치적 쟁점을 피하는 데에도 영향을 미쳤다. 1960년대 중반 당시 원수폭 금지운동은 심각한 내분을 안고 있었다. '모든 핵에 반대한다'는 입장을 취했던 사회당 총평계総評系와 달리 일본공산당계 회원들은 소련과 중국의 핵실험을 지지하는 입장을 굽히지 않았다. 필연적으로 원수폭금지대회는 서로를 향한 비난이 난무하는 장이 되었다. 그 결과 사회당 총평계 멤버들이 일본원수협원수폭금지일본협의회을 탈퇴하고

---

14   広島市 編, 『ドームは呼びかける 原爆ドーム保存記念誌』, 1968, 70쪽.
15   松元寛, 「被爆体験の風化」, 『中国新聞』, 1970.8.3.

원수금국민회의원수폭금지일본국민회의를 결성하면서 원수폭금지운동은 분열에 이르렀다. 이러한 운동의 행태에 대한 사회적 반감은 컸다. 문학평론가 야마모토 겐키치山本健吉는 『요미우리신문読売新聞』1966.8.29 석간에 기고한 글에서 "원수폭 반대 평화대회는 매년 8월에 히로시마에서 열리고 있지만, 이토록 국민 대다수의 무관심 이상의 혐오감을 불러일으키면서 독불장군식으로 진행되는 행사도 드물다. 책임은 국민에게 있는 것이 아니라, 그 소속 정당의 이해관계나 이념을 내세워 주최하고 참가하는 이른바 '평화주의자'들의 독선에 있다"고 지적하며 원수폭금지운동의 당파적 대립과 정치주의를 비판했다.[16]

이런 가운데 원폭 돔 보존운동은 원수폭금지운동을 둘러싼 정치적 쟁점을 유보할 수 있을 것으로 전망되었다. 제2장에서도 언급했듯이 한 찬동자는 모금 사무국에 보낸 편지에서 "현재 '잘못을 되풀이하지 않기' 위한 운동이 이데올로기 대립으로부터 여러 갈래로 분열되어 있어 매우 유감입니다. 이 운동들은 원폭 돔을 중심으로 하나가 되어야 한다고 생각합니다. 나는 이런 마음으로 모금운동에 기꺼이 참여한 사람입니다"라고 적고 있다.[17] 원수폭금지운동의 당파대립에 대한 불쾌감이 '모금운동'에 대한 찬성으로 이어졌음을 알 수 있다. 법학자 우치야마 쇼조内山尚三도 『돔은 호소한다—원폭 돔 보존기념지ドームは呼びかける─原爆ドーム保存記念誌』에 기고한 글에서 "평화에 대한 열정이 식어갈 때, 또 이데올로기와 감정에 치우쳐 평화를 위해 힘을 결집하는 것을 잊어버렸을 때, 이 돔은 말없

---

16 山本健吉, 「文芸時評(上)」, 『読売新聞』, 1966.8.29(석간).
17 広島市 編, 앞의 책, 60쪽.

이 많은 사람들을 격려하고 나아가야 할 길을 보여준다"고 말했다.[18] 원폭 돔 보존운동은 '이데올로기와 감정'을 내려놓을 수 있다고 여겨졌다.

실제로 모금운동은 정치적 당파를 초월하여 전개되었다. 1966년 11월 모금운동이 시작되자 원수폭금지일본국민회의, 일본노동조합총평의회, 일본 사회당 등 사회당에 가까운 조직뿐만 아니라 자민당 현연県連과 공산당도 모금활동을 벌였다. 앞서 언급한 히로시마 11개 단체의 돔 보존요청서1964.12도 당파를 초월하여 작성된 것이었다. 히로시마현 피폭자단체협의회는 1964년 소련과 중국의 핵실험에 대한 대응을 둘러싸고 동일 명칭 그대로 공산당계와 사회당계로 분열되었지만, 분열 후 얼마 지나지 않아 양 단체는 이 요구서에 이름을 올렸다. 거기에서도 원폭 돔 보존이 정치적 쟁점을 유보할 수 있는 사안이 되었음을 짐작할 수 있다. 원수폭금지운동이 심각한 이데올로기 대립에 빠져 있던 상황에서 이를 불문에 붙일 수 있을 것으로 판단되었기 때문에, 원폭 돔 보존운동은 히로시마뿐만 아니라 전국적인 열기를 보여 주었던 것이다.

증언의 억제

과거를 직시하기 어려울 정도의 체험의 무게가 배경이 되고 정치적 쟁점을 불문에 붙이는 역학적 현상은 비단 히로시마를 둘러싼 미디어 담론에 국한된 것이 아니다. 오히려 전우회와 같은 체험자 모임이나 유족도 참여하는 위령제에서도 광범위하게 볼 수 있다. 앞서 언급했듯이 전

---

18 위의 책, 68쪽.

우회는 적지 않게 '가해 증언 등을 억제하고 회원을 통제하는 기능'을 가지고 있었다. 과거 '전우들'이 친목을 다지는 것은 그 연장선상에서 '전우회 구성원들이 전장의 비참한 현실과 잔혹행위, 상관에 대한 비판 등에 대해 이야기하거나 기록하는 것을 통제하고 관리'하는 것으로 이어졌다.[19] 과거의 상급자와 병사들의 친목의 장은 증언이나 기억을 이끌어내기보다는 폭로를 억압하는 것이기도 했다.

이는 앞장에서 다룬 지란知覧을 살펴보면 이해하기 쉽다. 1960년대 중반 이후 전쟁기록 붐과 전우회가 활성화되면서 한때 육군 특공기지가 있던 지란은 가고시마현 남단에 위치했음에도 불구하고 많은 전우회 관계자들이 방문하게 되면서 위령제가 빈번하게 거행되었다. 그곳에 모인 사람들은 과거 특공대원들만이 아니었다. 특공 출격을 명령하는 입장에 있던 전 제6항공군사령관육군중장 스가와라 미치오菅原道大, 항공총사령관육군대장이었던 가와베 마사카즈河辺正三 등이 참석하는 경우도 드물지 않았다.[20] 출격을 명령할 때에는 "최후에는 나도 특공 출격한다"고 호언장담했던, 전후에 살아남은 이들 전직 고위 관리에 대한 원망이 종종 회자되긴 했지만[21] 위령제에서 그것은 봉인되었다.

유족에 대한 배려도 논쟁의 억제를 부추겼다. '지원'을 강요하는 군의 폭력이나 전술적 효과를 거의 기대할 수 없음에도 불구하고 명분을 위해 무의미한 특공 출격을 반복한 군 조직의 병리현상은, 과거 영화보도반원

---

19   吉田裕, 『兵士たちの戦後史』, 岩波書店, 2011, 111쪽.

20   예를 들면 「護国神社, 特攻観音夏祭り」, 『町報ちらん』, 1966.8.10; 「特攻観音夏祭り」, 『町報ちらん』, 1970.6.15 등.

21   高木俊朗, 『特攻基地知覧』, 角川文庫, 1973(초판은 아사히신문사, 1965).

이었던 다카기 도시로高木俊朗의 『지란』1965 등에 의해 상세히 밝혀졌지만, 그런 일들이 위령제에서 규탄되는 일은 없었다. 그것은 특공대원들의 죽음이 '헛된 죽음'이었음을 암시하는 것으로 유족들의 비통함과 허탈감을 가중시킨다. 그러한 우려가 과거의 폭력을 둘러싼 논의를 멀어지게 한 것이다.

바꿔 말하면 '나라를 위해 훌륭하게 산화했다'는 논리는 전직 장병과 사령관, 유족 등 위령제에 모인 모든 사람들 사이에 파문을 일으키지 않으면서도 모두가 일정 부분의 평온함과 편안함을 느낄 수 있게 하는 것이었다. 그것은 분명 무난하고 원만한 것이었지만, 위령제는 그런 논리 아래에서 차질 없이 조화롭게 거행될 수 있었다. 그러나 다시 말하지만 그 원만함이 과거 군의 폭력과 병폐를 불문에 붙이게 했다. 안락하고 무난함이 가득한 위령제에서는 죽은 자와 밀접한 관련이 있는 사람들이 모여 있으면서도 죽은 자의 원한과 당사자의 체험은 교묘하게 거리를 두고 있었다.

이러한 지란을 둘러싼 논의 방식과 히로시마의 그것을 단순하게 동일시할 수는 없을 것이다. 피폭 체험과 후유증의 심각성, 혹은 원폭투하 책임이 적지 않게 언급되어 온 히로시마의 담론 공간과 죽은 자의 죽음에 대한 유쾌한 의미 부여에 대체로 무게가 실린 지란의 논의 방식은 결코 같지 않다. 그러나 정치적 쟁점에 개입하는 것을 피하고 경험의 서사를 봉쇄하는 경향이 있었던 원폭 돔 보존 여론은 체험을 관통하는 논의를 억압하는 경향이 있는 지란의 논의와도 겹치는 부분이 있다. 어떠한 논의가 있든, 두 논의의 양상은 모두 '원만함'으로 규정되어 있다.

'무난함'의 미디어 공간

이런 종류의 담론의 역학은 '히로시마'를 둘러싼 최근의 논의와도 무관하지 않을 것이다. 2016년 5월 오바마 대통령이 히로시마를 방문했을 때 많은 보도가 있었지만, 대체로 '평화'를 둘러싼 '무난함'이 두드러졌던 것이 아닌가 싶다. 미국의 사과 문제나 연합국 포로·조선인 피폭에 대한 언급이 없었던 것은 아니지만, 미국이나 일본 정부 또는 '히로시마'의 책임을 묻는 논조는 적었고 관련자 누구에게나 원만하고 수용 가능한 담론으로 가득 차 있었다. 그것은 전우회나 전후 지란에서 볼 수 있는 '위령제의 논리'와도 맞물려 있다.

이와 같은 미디어 담론의 모습은 원폭 돔 보존운동으로 거슬러 올라갈 수 있다. 원수폭금지운동을 둘러싸고 정치주의적 대립이 심화되고 있는 가운데 원폭 돔 보존은 어떤 입장에서든 받아들일 수 있는 것이었다. '히로시마'와 관련된 것은 누구도 비난하지 않고 정치주의적인 쟁점을 보류할 수 있는 운동으로 자리매김했다. 하지만 그것은 결과적으로 전후 초기에 볼 수 있었던 직시를 거부하는 기억의 무게를 공적 담론 공간에서 배제하는 결과로 이어졌다.[22]

---

22 '원만함'의 정치학 문제에 대해서는 오시오 다쓰히로(大城立裕)의 『칵테일파티(カクテル·パーティー)』(1967)가 시사하는 바가 크다. 이 소설에서는 전후 오키나와를 배경으로 중국 출정 경험이 있는 오키나와인 주인공, 일본인 신문 기자, 중국인 변호사, 그리고 미군 관계자의 교류가 전개된다. 이들 사이에는 수많은 금기가 존재했다. 주인공은 한때 일본군으로 중국 전선에 출정했지만 일본군은 중국뿐만 아니라 오키나와에서도 주민들에게 만행을 저질렀다. 미국은 전후에도 오키나와를 점령하고 통치자로 행동하고 있다. 하지만 그런 것들에 대해서는 언급하지 않는 신중한 배려를 보이고 있고 그들의 관계는 평온하게 유지된다. 그러나 주인공의 딸이 미군에게 강간을 당하면서 그들

오바마 대통령이 연설을 했던 원폭 폭심지 일대는 현재 평화기념공원으로 아름답게 정비되어 있다. 원폭 돔 부지에도 잔디가 깔려 있으며 그 일대는 산책로와 가로수가 정비되어 있다. 그런 정돈된 아름다움은 '위령제'에 어울리는 것이었는지도 모른다. 하지만 그것은 과거에 말로 표현할 수 없던 원한과 분노를 방문자에게 던지는 것은 아닐까. '히로시마'와 원폭 돔을 둘러싼 전후 미디어 담론사를 조망해 본다면, 직면해야 할 무엇인가에 대해 시야를 가리고 있는 상황이 적나라하게 드러나지는 않을까.

관계에 균열이 생긴다. 미군 관계자는 이런 저런 이유를 대며 법정 증언을 거부하려 했다. 이에 중국인 변호사와 상담하자, 변호사는 자신의 아내가 과거 일본군에게 성폭행을 당한 사실을 밝히며 오히려 난징에서 군복무를 했던 주인공을 추궁했다. 이를 계기로 주인공은 그들에게도 자신에게도 무관용으로 일관하게 된다. "이제 서로 절대적으로 무관용해 지는 것이 가장 필요한 것이 아닐까. 내가 고발하려고 하는 것은 사실은 단 한명의 미국인의 죄가 아니라 칵테일파티 그 자체이다"(大城立裕, 「カクテル・パーティー」, 『大城立裕全集』 第9巻, 勉誠出版, 2002, 124쪽). 여기서는 '칵테일파티'로 상징되는 '원만함'이 논의의 심화를 방해하며, 책임 문제를 외면하려고 하는 전후의 모습이 비판적으로 제기되고 있다.

제 9 장

'단절'의 풍화와 미디어 문화

'계승'의 욕망을 묻는 시선

2015년 8월 8일 하라다 마사토原田眞人 감독의 영화 〈일본의 가장 긴 하루〉가 개봉했다. 도호東宝 창립 35주년을 기념해 제작된 동명의 영화오카모토 기하치(岡本喜八) 감독, 1967를 리메이크한 작품이다. 신판, 구판 모두 한도 가즈토시半藤一利의 『일본의 가장 긴 하루』초기에는 오야 소이치(大宅壯一) 편저로 간행를 원작으로 하고 있다. 포츠담선언 수용이 결정되기까지의 군·정부 상층부의 갈등과 미야기 사건천황이 종전 조서를 낭독한 녹음반을 탈취해 옥음방송을 막으려 한 육군 장교의 쿠데타 시도 사건을 묘사하고 있다.

하지만 양측의 영화를 비교해 보면 그 차이는 결코 작지 않다. 신판에서는 2014년에 나온 『쇼와천황실록』궁내청도 참조하여 어전회의 개최에 이르는 정치과정이 상세히 묘사했고, 육군대신 아나미 고레치카阿南惟幾나 총리 스즈키 간타로鈴木貫太郎의 가정생활이 그려지는 등 '가족'의 이야기가 강조되고 있는 것은 분명하지만, 오히려 신판에서 무엇이 잘려나갔는지도 간과해서는 안 된다.

구판에서는 내각회의에서 포츠담선언 수용이 결정되었지만, 연합국에 대한 재조회와 종전 조서의 문구를 둘러싸고 논쟁이 벌어지는 가운데 특공 출격하는 파일럿들의 모습이 그려진다. 출격 전날 밤, 마을 사람들의 환송을 받고 술과 음식을 대접받으며 웃음을 짓는 대원이 그려지는 반면, 소란스러움에 어울릴 엄두를 내지 못한 채 몇 시간 후 죽음을 앞에 두고 멍하니 서 있는 대원의 모습이 비춰진다. 근경에는 피우다 만 담배와 재떨이를 비추고, 초점을 흐리게 하면서 그 대원을 원경에 배치하는 묘사는 당사자의 무기력함을 강하게 인상적으로 보여준다. 출격하는 장면에서도 단 몇 초이지만 사람이 없는 테이블에 버려진 그 담배와 재떨

〈그림 9-1〉영화〈일본의 가장 긴 하루〉(1967) 포스터

〈그림 9-2〉 영화〈일본의 가장 긴 하루〉(2015) 광고

〈그림 9-3〉 오카모토 기하치 감독 〈일본의 가장 긴 하루〉(1967)의 특공 출격 전야 장면

이를 비춘다. 거기서 상층부에서 종전 결정이 내려졌음에도 불구하고 특
공대원들의 쓸데없는 죽음을 양산하는 조직의 왜곡과 '순국'의 미담으로
회수할 수 없는 당사자의 분노를 읽어낼 수 있다.

하지만 이런 장면은 신판에서는 볼 수 없었다. 구판 영화는 도호 기
획의 작품이고, 오카모토가 감독을 맡았을 때는 이미 대본도 거의 완성
된 상태였기 때문에[1] 오카모토 감독이 의도한 것인지는 알 수 없다. 하지
만 적어도 '전쟁 종식을 위해 목숨을 건 남자들의 이야기'신판 〈일본의 가장 긴 하
루〉 광고에서 누락된 마지막 병사의 '무의미한 죽음'이 짧게나마 묘사된 것
은 구판의 특징 중 하나다. 더군다나 이 장면들은 원작에도 없고, 구판 영
화에만 추가된 것이다. 거기서 드러나는 것은 전후 미디어 문화에서 '계
승'과 '기억'의 역학이 아닐까. 신판과 구판 〈일본의 가장 긴 하루〉를 비교
해 보면, 신판에서는 '가족'이라는 사적 영역이 전경화되는 반면, '죽음의
무의미함'과 그것을 낳은 정치·사회적 왜곡은 후경으로 물러나고 있다.

---

1   『kihachi フォービートのアルチザン』, 東宝出版事業室, 1992, 177쪽.

이것은 과연 〈일본의 가장 긴 하루〉에만 국한된 것일까. 애초에 전후의 미디어 문화는 '전쟁'을 이야기하는 가운데 어떤 '계승'을 창출하고 어떤 '단절'을 자아냈는가.

이 장에서는 이러한 의문을 염두에 두고, 전쟁영화와 전적지 관광 등 '전후 70년'의 미디어 문화 정치학을 과거와의 대비 속에서 읽어보고자 한다.[2]

1. '의미'의 정치

'번제燔祭'로서의 체험

죽음의 무의미함을 직시하지 않고 어떤 '의미'를 그리려는 움직임은 전후 초기부터 적지 않게 볼 수 있었다. 나가이 다카시永井隆의 『이 아이를 남겨두고この子を残して』1948, 『나가사키의 종長崎の鐘』1949과 이를 원작으로

---

2 전후 미디어 문화에서 전쟁 이미지의 정치학에 대한 많은 연구가 있지만, 주요한 연구로는 高井昌吏 編, 『「反戦」と「好戦」のポピュラー・カルチャー』(人文書院, 2011), 與那覇潤, 『帝国の残影』(NTT出版, 2011), 好井裕明, 『ゴジラ・モスラ・原水爆』(せりか書房, 2007), 一ノ瀬俊也, 『戦艦大和講義』(人文書院, 2015), 中久郎 編, 『戦後日本の中の「戦争」』(世界思想社, 2004), 吉村和真・福間良明 編, 『「はだしのゲン」がいた風景』(梓出版社, 2006) 등을 들 수 있다. 저자도 『「反戦」のメディア史』(世界思想社, 2006), 『殉国と反逆―「特攻」の語りの戦後史』(青弓社, 2007), 『「聖戦」の残像』(人文書院, 2015), 『「戦跡」の戦後史』(岩波現代全書, 2015) 외에 공편저로 『複数のヒロシマ』(青弓社, 2012), 『「知覧」の誕生』(柏書房, 2015)을 세상에 내놓았다. 이 장에서는 저자의 지금까지의 연구 및 본서에 기술된 논의를 바탕으로, 공적 주제가 후경으로 물러나 '탈역사화'라고도 할 수 있는 2000년대 이후의 상황을 조명하기 위해 최근의 동향과 전후 초기・중기의 움직임을 대조적으로 논하고자 한다.

한 영화 〈나가사키의 종〉1950이 크게 인기를 끌었다는 것에서 그러한 점을 엿볼 수 있다.

나가사키 의대 조교수였던 나가이는 원폭으로 아내를 잃었다. 자신도 대학에서 피폭되어 중상을 입었지만, 의사로서 구호 활동에 임했다. 방사선 의료에 종사했기 때문에 이미 백혈병에 걸려 시한부 선고를 받았지만, 임종이 임박한 상황에 병상에서 피폭 체험과 아내와 자식에 대한 마음을 쓴 수기가 앞서 언급한 책이다.

나가이의 수기에서 특징적인 것은 원폭을 '신의 섭리'로 보는 논리이다. 나가이는 독실한 가톨릭 신자이기도 해, 피폭 경험을 신앙과의 관계 속에서 해석했다. 『나가사키의 종』에서도 "원자폭탄이 우라카미浦上에 떨어진 것은 큰 섭리이다. 신의 은총이다. 우라카미는 신에게 감사를 드려야 한다"[3]고 기록하고 있다. 이른바 원폭번제설이다.

'번제'홀로코스트는 구약성서에 나오는 말로, 유대교의 제례에서 어린 양 등을 구워 신에게 제물로 바치는 의식을 가리킨다. 나가이의 해석에 따르면, '세계대전이라는 인류의 죄악에 대한 속죄'로 '희생의 제단에서 도륙당해 불태워질 순결한 양으로 선택된 곳'이 '일본 유일의 성지 우라카미'였다.

오늘날의 눈으로는 기묘하게 보이는 논리일 것이다. 또한 거기에 점령 하의 언론통제와 중첩되는 점도 쉽게 볼 수 있다. 그러나 원폭을 '신의 섭리'로 비난하는 듯한 말은 하지 않고, 긍정적으로 부흥과 자신의 임

---

3   永井隆,『長崎の鐘』, 日比谷出版社, 1949, 171쪽.

종을 맞이하는 서정적인 이야기는 사회적으로 폭넓게 받아들여졌다. 『이 아이를 남겨두고』와 『나가사키의 종』은 각각 연간 베스트셀러 1위와 4위를 기록해 큰 인기를 끌었고, 1950년 개봉한 영화 〈나가사키의 종〉도 같은 해 일본 영화 7위라는 흥행성적을 거뒀다.[4]

'공감'을 둘러싼 동상이몽

출판계와 영화계에서 일어난 '나가이 풍'의 붐을 역수입하듯 나가이는 나가사키의 상징적인 지식인으로 자리매김하게 되었다. 1949년에는 지방 순방에서 나가사키를 방문한 쇼와昭和천황이 병상에 누워 있는 나가이를 병문안했는데, 이 사실이 지역 신문에 크게 보도되었다. 나가사키시의회는 1949년 12월에 명예시민호 수여를 결의하고, 이에 따라 미비했던 명예시민 조례를 새롭게 제정했다. 1951년 5월 나가이가 사망하자 나가사키시 주관으로 장례식을 거행하고 시장이 조문을 낭독하는 등 지역 사회에서도 '원자력계의 현자'로 자리매김했다.

그러나 나가이의 원폭번제론에 대한 공감대가 널리 퍼져 있다고 해도 당사자와 비당사자 사이의 괴리도 간과해서는 안 된다. 아내와 다섯 자녀를 잃은 한 제대군인은 "나는 이제 사는 재미가 없다"라며 "누구를 만나도 이런 말을 합니다. 원폭은 천벌, 죽은 사람은 나쁜 놈들이라고. 살아남은 사람은 신으로부터 특별한 은총을 받은 것이라고. 그럼 내 처와 아이는 나쁜 놈이었나!"라고 말했다. 하지만 나가이가 천주당 합동 장례

---

4 졸저 『「反戦」のメディア史』(제4장) 참조.

식에서 신자 대표로 낭독한 조문 초안을 보여주자, 남성은 눈물을 흘리며 "역시 아내와 아이는 지옥에 가지 않았음에 틀림없어요"라며 "확실히 전쟁으로 죽은 사람들은 정직하게 자신을 희생하며 일한 사람들이니까요. 우리도 못지 않게 훨씬 괴로워야 해요"라고 말했다고 한다.[5] '원자폭탄이 우라카미에 떨어진 것은 큰 섭리이다. 하느님의 은총이다. 우라카미는 하느님께 감사를 드려야 한다'는 것이 당시 조문 초안의 한 구절이었다.

이 이야기는 나가이의 저서에 쓰인 이야기이므로, 복귀자의 '회심'에 대해서는 다소 유보적으로 생각해야 할 것이다. 하지만 적어도 말로 표현하기 어려운 슬픔과 고뇌에 대해 어떤 '의미'를 찾으려는 심성은 엿볼 수 있다. 그것을 오늘날의 관점에서 비판하는 것은 쉽지만, 그것은 비슷한 상황에 처하지 않았기 때문에 말할 수 있는 '강자의 논리'라고 할 수도 있다. 당사자 입장에서는 그렇게라도 하지 않으면 견딜 수 없는 심경이었을 것이다.

한편, 나가이의 저서를 손에 넣은 전국의 독자들이나 영화 〈나가사키의 종〉의 관객들도 마찬가지로 감동의 눈물을 흘렸지만, 그것은 피폭 체험자인 나가이에 대한 공감과는 아마도 이질적일 것이었다. 피폭 당사자가 나가이의 논리에 기대어 자신의 고뇌를 '의미'로 채우려 했던 전제에는 그 고뇌와 친족의 죽음이 갖는 '무의미함'이 있었다. 그것은 텍스트나 스크린에 비친 나가이의 헌신에 '의미'나 '감동'을 읽어내는 것과는 다른 것이다. '나가이 풍'은 전국의 독자·관객에게도, 그리고 나가사키의 피폭

---

5   永井隆, 앞의 책, 171 · 178~179쪽.

당사자에게도 적지 않은 감동을 주었다. 그러나 당사자가 '의미'에 매달
릴 수밖에 없다는 점과 후세를 살아가는 이들이 감명을 받아 '의미'를 즐
기는 것 역시 이질적인 것이다. 그것은 동상이몽이라고도 할 수 있을 만
한 상황이었다.

축제祝祭의 역설

체험을 둘러싼 고민은 어떤 '의미'만이 아니라 축제를 추구하는 것
으로 이어졌다. 전장에서도 언급했듯이, 전후 1년째, 2년째의 8월 6일에
는 히로시마에서 꽃 전차 운행과 가마 행렬의 시내 순회 등이 이루어졌
다.『주고쿠신문中国新聞』1947.8.7에는 '곳곳에서 봉오도리盆踊り가 열려 휴일
뿐 아니라 밤새도록 춤을 추는' 사람들의 모습이 보도되었다. 전날과 당
일의『주고쿠신문』과『석간 히로시마』모두 주고쿠신문사 발행에는 '축 평화제'를
내건 기업 광고도 실렸다. 원폭 피해일은 '축하'의 대상이었다. 이러한 축
제 행사에는 히로시마시와 히로시마시 상공회의소, 관광협회 등이 깊이
관여했다. 1940년대 후반의 나가사키에서도 히로시마에 버금가는 축제
행사가 원폭 피해일에 펼쳐졌다. 특히 1949년에는 꽃전차 운행은 물론,
'가장 제등 행렬', '아마추어 노래자랑 대회', '댄스파티' 등이 열렸다.

이러한 분위기에 대해 "저런 축제 같은 소란스러움은 당치도 않다",
"엄숙한 의식은 하나도 볼 수 없었다"라는 의견도 없지는 않았다.[6] 그런
데 행정당국은 왜 이런 일들을 기획하고, 또 지역 신문에도 크게 보도된
것일까?

그 배후에 있는 피폭 당사자의 심정에 대해『주고쿠신문』기자였던

가나이 도시히로金井利博는 1952년의 글에서 "원폭 체험자의 입장에서 보면 그 끔찍한 일을 이제 와 떠올리기보다 잊어버리려 벌이는 야단법석, 어쩔 수 없는 일종의 도피, 아니 어떤 의미의 심리적 저항", "그것을 체험한 자는 그 끔찍한 기억과 정면으로 맞서 싸우는 데는 지금도 어느 정도의 심리적 노력이 필요하다고 표정을 일그러뜨린다"고 지적했다.[7] 해마다 돌아오는 원폭피해일은 좋든 싫든 옛 경험의 끔찍함을 떠올리게 한다. 그것은 당사자들에게 말로 다 할 수 없는 심리적 부담을 안겨주었다. 그들이 '그런 끔찍한 일을 이제 와 떠올리기보다 잊으려 야단법석'을 부리는 것은 '어쩔 수 없는 일종의 도피'일 뿐만 아니라 '어떤 의미의 심리적 저항'이기도 했다.

거기에는 축제 행사의 기능도 엿보인다. 원래 원폭피해일을 기해 열린 이 행사는 과거의 기억을 서로 확인하는 것이 아니다. 오히려 시민들이 서로 과거로부터 (일시적으로라도) 눈을 돌릴 수 있는 장이다. 그것은 직시할 수 없을 만큼의 경험의 무게가 뒷받침된 것이기도 했다.

배제의 구조

하지만 점령이 끝날 무렵이 되자, 역시나 이런 종류의 축제 행사는 억제되기 시작했다. 동시에 히로시마, 나가사키에서는 기념공원이 정비되어 위령비나 위령상 앞에서의 추도식이 정례화되기 시작했다. 점령기에는 억눌려 있던 피폭 경험 수기류도 많이 출판되기 시작했고, 피폭자 원

---

6   졸저 『焦土の記憶』 참조.
7   金井利博,「二〇世紀の怪談」, 『希望』, 1952年 7·8月併合号, 50쪽.

호 문제도 맞물려 '체험의 계승'이 전면에 등장하게 되었다.

그러나 경험을 기억하고 기념하는 장소로 만들어진 평화기념공원과 같은 공간미디어은 동시에 말단 당사자의 소외와 배제를 수반하는 것이기도 했다.

원폭으로 인해 생활 기반을 빼앗기고, 후유증으로 인해 경제적 자립이 어려운 피폭자·피해자들도 적지 않았다. 그들은 하천부지나 건물이 많이 무너진 원폭피해지 부근에 판잣집 등을 짓고 생활할 수밖에 없었다. 1951년 6월 시점에도 히로시마 나카지마中島 지구에는 약 230가구가 남아 있었다. 그런 그들이 평화기념공원 정비나 위령상 건립에 대해 '돌로 만든 동상은 먹을 수 없고 배를 채울 수 없다'후쿠다 스마코(福田須磨子)라는 생각을 갖는 것은 당연한 일이었다.

마침 히로시마에서는 평화기념공원 건설이 추진되고 있었는데, 이는 그들을 지역 일대에서 배제하는 것을 의미했다. 히로시마의 작가 오타 요코大田洋子는『저녁 뜸의 거리와 사람－1953년의 실태』1953에서 평화기념공원과 평화대로 정비에 대한 그들의 위화감을 다음과 같이 적고 있다.

일 년 내내 인부를 고용해 (백 미터 도로에) 풀을 뽑고, 꽃을 심고, 가로수 묘목을 심고 있지만, 다 죽거나 썩어서 아무 소용이 없죠. 제방 사람들은 불법 주택을 지었는지는 모르겠지만, 길 잃은 개를 쫓아내듯 사람을 쫓아내고, 공원, 도로를 만드는 데만 집중하다 보니 저런 게 나오는 게 당연하죠. 너희들이 무단으로 건축을 했으니 어디든지 가버리라고 해요. 여기는 공원으로 만들 테니 비켜 달라. 백 미터 도로로 만들 테니 비켜 달라며 쫓아냈으니까요. 시민들

〈그림 9-4〉 평화기념공원 공사풍경(1952)
(촬영 : 사사키 유이치로(佐々木雄一郎))

〈그림 9-5〉 원폭위령비와 판잣집을 차단하는 현수막(1953.8.6)

이 고통받고 있는데, 길에 풀꽃만 심어놓고 화단으로 만들어 놓아봤자, 세계 적인 유원지로 만들어 놓아봤자 시민들이 좋아하지 않으니까 풀도 꽃도 나무도 자라지 않아요.[8]

평화기념공원과 주변 경관 정비는 밑바닥에 있는 피폭자-피해자들의 '보기 흉한 판잣집'을 없애는 것이기도 했다. 이는 제2장에서도 언급 했듯이 원폭 위령비 제막식에서도 확인할 수 있었다. 1952년 8월 6일 제막식 평화기념식이 열렸을 때 원폭 위령비 뒤에는 현수막이 걸려 있었다. 당시에는 "위령비 뒤부터 돔까지 빽빽하게 판잣집이 세워져 있는"[9] 상태였고, 현수막은 판잣집을 가리기 위한 목적으로 내걸렸다. 이듬해 기념식에서도 비슷한 일이 벌어졌다.

과거를 기억하기 위해 만들어진 평화기념공원혹은 평화기원상은 동시에 빈곤에 허덕이는 피폭자·피해자들을 차단하는 형태로 '경관의 아름다움'을 담보하려 했다. '기억'의 장미디어은 말단의 당사자들을 배제하는 폭력성을 띠고 있었던 것이다.

8   大田洋子, 『夕凪の街と人と』, 大日本雄弁会講談社, 1955, 52~52쪽.
9   中国新聞社 編, 『年表ヒロシマ』, 中国新聞社, 1995, 122쪽.

2. 미디어와 공간편성

영화가 빚어내는 전적지

전적지 그 자체의 미디어로서의 기능과 함께 미디어 문화와의 관계 속에서 전적지가 만들어지는 것도 간과해서는 안 된다. 오키나와 수비대의 간호요원으로 동원된 여학도대를 모신 히메유리의 탑1946.4 건립은 오키나와의 주요 전적지 중 하나로 전후 초창기부터 널리 알려져 있다. 그러나 본래 히메유리의 탑은 오키나와 전사자의 총체를 상징하는 것은 아니다. 주민 및 미국과 일본 장병들의 유골을 많이 안치한 혼백의 탑1946.3 건립은 말 그대로 오키나와 전쟁의 '무명 전사자의 무덤'이었지만, 이에 비해 히메유리의 탑은 어디까지나 오키나와 현립 제1고등여학교·오키나와 사범학교 여자부 학생들을 합사한 것에 불과하다. 그럼에도 불구하고 히메유리의 탑이 큰 인지도를 얻게 된 데에는 이시노 게이치로石野径一郎의 소설『히메유리의 탑』1950과 크게 흥행한 영화〈히메유리의 탑〉이마이 다다시(今井正) 감독, 1953의 영향이 컸다. 1950년대 초『우루마신보』와『오키나와 타임즈』에도 혼백의 탑보다 히메유리의 탑이 더 붐비는 모습이 자주 소개되었다. 거기에는 '본토 = 일본군남자'이 '오키나와의 소녀'를 바라보는 시선이 비치는 동시에 오키나와가 그것을 내면화하고 있는 듯한 상황이 드러난다.

물론 여기에는 오키나와의 본토 복귀 열망이 개입되어 있었다. 냉전이 격화됨에 따라 미군기지 건설이 가속화되면서 토지 수탈과 열악한 기지 노동환경에 시달리던 오키나와에서는 샌프란시스코강화조약의 발효

1952.4.28를 앞두고 일본 복귀운동이 활발하게 전개되었다. 결과적으로 오키나와를 미군 기지의 섬으로 미국에 내어주는 형태로 일본 본토는 점령 종결독립을 이룰 수 있었지만, 이후에도 복귀를 위한 움직임은 적지 않았다. '일본군을 간호하는 소녀들' 비석이 오키나와 사회에서도 주요 전적 관광지가 된 배경에는 '오키나와의 희생과 공헌'을 강조함으로써 복귀를 실현하고자 하는 욕망이 있었다.

'전적지라는 미디어'에 비친 괴리감

이러한 움직임은 3장에서 소개한 마부니摩文仁 전적지의 성립과 맞물려 있었다. 마부니는 오키나와 전쟁 말기의 격전지였지만, 원래는 공식적인 전몰자 추도식이 정기적으로 열리는 장소가 아니었다. 류큐 정부오키나와 반환 후에는 오키나와현의 전몰자 추도식이 매년 마부니에서 거행되기 시작한 것은 1964년 이후부터다. 이러한 상황을 만든 배경에는 본토 각 현의 위령탑 건설 붐이 있었다.

1960년대에 들어서면서 본토와 오키나와 양측에서 오키나와 반환에 대한 여론이 높아지는 가운데, 마부니를 중심으로 본토 각 현의 위령탑이 오키나와에 많이 세워졌다. 마부니의 위령탑 중 35기가 각 현에서 세운 위령탑이었다. 참고로 오늘날 마부니의 오키나와현 평화기원공원에는 50기의 위령탑이 있는데, 그중 70%를 현립비가 차지하고 있다. 복귀운동의 융성과 함께 본토와 오키나와 양측이 서로 포용하는 상황 속에서 마부니는 전쟁의 기억을 상징하는 장소로 재발견되었다.

하지만 이 현립비들이 반드시 오키나와 전몰자를 기념하는 것은 아니었다. 오키나와 전체 현립비의 합사자 수 중 오키나와전에서 전사한 각 지역 출신은 5.7%에 불과하다. 압도적 다수는 필리핀 전선이나 뉴기니 전선 등 남방전선 전사자이며, 그중에는 중국 전선인 만주전선 전사자를 합사한 위령탑도 있다. 일본 본토에 있어 오키나와는 그 땅의 전사자만을 애도하는 곳이 아니라 '대동아전쟁'의 전사자 전반에 대해 눈물을 흘리는 곳이었다.[10] 그럼에도 불구하고 오키나와가 이러한 위령탑을 적극적으로 받아들인 것은 본토 복귀를 원했기 때문이다. 오키나와전에 국한되지 않는 '희생'과 '순국'을 강조하는 것은 본토의 눈물을 유도하고, 오키나와 반환 여론을 고양시키는 것이기도 했다.

이러한 상황은 책임 문제를 후경화 시키는 데도 일조했다. 졸저 『초토 焦土의 기억』2011에서도 언급했듯이, 복귀운동이 고양되는 가운데 일본군의 오키나와에 대한 가해 문제가 논의되는 경우는 드물었다. 오키나와 문학가 오카모토 게이토쿠岡本惠德도 「수평축의 발상」1970에서 "복귀운동' 속에서 '타민족의 지배로부터의 탈피'가 하나의 운동 목표로 설정된 것'으로 인해 "조국'이 환상적으로 미화되어 그 의미에서 사상으로서의 논리가 결여된 것"이라고 말했다.[11] 또 영화 〈히메유리의 탑〉1953의 마지막 장면에는 미군에 둘러싸인 가운데, 방공호를 나와 살아남으려는 여학생이 군의관에게 사살당하는 장면이 있었는데, 개봉 전 일본 본토의 반감을 우려해 해당 장면의 삭제를 요구하는 움직임도 있었다.[12] 오키나와에서

---

10 졸저 『「戰跡」の戰後史』 참조.
11 岡本惠德, 「水平軸の発想」, 『現代沖縄の文学と思想』, 沖縄タイムス社, 1981, 244쪽. 초출은 谷川健一 編, 『沖縄の思想』, 木耳社, 1970쪽.
12 北村毅, 『死者たちの戰後誌』, 御茶の水書房, 2009. 졸저 『「戰跡」の戰後史』.

일본군나아가 오키나와 자체의 전쟁 책임을 묻는 논의가 활발해지기 시작한 것은 오키나와 반환 문제의 왜곡이 드러난 1960년대 말이 되면서부터였다.

미디어가 만드는 '지역의 기억'

미디어와 '중앙'의 시선은 전쟁의 흔적을 만드는 데 그치지 않는다. 지역의 전쟁 기억 자체를 새롭게 덧칠하기도 했다. 지란知覽이 그 대표적인 예다.

지란은 '특공의 마을'로 알려져 있으며, 특공평화회관1987 개관에는 연간 40~60만 명이 방문한다. 그 숫자는 오키나와현 평화기원자료관을 능가하며, 나가사키 원폭자료관이나 히메유리 평화기원자료관에 버금간다.

그러나 이런 상황은 생각해 보면 이상한 일이다. 제7장에서 언급했듯이, 지란 주민들은 육군 특공대 기지에서 근무동원이나 군 지정 식당 등에서 대원들을 접할 수는 있지만, 특공 출격에 나선 것은 아니다. 특공기에 탑승한 것은 어디까지나 전국 각지에서 모인 육군 조종사들이었다.

애초에 1942년에 개설된 항공기지는 지역의 기간산업이었던 차밭을 없애고 만든 것이었다. 그래서인지 종전과 동시에 항공기지 시설은 철거되었고, 그 자리는 곧바로 차밭으로 '복원'되었다.

그럼에도 불구하고 지란에서 '특공'이 전면화되기 시작한 것은 1960년대 후반 이후부터다. 마침 전중파 세대가 장년기에 접어들면서 전우회 활동이 활발해지기 시작했다. 전 대원들도 지란을 자주 방문하게 되었고, 위령제는 그 규모가 점점 커졌다.

미디어의 영향력도 컸다. 한때 지란에 머물렀던 전 영화취재반원 다카기 도시로高木俊朗의 『지란』1965이 인기를 끈 것 외에도 다카기의 수기를 원작으로 한 영화와 드라마도 화제가 되었다. 이는 전 대원들과 유족들의 지란 방문을 더욱 부추겼다.

지란초知覽町 측도 전우회의 기대와 언론의 이미지에 부응하듯 마을 소식에서 특공위령제를 크게 다루기 시작했다. 1970년대 중반에는 기념비特攻銅像 '영원히'와 자료관特攻遺品館을 세우기에 이르렀다.

이런 가운데 '특공'은 마치 '자신의 전쟁 체험'인 것처럼 지역에 뿌리를 내리게 되었다. 1974년 10월의 마을 운동회에서는 동사무소 청년부 회원들이 실물 크기의 모조 전투기를 제작해 특공대원이나 배웅하는 여학생으로 분장한 가면극을 벌였다. 관광의 장과 달리 운동회는 지역 주민들끼리의 폐쇄적인 자리였을 텐데, 여기에서 특공대원 분장극을 선택한 것을 보면 그들이 '특공'을 '자신의 기억'으로 내면화하고 있음을 알 수 있다.

반면 이에 반비례하듯 주민들의 전쟁 경험은 뒷전으로 밀려났다. 지란 출신 병사들은 필리핀 전선이나 뉴기니 전선에 많이 투입되어 격전과 굶주림을 경험했지만, 이런 경험은 '특공'으로 대체되면서 마을 소식에서 다뤄지는 일이 줄어들었다. 전기戰記 붐과 전우회·유족이 인식하는 이미지를 역수입하면서 지역의 전쟁 기억은 '특공'으로 덮어 씌워진 것이다.

위령제와 증언 억제

이는 곧 위령제에서 이야기하는 '특공' 이미지의 재생산으로도 이어 졌다.

전후 전 특공대원들의 수기집을 살펴보면, 사실 엘리트 장교나 지휘 관에 대한 분노가 적혀 있는 것도 적지 않다. 해군 비행예비생 제14기회 편『별책 아, 동기의 벚꽃』[1966]에는 출격 전날 밤 "아나폴리해군사관학교 출신 장 교들, 나와라. 전선에 가서 봐라, 전쟁하는 건 예비 장교와 예과생도들 뿐 이야"라고 외치며 계속해서 맥주병을 던지는 학도병 장교, 이륙 후 사령 실에 노골적으로 부딪히려는 모습을 보인 후 출격하는 대원의 일화가 담 겨 있다.[13] 그러나 군 상층부에 대한 당사자들의 분노는 위령제에서 억제 되기 일쑤였다.

지란의 특공위령제에는 전 특공대원과 유족들이 많이 모인 것 외에 도 제6항공군 사령관이자 육군 중장이었던 스가와라 미치오菅原道大 등도 자주 참석했다. 스가와라는 지란을 비롯한 남부 규슈의 특공작전을 지휘 했다. 마지막에는 자신도 출격하겠다고 말하면서 전쟁 후에도 살아남은 스가와라에 대한 반감은 관계자들 사이에서 자주 회자되었지만,[14] 그 사 실을 추궁당하지는 않았다. 상관 비판이 장내 분위기를 험악하게 만들기 도 하지만, 특공작전 비판은 유족들에게 전사자의 죽음이 '헛된 죽음'이 었음을 보여주는 것이기 때문이다. 전 상관과 유족에 대한 배려도 더해져

---

13   海軍飛行予備学生 第十四期会 編,『別冊あゝ同期の桜』, 毎日新聞社, 1966, 176쪽.
14   『知覧文化』, 1993.3; 栗原俊雄,『特攻－戦争と日本人』, 中公新書, 2015; 高木俊朗,『特攻 基地知覧』, 角川文庫, 1995.

참석자 누구에게도 상처가 되지 않는 무난한 '표창'이 그곳에 쌓여갔다.

이러한 상황을 생각함에 있어 전우회에 관한 요시다 유타카吉田裕가 『병사들의 전후사』2011에서 전우회에 관해 지적한 점은 중요하다. 제7장 등에서도 언급했듯이, 과거 '전우회'가 친목을 도모하는 것은 '전우회 구성원이 전장의 비참한 현실이나 잔혹 행위, 상관에 대한 비판 등에 대해 이야기하고 쓰는 것을 통제하고 관리'하는 것으로 이어졌다.[15] 한때의 상관과 병사들이 교류하는 자리는 증언과 기억을 이끌어내기 보다는 오히려 그것을 억제하는 것이기도 했다.

위령제 역시 그 점에서는 마찬가지였다. 전술적 실효성이 부족하다는 것이 명백함에도 불구하고 '자원입대 강요'가 지속된 군의 조직 병리나 책임 문제는 거기서 보류되고, '표창'만이 이야기된다. 그리고 이러한 위령제적 '특공' 서사가 지란에서 내면화되고, 또 지란을 이야기하는 미디어전기, 전적지 관광에서 재생산된 것이다.

3. 탈역사화하는 기억

산 자의 오만한 퇴폐

하지만 죽은 자를 기리는 것이 죽은 자의 정념을 가리는 것에 대한 비판도 없지 않았다. 하시카와 분조橋川文三는 「야스쿠니 사상의 성립과 변

---

15   吉田裕, 『兵士たちの戦後史』, 岩波書店, 2011, 111쪽.

용」『주오코론(中央公論)』1974.10에서 '장관이니 장군이니 하는 헛소리만 하는 놈들에게 폭탄을 터뜨리는 편이 속 시원하게 죽을 것 같다'고 분개한 전사자들도 '국가가 아무렇지 않은 얼굴로 그 젊은 영혼들도 야스쿠니신사에 안치해 버리'는 야스쿠니신사 국가수호론을 언급하면서 다음과 같이 논했다.

> 야스쿠니를 국가적으로 수호하는 것이 국민 총체적 심리라는 논법은 종종 죽음에 직면한 개별 전사자의 심정, 심리에 대한 배려가 결여되어 있고, 산 자들의 편의에 따라 죽은 자의 영혼의 모습을 마음대로 그려내고 규제하는 정치의 오만함을 볼 수 있습니다. 역사 속에서 죽은 자들이 보여준 모든 고뇌와 회의는 잘려나가고 봉쇄됩니다.[16]

죽은 자를 기리는 것이 죽은 자의 고뇌와 회의감을 깎아내리게 된다. 하시카와는 국가수호운동에 대해 이러한 정치성을 감지하고 있었다. 자신 역시 학도병으로 전쟁 말기 격전을 경험한 야스다 다케시安田武도 1963년 저서 『전쟁 체험』에서 "타인의 죽음에 깊은 감명을 받는다'는 것은 산 자의 오만한 퇴폐"라고 말했다.[17] 그것 역시 '감명'이 죽은 자의 정념을 덮어버리는 정치성을 자극하는 것이기도 했다. '감명'이나 '표창'은 죽은 자로 인한 국가 비판의 계기를 없애는 것이기도 했다. 하시카와는 앞의 글에 이어 이렇게 말했다.

---

16 橋川文三, 「靖国思想の成立と変容」, 『中央公論』, 1974.10, 236~238쪽.
17 安田武, 『戦争体験』, 未來社, 1963, 142쪽.

그리고 그것은 나아가 역사에 대한 일체의 비판적 이의를 인정하지 않는 깊은 근거를 점차 형성하는 만능성이 있는 것입니다. 예를 들어 '대동아전쟁'을 비판하는 것은 '영령英靈'에 대한 예의가 아니라는 식의 노골적인 정치 논리가 횡행하지 않으리라는 보장이 거의 없어지는 일도 벌어질 것입니다. 과거에는 영령을 달랜다는 의미를 가졌던 야스쿠니는 여기서는 2백만 명에 달하는 제2차 세계대전 사망자의 원혼이 일본 국가 비판의 원혼으로 되살아나는 것을 봉쇄하려는 것이 됩니다.[18]

하시카와는 개별적인 사자의 원한 속에 공적인 왜곡과 책임을 묻고자 하는 계기를 읽어내고 있었다. 그렇기에 하시카와에게 있어 죽은 자를 아름답고 편안하게 이야기하는 것은 죽은 자로부터의 비판을 봉쇄하는 것에 다름 아니었다.

이는 당시 전쟁영화에서도 종종 묘사되었다. 영화 〈아! 동기생의 벚꽃〉1967의 마지막 부분에서 기체 고장을 인지한 채 탑승기 이륙을 시도하지만 결국 이륙도 하지 못한 채 폭사하는 특공대원이 그려진다. 그는 전날에도 특공 출격했지만 엔진 고장으로 인해 부득이하게 귀환했다. 사령관은 "도중에 겁을 먹고 돌아온 건 아니겠지", "한 번 나간 사람이 돌아오면 사기에 영향을 미친다"라며 호위기의 지원도 없는 단발로 재출격을 명령한다. 그것은 상층부가 만들어 낸 가상의 전과를 맞추기 위한 것에 지나지 않았지만, 이륙조차 불가능하다는 것을 알면서도 출격과 자살을

---

18   橋川文三, 앞의 책, 1974.10, 238쪽.

감행한 것에는 자기 보호와 조직 병리로 점철된 상층부에 대한 원망과 원한이 담겨 있었다.

또한 영화 〈아! 결전 항공대〉1974에서는 해군 차관 오니시 다키지로大西瀧治郎와 아쓰기厚木 공군기지 사령관 고조노 야스나小園安名가 광신적일 정도로 전몰자의 정서를 이야기하며, 그 연장선상에서 책임을 지지 않으려는 군 상층부, 더 나아가 천황을 비판하고 있다.

공적인 주제의 후경화

군대의 조직 병리나 폭력 그 자체를 주제로 한 영화도 한때 적지 않았다. 1950년대 후반의 〈이등병 이야기〉 시리즈나 1960년대 후반의 〈병사 야쿠자〉 시리즈는 희극이나 활극의 색채를 담으면서도 주제는 군 내부의 파벌주의와 부조리, 폭력의 문제였다. 이 책의 제9장 서두에서 언급한 오카모토 기하치도 〈독립우연대〉1959, 〈독립우연대 서쪽으로〉1960, 〈피와 모래〉1965 등 일련의 전쟁 액션영화를 만들었는데, 이 역시 군 상층부의 보신과 부정을 지탄하는 것이었다. 이 영화들에서 '적'은 모두 군 상층부였다.

물론 이들은 허구이며 역사적 사실을 투영한 것은 아니다. 하지만 병사 개개인의 사적인 심정미보다는 군 조직이라는 공적인 것의 병리 현상을 주제로 삼았다는 점에서 공통점이 있다.

그러나 최근 들어 이를 주제로 한 영화는 대체로 적다. 물론 〈사나이들의 야마토男たちの大和(YAMATO)〉2005나 〈영원의 제로〉2013에 군 내부의 폭력 묘사가 없는 것은 아니다. 그러나 그것들은 주제라기보다는 라스트신

〈그림 9-6〉〈병사 야쿠자 대탈출〉(1966) 광고

에 가까워질 수록 '유대감', '가족애'와 같은 심정미를 돋보이게 하기 위한 무대 배경일 뿐이다.

전적지 관광에서도 비슷한 경향을 볼 수 있다. 지란에서는 애초에 군의 조직적 병리 현상이나 특공대원들에 대한 폭력이 후경화되고, 특공대원들이 유서에 남긴 사적인 심정가족에 대한 그리움 등에 초점이 맞춰지는 경향이 있었다. 여기에 더해 최근에는 '특공대원으로 져버렸지만 창창한 미래가 있었던 청년들의 마음을 알고, 지금의 자신에게 주어진 역할과 삶의 방식을 스스로에게 묻는다'지란-도미야(富屋) 료칸 웹사이트는 취지로 지란 관광에서 인생의 교훈을 찾으려는 움직임도 보인다. 나가마쓰 시게히사永松茂久의 『인생이 막막하면 지란에 가라』기즈나출판, 2014에는 '앞이 보이지 않을 때, 벽에 부딪혔을 때, 이곳은 언제나 나를 구해 주었다. '사랑', '감사', '용기', '각오' 모든 답은 지란에 있었다'라고 적혀 있다. 거기에는 특공대원들의 사적인 심정에 대한 '공감'의 연장선상에서 인생 교훈에 대한 관심이 보이는 반면, 특공작전이나 전쟁 수행 자체를 둘러싼 사회적·정치적 문제는 뒷전으로 밀려나 있다.[19]

하지만 역사적 배경이나 공적인 문제체계를 뒤로 한 채 '전쟁의 기억'을 이야기하는 움직임은 지금까지 살펴본 바와 같이 반드시 최근에만 국한된 것은 아니다. 그리고 그 배경에는 전후의 사회적 왜곡도 있었다. 지란이 자신의 전쟁 체험을 제쳐두고 타인의 체험일 뿐인 '특공'을 선택하

---

19 특공 전적지가 인생 교훈을 둘러싼 '사회교육'의 장으로 주목받는 사회적 배경에 대해서는 井上義和, 「記憶の継承から遺志の継承へ」(福間良明·山口誠 編, 『知覧の誕生』) 및 『未来の戦死に向き合うためのノート』(創元社, 2019)에 자세히 나와 있다.

〈그림 9-7〉〈독립우연대 서쪽으로〉(1960) 포스터

게 된 배경에는 인구감소 문제가 있었다. 일본이 고도 경제 성장에 박차를 가하는 가운데, 지란은 도시권으로의 인구 유출에 시달리고 있었다. 그 타개책으로 찾은 것이 '특공'을 통한 관광 유치였다. 오키나와에서는 본토 각 지역의 위령탑 건설에서 '순국'과 '희생'이 강조된 반면, 군의 폭력이나 파벌주의의 폐해오키나와 수비대와 대본영의 의사소통 부족 등에 대한 언급은 억제되는 경향을 보였는데, 이는 앞서 언급했듯이 미군 통치에서 벗어나고자 하는 절박함에 뿌리를 둔 것이었다.

'세대'의 표상

기억의 역학을 생각함에 있어 세대 문제 역시 간과해서는 안 된다. 1960~1970년대는 '전쟁 경험의 단절'이 많이 언급된 시기였다. 일본전몰학생기념회와다쓰미회를 비롯한 반전·평화 단체에서는 종종 전쟁 경험 자체를 고집하려는 전중파전몰학생 세대와 정치운동을 담당하며 '경험'을 정치주의와 연결시키려는 전후파와 전무파戰無派의 대립이 표면화되었다.

와다쓰미회 상임이사를 역임한 야스다 다케시安田武는 『전쟁체험』1963에서 "전쟁체험을 고집하는 한 거기서 아무것도 나오지 않을 것이며, 그것은 다음 세대에 전승되는 것도 불가능할 것이라는 비판"을 염두에 두면서 "전쟁체험에서 아무것도 배우고 싶지 않다고 생각하는 사람, 혹은 아무것도 배울 것이 없다고 생각하는 사람은 배우지 않는 것이 좋다"고 적고 있는데,[20] 이에 대해 1935년생 불문학자 다카하시 다케토모高橋武智

---

20 安田武, 앞의 책, 10·149~150쪽.

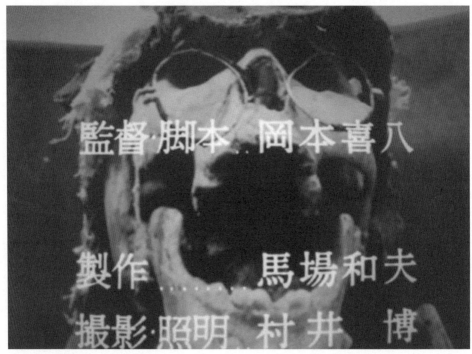

監督·脚本 岡本喜八

製作　　馬場和夫

撮影·照明　村井　博

〈그림 9-8〉 영화 〈육탄〉(1968) 엔딩 장면

男たちの大和
YAMATO

〈그림 9-9〉 영화 〈사나이들의 야마토(YAMATO)〉(2005) 팸플릿

는 1965년 와다쓰미회 제6회 심포지움에서 "전승할 생각이 없는 사람의 전쟁 경험은 나는 돌려주고 싶다. 받을 생각은 없다"고 말했다.[21] 1969년 에는 리쓰메이칸대학의 와다쓰미 동상이 학생들에 의해 철거되는 사건 도 일어났다.

이러한 세대 간 대립은 "그 전쟁'을 어떻게 이해해야 하는가'라는 질 문을 던지게 했다. 세대를 넘어 공감과 상호 이해가 손쉽게 이뤄진다는 전제가 없는 만큼, '전쟁'을 논하려면 다른 입장의 혹독한 비판을 예상하 면서 논의를 풀어나가야 했다. '단절'은 세대 간 논쟁을 불러일으켰지만, 달리 보면 그렇기에 논의의 활성화나 심화를 낳았다고도 할 수 있다.[22] 경험을 이야기하기 어렵다는 점이나 '피해자 의식' 비판이 많이 논의된 것도 이 시기이다.

동시대 전쟁영화에서도 마지막에 종종 세대 간의 갈등이 그려지곤 했다. 오카모토 기하치 감독의 〈육탄〉[1968]은 드럼통에 어뢰를 묶어 특공 명령을 받은 주인공의 백골 시체가 1968년 한여름 바다에 표류하는 장 면으로 끝을 맺는다. 그곳에서 젊은이들이 수상스키와 서핑을 즐기며 녹 슨 드럼통 속에서 절규하듯 웅크리고 있는 백골 시체를 흘낏 보고 떠난 다. 〈아! 결전항공대〉는 옥음 방송 이후에도 철저한 항전과 상층부 비판 을 광신적일 정도로 이야기하는 고조노 야스나小園安名를 그린 후, 1970 년대 시부야역 부근의 소란스러움과 함께 주인공 오니시 다키지로大西瀧 治郎의 자결을 비추며 그들의 정념이 후세에 계승되고 있는지를 묻는 내

---

21   「第六回シンポジウム報告」,『わだつみのこえ』30, 1965, 41쪽.
22   졸저 『「戦争体験」の戦後史』(中公新書, 2009) 참조.

〈그림 9-10〉 영화 〈사나이들의 야마토(YAMATO)〉(2005) 결말부 장면

레이션으로 막을 내린다. 거기에는 전쟁 경험을 둘러싼 세대 간 대립이 전제되어 있으며, 아래 세대의 비판에 대응하거나 혹은 그것을 비틀어 가면서 '전쟁'을 되짚어 보려는 움직임을 엿볼 수 있다.

이에 반해, 2000년대 이후의 전쟁영화에서는 경험자와 젊은이들의 상호 이해는 조화로운 것으로 그려지는 경우가 많다. 〈사나이들의 야마토ᵞᴬᴹᴬᵀᴼ〉의 마지막 부분에서 전함 야마토의 승무원과 그 손자(및 다른 승무원의 딸)는 죽은 이의 전우나 가족, 연인에 대한 생각에 함께 깊은 공감을 느낀다. 지란의 육군 특공대원을 다룬 영화 〈호타루〉²⁰⁰¹나 해군 특공대원을 다룬 영화 〈영원의 제로〉²⁰¹³ 역시 주인공들의 손자가 체험자의 심정에 공감하는 장면으로 끝난다. 거기에는 세대 간의 대립이 아닌 조화가 있고, 전쟁 경험은 조화롭게 계승할 수 있는 것으로 그려진다.

영화 속 '계승'의 대상이 '자식' 세대에서 '손자' 세대로 옮겨가고 있다는 점도 간과해서는 안 된다. 1960~1970년대 전쟁영화에서 경험을 전달해야 할 대상은 전중파 세대의 다음 세대, 즉 '자식' 세대를 상정했다. 반면, 2000년대 이후 전쟁영화는 '손자' 세대로의 계승을 염두에 두고 있다. 물론 종전 후 반세기가 넘게 지난 시대인 만큼 '손자 세대로의 계승'이 다뤄지는 것이 이상하지는 않다. 그러나 서로의 추악함도 시야에 들어오기 때문에 반목하기 쉬운 '부모-자식' 관계와 달리 '할아버지-손자' 관계는 종종 낭만화를 낳는다.[23] 결점으로 점철된 '부모'와는 전혀 이질적인, 이상이나 욕망을 투영한 인물상이 거기서 맺어지기 쉽다. '할아버지'에서 '손자'로 이어지는 조화로운 경험의 계승에 대한 묘사도 이러한 세대 이미지와 무관하지 않다.

조화와 탈역사화

이는 '전쟁 경험의 계승'을 생각함에 있어 시사하는 바가 크다. '계승'의 필요성은 오래전부터 제기되어 왔지만, '할아버지'에서 '손자'로의 '계승'이 암묵적 전제가 되는 오늘날에는 과거와 같은 인접한 세대 간의 대립과 갈등이 눈에 띄지 않는다. 바꿔 말하자면, 예전에는 '단절'이 가시화되었다면, 요즘은 '조화'가 전면에 드러나는 만큼 경험의 이야기하기 어려움이나 공유의 곤란함이 잘 보이지 않는다. 이는 '할아버지'에 해당하는 전쟁 경험 세대를 낭만화하는 것과도 맞물려 있다.

더 나아가 이러한 '조화'는 '기억의 탈역사화'를 부추기고 있다.[24] 낭

23　공감이나 낭만화의 대상으로 '부모'가 아닌 '할아버지'가 선택되기 쉽다는 점에 대해서는 「対談 生きられた戦後史をたどる」(『現代思想』 2015.8)에서 오구마 에이지(小熊英二)가 지적했다.

24　전몰자에 대한 공감이 이야기되면서 역사적 배경이 뒷전으로 밀려나는 사회적 역학에 대해서는 앞에서 기재한 이노우에 요시카즈(井上義和)의 논문 외에도 山口誠, 「戦跡が「ある」ということ」(福間良明・山口誠 編, 『「知覧」の誕生』)에 자세히 나와 있다.

만화된 '할아버지' 세대에 대한 공감은 그들의 담론에 의심을 품거나 이의를 제기하려는 생각을 막고, 나아가 그 배경이 되는 역사적 상황에 대한 관심을 억제한다. 죽은 자들의 유서에는 종종 '순국'이나 '가족에 대한 생각'이 적혀 있었는데, 이는 작전 수행이 전술적으로 효과가 없다는 것을 알면서도 어떻게든 '의미'를 찾으려는 고민의 표출이기도 했다. 그렇기에 후세 사람들이 그들의 유서에서 '감명'을 찾아내는 것은 당사자들이 '의미'를 쓰는 전제로 '무의미'를 감지하고 있었던 것과는 큰 차이가 있다. 다시 말해, 당시 그들의 '심정'에 대한 공감이 깊어질수록 '무의미한 죽음'을 어떻게든 의미화하기 위해 '순국'이나 '가족'을 이야기할 수밖에 없었던 공적인 폭력이 후경화된다. 죽은 자들 속에서 '심정의 아름다움'이 읽히는 경우가 적지 않지만, 아름다움에 대한 탐닉은 그런 '아름다움'을 강요하는 사회의 왜곡을 기껏해야 무대장치에 가둬두고 그것을 주제화하는 것을 방해한다.

이에 반해 전중파 세대와 전후파·무전파 세대, 즉 '부모'와 '자식'의 단절이나 충돌이 명백한 상황에서는 양측이 상대를 논파할 수 있는 '전쟁의 이야기'를 모색할 수밖에 없다. 물론 그 논의의 방식에는 여러 가지 한계와 제약이 있었겠지만,[25] 단절과 갈등이 가시화된 상황은 연장자가 말하지 않으려는 무언가를 젊은이가 상상하게 하고, 또 젊은이가 이해하려 하지 않는 무언가를 연장자가 언어화하도록 재촉한 것이 아닐까. 적어도 미디어 문화에서는 세대적으로 쉽게 양립할 수 없는 상황일수록 전

---

25   식민주의 비판이나 가해 책임론, 천황의 전쟁 책임을 둘러싼 논쟁이 생겨난 배경에 대해서는 졸저 『「戦争体験」の戦後史』를 참고.

시의 모습을 묻는 행위를 촉진하고, 반대로 세대 간 조화가 보이는 상황이 오히려 무미건조한 '전쟁 이야기'의 축적과 그 이상의 사유를 정지시키는 측면이 있는 듯하다. 그것은 바로 앞서 언급한 '위령제의 논리'이기도 하다.

'단절'의 풍화

이런 상황에서 '전쟁 경험의 단절'이 '전쟁 경험혹은 전쟁 기억의 풍화'로 바뀌게 된 것은 시사하는 바가 크다. '단절'과 '풍화'는 의미가 비슷해 보이지만 미묘하게 다르다. '단절'은 기존의 인식이 단절되고 거기서 논쟁이 충돌하는 것을 시사하는 반면, '지표 및 그 부근의 암석이 공기, 물 따위의 물리적, 화학적 작용에 의해 점차적으로 닳아 없어지는 것'『고지엔(広辞苑)』이 원뜻인 '풍화'는 인식의 대립이 아니라 마치 자연현상인 것처럼 점진적인 정체를 암시한다. 그리고 최근에는 '단절'이 아닌 '풍화'가 전쟁 경험에 대한 언급에서 확실히 많이 사용되고 있다.

『아사히신문』 데이터베이스에서 검색을 해보면, 전후 50년에 해당하는 1995년 한 해 동안 전쟁 체험이나 전쟁의 기억에 관한 기사 중 '단절'이라는 단어로 검색되는 것은 13건인 반면, '풍화'로 검색되는 것은 32건이다.[26] 2005년에는 '단절'이 10건에 불과한 반면 '풍화'는 193건에 달한

---

26 '단절' 관련 기사 수는 '전쟁 & 기억 & 단절' 및 '전쟁 & 체험 & 단절'로 검색된 기사 수를 합산한 것이다. '풍화'의 경우도 마찬가지로 '전쟁 & 기억 & 풍화' 및 '전쟁 & 체험 & 풍화'의 검색 건수를 합산하여 사용했다. 또한 1980년대 이전에는 『아사히신문』, 『요미우리신문』의 데이터베이스에서 검색되는 건수가 많지 않기 때문에 CiNii Research(국립정보학연구소)나 국립국회도서관 논문 검색 결과를 참고했다.

다. '단절'에 비해 '풍화'의 일반화가 뚜렷하다.

그러나 1960~1970년대에는 '단절'을 말하는 경우가 더 많았다. 『요미우리신문』1969.9.10 석간에는 아베 아키라阿部昭의 「단절은 있는가—아버지와 아들, 기묘한 '전쟁 경험'의 계승」이 게재되어 있는데, 그 서두에서 "'단절'이라는 단어가 대세"라는 점을 지적하고 있다. 실제로 당시 잡지 기사·논문을 검색해보면cinii 및 국립국회도서관 논문 검색, 에토 후미오江藤文夫의 「전쟁 경험의 단절과 연속」『주오코론』, 1960.6, 좌담회 「전쟁을 모르는 세대의 전쟁관—신구 세대 간의 단절을 메우기 위해」『아사히 저널』, 1967.8.13, 고나카 요타로小中陽太郎의 「세대론의 어리석음과 단절의 시대특집 '평화' 속의 '전쟁'」『현대의 눈(現代の眼)』, 1975.11 등이 눈에 띈다. 이에 반해 논제에 '풍화'라는 단어가 들어간 것은 「전쟁 경험의 풍화와 사상화」『현대의 눈』, 1967.10가 최초이며, 그것도 3페이지 정도의 짧은 에세이에 불과하다. 그 후 '풍화'를 내세운 논고는 『문화평론』1977.9에 실린 이시카와 히로요시石川弘義의 「전쟁, 소개疎開 그리고 전후의 그 비참함·공포는 '풍화'된 것인가」에 이르러서이다.

과거에는 전쟁 경험이나 전쟁의 기억은 '단절'의 문제로 논의되기 일쑤였다. 그러나 전후 50년 이상이 지나면서 그것은 '풍화'의 문제체계로 전환된다. '단절'이 함의했던 세대 간 대립나아가 동세대 내 균열은 후경으로 물러나고, 전쟁의 경험과 기억은 마치 '자연'스럽게 잊힐 것 같은 것으로 자리 잡게 되었다. '풍화'의 일반화는 전쟁 경험 자체는 물론이고, 한때는 '단절' 자체가 풍화되고 있는 상황도 조명한다.

하지만 전쟁을 둘러싼 미디어 문화사를 되돌아보면 풍화보다는 단절과 균열이 더 두드러졌다. 세대 간 대립은 종종 경험과 책임의 방식을 묻는 전쟁영화를 낳았다. 동시대에서도 다양한 균열을 볼 수 있었다. 전후 초기의 나가사키 원폭 영화나 수기에는 '감동적인 이야기'를 소비하는 자와 어떤 '의미'에 매달릴 수밖에 없는 체험 당사자의 동상이몽이 투영되어 있다. 전적지관광는 과거의 '기억'을 전승하는 것뿐만 아니라 때로는 빈곤에 허덕이는 말단의 당사자를 배제하는 폭력을 동반하기도 했다. 거기에는 경험을 둘러싼 부조화가 드러난다. 이런 가운데 전쟁 액션 영화에서도 군대나 사회의 조직적 병리 현상이 자주 그려져 왔다.

그러나 '풍화'가 전경화되면서 편안한 '계승'을 꿈꾸고 '조화'에 대한 동경만 부각되기 시작했다. '심정적 아름다움'에 대한 공감이 양산되는 한편, 단절과 균열을 가리고 그 이면에 있는 역사적·공공적 왜곡에 대한 상상은 멀어진다.

본 장의 서두에서도 언급했듯이, 구판 〈일본의 가장 긴 하루〉1967에서는 포츠담선언 수용이 정부 부처 내에서 결정되었음에도 불구하고, 특공에 보내지는 대원들의 망연자실한 모습이 조금이나마 그려져 있었다. 신판2015에서는 이러한 장면이 없는 대신 '가족애'가 투영되어 있는데, 거기에는 '단절'에서 '풍화'로, 그리고 균열에서 화합으로 옮겨가는 '미디어 문화 속 전쟁'의 변용이 엿보인다.

참고로 오카모토 기하치는 〈일본의 가장 긴 하루〉 개봉 이듬해에 학도병의 비애를 코믹하게 그린 〈육탄〉을 제작했다. 그것은 '사관학교 마당에 250kg의 폭탄이 떨어져 같은 방 전우들 중 99%가 창자가 터져 나오고 손발이 날아가고 경동맥이 끊어져 죽은' 그 자리에 있었던 자신의 전쟁 경험에 뿌리를 둔 동시에[27] 〈일본의 가장 긴 하루〉의 특공대원들의 망연자실한 모습을 파헤친 것 같기도 하다. 앞서도 언급했듯이 오카모토는 전쟁영화를 찍는 동기에 대해 〈독립우연대〉1959와 〈독립우연대 서쪽으로〉1960를 촬영한 후 이렇게 말했다.

전쟁은 비극이었다. 게다가 희극이기도 했다. 전쟁영화도 둘 중 하나다. 그래서 희극으로 만들어 바보 같은 웃음을 주는 것에 의의를 느꼈다. 전쟁 중 우리는 얼마나 약자였는가. 전후 십삼 년째인 반항은 약자의 반항이었는지도 모른다. 하지만 작고 나약한 인간이었던 병사들에게 바보스러움에 대한 반항은 절박한 열망이기도 했다.

너무 절박한 열망 때문인지, 독립우연대는 높은 곳에 서지도 않고, 통곡도 하지 않은 채 불성실하게 탄생했다.[28]

이처럼 여러 번 굴절된 심성은 이후 어떻게 '계승'되고 또 '단절'되었을까? 아니면 '단절'조차 없이 '풍화'된 것일까? '대중문화의 전후 70년'은 조화와 계승의 정치성을 '감명'과 '공감'의 눈물 속 깊은 곳에 비추고 있는지도 모른다.

---

27   岡本喜八,「愚連隊小史・マジメとフマジメの間」,『キネマ旬報』, 1963年 8月下旬号. 인용은 岡本喜八,『マジメとフマジメの間』, ちくま学芸文庫, 2012, 51~52쪽.
28   위의 책, 53쪽.

'포스트 전후 70년'과 '전쟁'을 둘러싼 물음

'전후 70년'이 되는 2015년에는 전쟁을 둘러싼 다양한 논의가 전개되었다. 사회학이나 근접 영역도 예외는 아니었다. 일본 사회학회에서는 심포지엄 '전쟁을 둘러싼 사회학의 가능성'이 열렸으며, 일본 매스·커뮤니케이션학회, 동시대사학회 등에서도 '전후 70년'을 주제로 심포지엄이나 워크숍이 개최되었다. 넓은 의미의 전쟁사회학에 포함시킬 수 있는 연구서적도 적지 않게 세상에 나왔다.

이러한 중에 눈에 들어온 것은 종래의 지견智見에 기반을 두면서도 이들을 상대화하려는 시도였다고 할 수 있다. 일본 사회학회 심포지엄에서는 '새로운 전쟁'도 시야에 넣으면서 전쟁이라는 현상을 이해사회학으로 파악하려는 시각이나 미국의 military sociology 동향과 일본의 흐름을 대비하는 이야기가 나왔다는 점 등 몇몇 학회와 연구서적을 통해서 전쟁기억에 대한 '탈문맥화'를 정면으로 다루려는 움직임이 있었다.

이러한 움직임도 염두에 두면서 제7회 전쟁사회학연구회 심포지엄 '포스트 '전후 70년'과 전쟁사회학의 새로운 전개'2016.4.23에서는 '포스트 전후 70년'을 맞이해서 전쟁사회학이 나아갈 방향에 대한 검토가 이루어졌으며, 이 연구회 기관지인『전쟁사회학연구』2017.5(창간호)는 이 심포지엄에 기초한 특집을 마련했다. 저자는 심포지엄과 특집 코디네이트를 맡았는데, 이하에서는 이곳에서 진행된 논의를 중심으로 전쟁사회학에서

나눈 이야기를 앞으로 어떻게 발전시켜야 하는지 생각해보고자 한다.

사회구조에 대한 물음

기존의 일본의 전쟁사회학 및 근접영역에서는 중일전쟁, 태평양전쟁의 체험을 둘러싼 기록이나 미디어에 관해서 많은 연구가 축적되었다. 특히 이 20년 동안에 Cultural Studies나 Postcolonial 연구의 영향 아래에 "어떠한 기억이 은폐되고, 어떠한 폭력이 묵과되었는가"에 대해서 많은 논의가 이어왔다. 2000년대 중반 이후에 진행한 저자의 미디어사연구, 사상사연구도 적지 않게 이 영역에 포함된다.

그러나 다른 한편으로, 전쟁이 사회구조와 사회공간에 어떠한 변화를 초래했는가에 관해서는 상대적으로 논의된 내용이 적었다고 생각한다.

1990년대 중반에는 야마노우치 야스시山之内靖나 사토 다쿠미佐藤卓己 등에 의해서 총력전체제론이 제기된 바 있다. 여기서는 제1차 세계대전 이후, 물적 자원뿐 아니라 인적 자원에 대한 총동원을 가능케 하는 사회시스템의 구축과 그 사회변용의 충격에 대한 논의가 이루어졌다. 이는 단순히 억제를 통한 시스템이 아니라, 국민이 전쟁에 '주체적'으로 '참가'하는 것을 가능케 하는 것이었으며, 그런 점에서 파시즘국가와 데모크라시국가는 등가等價였다. 미국의 뉴딜정책이든 일본의 국가총동원체제든 물자뿐 아니라 국민의 '주체'를 동원하는 것을 촉구한다는 점에서 비슷한 것이었다. 말하자면, '참가'와 '동원'은 여기서는 표리일체의 것이었던 것이다.

그리고 이러한 사회시스템은 전선과 총후銃後, 평시와 전시의 구분을 무효화했다. 총력전체제 하의 사회시스템이 제2차 세계대전 후에 계속 이어진 것도 그러한 이유 때문이며, 어떤 의미에서는 냉전이라는 총력전의 시대를 형성하는 것이기도 했다.

이러한 총력전총동원체제론에 자극을 받은 결과, 그 후, 적지 않은 '전쟁사회학'과 미디어사연구가 등장했다. 그러나 그 이후로 전쟁과 사회구조의 관계성을 재구축해서 새로운 패러다임을 제시하려는 움직임은 별로 눈에 띄지 않았다고 판단된다.

근래에 들어서서 이러한 주제에 주목한 것이 시리즈「전쟁이 낳는 사회戰爭が生み出す社会」3부작新曜社, 2013이며, 그중에서도 제1권『전후 사회의 변동과 기억戰後社会の変動と記憶』오기노 마사히로(荻野昌弘) 편에 그러한 자세가 현저하게 나타나 있다. 이 책에는 국민국가의 경계국경이 유발하는 폭력의 구조에 관한 이론사회학적 고찰 외에 옛 군 시설이 전후에 얼마나 지역 공간 편성에 영향을 미쳤는가에 대한 실증적인 고찰이 수록되어 있다. 논문집이기 때문에 개별적인 장논문을 종합하는 체계적인 무게중심을 가지고 있는 것은 아니지만, 앞으로 사회구조에 대한 변용이나 공간편성에 전쟁이 얼마나 깊게 관여하고 있었는가, 있는가에 대해서 앞으로 보다 더 활발한 논의가 전개될 것이다.

'새로운 전쟁'을 둘러싸고

덧붙여서, '새로운 전쟁'을 사회학이 어떻게 파악할 것인가에 대한 문제도 중요하다. 테크놀로지의 변화에 따라 전투행위도 변하고 있다. GPS 기술을 사용한 미사일공격이나 무인기의 이용은 보병을 비롯한 인적 자원에 의존하던 기존의 전쟁형태를 낡은 것으로 몰아내고 말았다. 국가 간의 전쟁과는 이질적인 테러리즘의 확산도 현저하다. 이러한 변화가 사회의 모습을 어떻게 변용시키고 있는가? 거꾸로 작금의 사회변용저출산고령화, 저성장, 격차의 확대, 이민의 증가이 어떠한 전쟁의 형태를 만들고 있는가? 이러한 '전쟁과 사회의 상호작용'의 현재를 물어야 하는 필요성은 점점 중요해지고 있다.

그렇다고는 하지만, '새로운 전쟁'이 과연 얼마나 '새로운' 현상인가, 라는 점에 대해서는 검토할 필요가 있을 것이다. 이에 대해서는 독일군 사사 연구자인 스즈키 다다시鈴木直志의 지적이 시사적이다. '새로운 전쟁'은 정규군과 비정부 무장조직과의 비대칭전쟁이며, 그렇기 때문에 장기화하는 특징을 지니는데, 이는 종래의 게릴라전과 상통한다. 그리고 전투원과 민간인의 구별이 소멸되고, 부대끼리의 전투보다 민간인에 대한 살해가 현저하다는 점도 유럽의 고대-중세 때의 전쟁 및 근현대의 식민지 전쟁에서 널리 볼 수 있는 것이었다. 대량의 난민 발생과 병사의 무규률화라는 특징도 '새로운 전쟁'이라는 말이 주목받기 전부터 존재하고 있었다. 이러한 상황을 염두에 두고, 스즈키는 D · 랑게비쉐Dieter Lange-wiesche의 주장을 인용하면서 "미디어가 전하는 '새로운 전쟁'은 현상면에서는 모두 오래된 것"임으로 지적한다.[1]

그렇다면 '새로운 전쟁'의 '새로움'이 강조됨으로써 무언가를 놓치게 되는 것일까? 이러한 견해는 어떠한 사회배경에 의해서 규정되고 있는

---

1   鈴木直志,「ドイツ歷史学における戰爭硏究」, 福間良明 · 野上元 · 蘭信三 · 石原俊 編, 『戰爭社会学の構想』, 勉誠出版, 2013, 291쪽.

가? 이러한 점에 대해서도 논의가 되어야 한다. 정치학이나 지역연구와
는 다른 (전쟁)사회학 관점에서 '새로운 전쟁'을 어떻게 재파악할 것인가?
앞으로 깊게 파고들어야 할 과제이다.

기억과 미디어의 문제

근래에 들어서 많은 논의가 있었던 '기억'이나 '미디어' 관련 연구를
보더라도, 새롭게 도전해야 할 과제가 적지 않다.

전쟁 체험과 관련해서 어떤 기억이 사회적으로 후경화後景化했는가?
이를 확인하기 위해서 당사자가 말하기 어려운 기억을 직시하고, 또한
공적으로 잘 보이지 않도록 가려진 기억을 세밀하게 파헤치는 작업은 요
네야마 리사米山リサ의 『히로시마—기억의 정치학広島−記憶のポリティクス』岩
波書店, 2005의 영향도 있어서, 요 20년 동안 크게 발전했다. 이러한 상황 속
에서 '기억의 정치학'이 다각도로 진행되었다.

그런데 이러한 정치학에 대한 비판적인 분석이 진행되는 한편으로
이를 지탱해 온 사회적 구조나 역학을 사료와 자료에 입각해서 실증적으
로 검증하는 작업은 생각보다 그렇게 많지 않았던 것 같다. 인터뷰나 수
기에 정력적으로 임하면서 억압되어 온 기억에 대한 분석은 일정량 진척
을 보이는 한편으로, 억압이 지지를 받거나 당연한 일로 받아들여진 배
경에 대해서는 얼마나 직시하고 있는가?

물론 젠더·정치학이나 포스트콜로니얼한 욕망으로 설명하는 것은
가능할 것이고, 이러한 시각의 중요성은 말할 필요도 없다. 그러나 이러
한 '욕망'을 품은 사람들이 갖는 '실감'에 대해서 외재적인 비판이라는 것

말고, 얼마나 사실에 접근하고 있는가? 그런 점에서는 의문이 남는 부분이 없지 않아 있다.

전후 초기에 히로시마에서 열린 원자폭탄 피폭 이벤트는 이 문제를 생각하는 데 있어서 흥미롭다. 전후 몇 년 동안, 히로시마에서는 8월 6일 원폭 피폭을 기념해서 다양한 축제와 행사히로시마 평화축제, 부흥제가 열렸다. 시내에 꽃단장한 전철이 다니고, 분장한 사람들이 수레를 타고 거리를 누비고 다녔다. 특히 1947년은 성황을 이루었으며, 당시의 신문『석간 히로시마(夕刊ひろしま)』, 1947.8.7도 "환희로 북새통", "한데 모여서 축하하는 거리의 모습"이라고 보도하고 있었다.

물론 이에 반해서 "저런 야단법석을 떠드는 것은 언어도단이다", "평화를 축하하기 전에 평화를 대신한 수많은 생명을 상기해주기 바란다"는 목소리도 얼마간 볼 수 있었다. 종래의 연구에서는 축제에 대한 비판적 담론으로 피폭 당사자의 마음을 대변하는 것으로 보려는 경향도 있었다. 말하자면, 말단 피폭자의 감정을 이해하려 하지 않고 축제에 빠진 시의 행정, 재계, 미디어혹은 전후 히로시마시 밖에서 전입한 주민이라는 구도이다.

이러한 측면이 있다는 점도 부정할 수 없겠지만, 다른 각도로 바라볼 수 있지도 않을까? 어찌해서 히로시마시나 재계가 원폭이 투하된 날에 맞춘 이런 축제 행사를 기획할 수 있었는가? 어찌해서 지역미디어『주고쿠신문(中國新聞)』 및 실질적으로 이 신문 석간인 『석간 히로시마』가 이 행사가 '환희'에 찬 성대함을 대대적으로 보도할 수 있었는가?[2]

---

2   이 점에 대해서는 졸저 『焦土の記憶 - 沖縄・広島・長崎に映る戦後』(新曜社, 2011)를 참조.

GHQ 점령하에 있었기 때문에 제약이 있었을 수도 있으나, 가령 이런 부류의 축제 행사가 피폭한 체험을 가진 대다수의 히로시마시민의 격분을 사는 것이었다면, 아무리 행정부처나 재계일지라도 이런 행사를 기획한다는 것은 어려웠을 것이며, 지역에서 가장 유력한 미디어가 "환희로 북새통"인 모습을 고양감 가득하게 묘사하는 것도 불가능했을 것이다.

그렇다면 여기서 우리가 물어야 할 것은, 축제에 의해서 말단에 있는 피폭자의 감정이 억눌린 점이 아니라, 왜 이러한 행사가 공공연하게 받아들여지고 성대하기까지 했는가라는 점이 아닐까?

'옳음'의 상대화

이는 '옳음'을 되새겨보는 일이기도 할 것이다. 당사자에게 다가서는 '옳음'이 오히려 '옳지 못한'그렇게 보이는 담론이나 상황에 내재적으로 다가서게 되고, 이들 배경에 있는 역학을 추출하는 것을 막아서는 경우가 있었던 것은 아닌가? '기억의 폴리틱스'를 낳는 폭력을 비판적으로 바라노는 것은 말할 것도 없이 불가결한 일이다. 그러나 동시에 그 폭력을 휘두르는 측감당하는 측의 '실감'을 이해하고 그러한 행동을 지지하는 사회적 심성의 구조를 풀어내는 것도 동시에 요구되어야 할 것이다.

덧붙이자면, 이는 '스스로 같은 폭력을 행사하는 쪽에 서지 않는다고 단언할 수 있는가?'라는 물음이기도 하다. 현재의 가치 규범에 서서 과거를 심판하는 것은 어떤 의미에서는 쉬운 일이다. 그러나 전시든 전후 초기든, 스스로가 그러한 상황에 놓였을 때, 동일한 '옳음'을 확신을 가지고 계속 주장해낼 수 있는가? 그 상황은 현재의 안전한 위치하고는 전혀 다른 곳이며, '옳음'을 관철했다고 하더라도 상당한 '강인함'을 요구받는다. 바꾸어 말하면, '강인하지 않는' 대다수의 사람에게는 이런 부류의 '옳음'을 지켜내는 것은 분명히 어려운 일일 것이다. 오히려 오늘날과는 전혀 다른 전시 또는 전후 초기의 다른 '옳음'에 휩싸이는 것이 일반적인 일이 아닌가? 그렇다면 우리가 여기서 물어야 하는 것은, '옳음'에 해당하는가가 아니라, 폭력혹은 전시 등 당시의 '옳음'을 당연시하는 상황을 낳는 구조이어야 한다.

마루야마 마사오丸山眞男는 논문 「현대의 인간과 정치現代における人間と政治」1961에서 "바깥에서 오는 이데올로기적 비판이 아무리 옳더라도, 바로 바깥에서 오는 목소리라는 이유 때문에, 안에 있는 주민들 실감과는 유리되어 있을 수밖에 없고, 따라서 그런 이미지를 바꾸는 힘이 부족하다"는 지적을 하고 있다.[3] 여기서 말하는 "안에 있는 주민들 실감"으로의 접근이라는 것도 전쟁사회학이라는 범주에서 생각해도 되지 않을까?[4]

통시적 변용과 공시적 위상차

기억이나 담론의 통시적 계보에 관해서도 실은 충분한 정리가 되어 있지는 않다고 생각한다. 이는 다시 말해서 어떤 담론을 대상으로 하느

---

3   丸山眞男, 「現代における人間と政治」, 『増補版 現代政治の思想と行動』, 未来社, 1964, 492쪽. 초출은 1961년.

4   지란(知覧) 관광에서 기업연수나 자기계발로 연결시켜서 '특공(特攻)'을 받아들이는 동향을 내재적으로 고찰한 이노우에 요시카즈(井上義和)의 「記憶の継承から遺志の継承へ」(福間良明・山口誠 編, 『「知覧」の誕生』, 柏書房, 2015) 및 여기서의 논의를 심화시킨 『未来の戦死に向き合うためのノート』(創元社, 2019)은 '내부 주민이 갖는 실감'에 직시하려는 연구의 한 예이다.

나에 따라서도 달라진다.

기억이나 체험을 둘러싼 담론의 변용을 그리려 할 때, 어떠한 담론 사료가 어느 시대를 어떻게 대표하는지 (안 하는지) 판단해야 한다. 그러나 그것은 결코 쉬운 일이 아니다. 수기든 아니면 유고집이든 전후의 방대한 분량이 간행되었기에 그만큼 이들 전체를 망라하는 것은 불가능하다. 이는 대상이 '히로시마'든 '오키나와'든 마찬가지이다.

따라서 어떤 형태로든 일단은 자료를 한정해야 하겠지만, 그럼에도 그에 대한 설명이 분명하지 못한 경우도 적지 않다. 특히 사가판私家版 수기 등을 다룰 때는 그 자료가 말하고 있는 내용이 동시대를 상징하는 것인지, 아니면 시대의 변화와는 무관하게 당사자가 품어온 생각을 나타내고 있는가에 대해서 신경을 써야 한다. 더 말하자면, 왜 그 수기를 거론하면서 다른 수기에 대해서는 언급하지 않는지, 이다. 절차상의 문제에 엄격하게 집착하는 것이 반드시 생산적이지는 않다고 생각하지만, 그럼에도 해당 사료를 다루고자 하는 논거가 불명확한 채로 시계열적인 변용과정을 정치화精緻化하는 것은 곤란하다.

담론의 배경에 있는 미디어의 특성도 간과해서는 안 된다. 어떤 담론을 잡지에서 다루고 있다면, 그 잡지가 유통되는 범위지역, 계층 등에서 나름 수용되고 있는 사회적 상황이 있다는 것을 짐작할 수 있다. 중견-대형 출판사에서 단행본으로 간행되었다면, 범국가적인 범위에서 어느 정도 수용되어 있다는 것을 추측할 수 있다. 그 이야기가 영화로 만들어졌다면, 더욱 그러할 것이다. 이에 반해서 사가판이나 자비출판으로 간행된 수기의 경우, 그 유통범위는 매우 제한적이다. 글쓴이의 인적 네트워크 범위로는 어느 정도 수용되었을지는 모르나, 그를 뛰어넘는 범위에서는 어느 정도로 대표성을 가질 수 있는지에 대해서는 쉽게 판단되지 않는다.

그렇다고 해서, 수기를 분석하는 작업에 한계가 있다는 말을 하고 싶은 것은 아니다. 해당 담론은 싣는 미디어의 특성에 주의하면서 내셔널 또는 로컬한 범위에서 어떤 담론이 전경화前景化되어 있는지를 먼저 검토할 필요가 있을 것이고, 그 다음에 사가판 수기에 담긴 담론이 어떤 위치에 있는지, 즉 '주류'를 이루는 담론에 가까운 것인가, 아니면 '주류'와는 거리가 있는 것인지를 확인해야 한다.[5]

이러한 문제는 동시대에 등장하는 담론의 위상차를 생각하는 일이기도 하다. 무엇이 '주요'한 담론이 되고, 어떤 담론이 주연화周緣化되었는가? 동시대의 '히로시마'에 대한 논의하고 '오키나와'에 대한 논의 사이에는 담론과 그 담론을 뒷받침하는 자장이 얼마나 달랐는가? 이에 대한 대비對比를 몇 겹으로 함으로써 어떤 기억의 공시적–통시적 위상이 분명해질 것이다. 이러한 점을 사료·자료에 대한 선별을 거친 후에 얼마나 실증적으로 검증할 것인가? 이러한 작업이 앞으로의 '전쟁 기억'을 다루는 전후사戰後史 연구에 요구되고 있다.

---

5 무엇이 (일정한) 대표성을 가진 담론인지를 생각하기 위해서는 이들 미디어에 의한 담론 외에 해당 분야나 지역의 주요 이데올로그(ideolog, ideologue) 또는 그들을 둘러싸고 있는 논쟁에 착안하는 것도 유효하다고 생각한다. 어느 문화인이 그 분야, 시대, 지역에 일정한 존재감을 가지고 있었다면, 그 요인이나 배경을 확인함으로써 그들이 주장하는 담론이 생성되고 수용된 배경을 파악할 수 있을 것이다. 또한 논쟁은 그 시대나 지역에서 무엇이 논점으로 발견되고 문제가 되었는가를 분명하게 확인하는 것이다,

이론과 개별화

그런데 이와 관련해서 "예전처럼 이론화를 지향하는 정도가 약하고, 각 논의가 개별화되어 가는 (것처럼 보이는) 근래의 연구동향을 어떻게 생각해야 하는가?"라는 물음이 심포지엄 '대중문화와 전쟁의 70년ポピュラー・カルチャーと戦争の70年(일본매스커뮤니이션학회, 2015.6.13)'에서 제기되었다. 저자도 그 자리에 등단하고 있었으나, 이 지적은 '전쟁의 기억'을 되새기는 데 있어서 매우 중요한 논점이기에 이하에 생각하는 바를 적고자 한다.

앞에서도 언급한 것처럼, 1990년대 이후, 내셔널리티나 식민지주의에 관한 논의가 많이 축적되어, '전쟁의 기억'이라는 정치학에 대한 검증에도 진전이 있었다. 이들 시각은 지금 현재까지도 유용하며, 저자 자신도 문제의식을 공유하는 바가 적지 않다. 다만, 이러한 조류는 실증사학 입장에서 보면, 간혹 도식이나 예단豫斷이 선행하는 것처럼 보인 것도 사실이다.

전후에도 계속되는 식민지주의의 폭력은 다양하게 묘사된 반면에 오늘날의 '옳음'을 기준으로 과거를 판단하는 듯한 주장도 있었다. 물론 이러한 연구의 시각도 중요하기는 하나, 앞에서 언급한 것처럼 "폭력이 폭력으로 간주되지 않았던 점에 대한 사회적인 역학"에 대한 검증은 제한적이었다. 애초에 지금의 우리가 같은 상황에 놓였다고 했을 때, 과연 똑같은 폭력을 행사하지 않을 것이라고 단정할 수 있는가, 여기서부터 물음이 시작되어도 된다고 생각한다.

그래서 필요한 것은 일정 범용성이 있는 이론과 시각으로 사료를 독해하는 일이 아니라, 오히려 사료를 통해서 기존의 구도를 어떻게 수정하고 조정하는 작업이 아닐까? 당시의 시대적 배경을 염두에 사료를 읽어나가면 당초 예상했던 도식으로는 설명할 수 없는 복잡한 상황을 때때로 맞이하게 된다. 여기서부터 기존 프레임을 다시 쓰고 갱신하는 일이야말로 요구되는 것이다.

이 작업은 언뜻 보기에는 사료에 갇힌 '개별화'로 보일 수도 있다. 국민국가나 식민지주의 등의 폴리틱스를 문제 삼는 프레임에 비하면 매우 한정된 시대나 현상을 설명하는 데 머물러 있는 것처럼 보일 수도 있다. 그러나 그때그때의 사회나 문화의 역학을 꾸준히 분석해서 추출하기 위해서는 이러한 작업에 거리를 두어서는 안 되며, 일단은 '개별화'에 들어갈 필요가 있지 않은가? 사료를 '이론을 이끌어 내기 또는 맞추어 가는 위한 자료'로 보는 것이 아니라, 오히려 시대를 다양하게 투영하는 개개의 자료 앞에 겸허해져도 된다고 생각한다.

그러나 다른 한편으로 개별 사안에 대한 실증적인 논의의 전문화, 분화가 진행된 나머지, 그 결과로 동시대의 문화나 사회가 어떻게 투영되어 있는지 분명하게 판단하지 못하는 경우도 적지 않다. 또한 전쟁체험론사나 '전쟁의 기억'사에 대해서 말하자면, 개개의 사료에 대한 해독이 일정한 진전을 보이는 한편으로 이를 통시적으로 정리하고 전후의 변용 과정이나 사회적 배경을 실증적으로 다루는 연구는 적다.

더 말하자면, 히로시마든 오키나와든 지역미디어사 연구가 어느 정도 축적되고 있는 한편으로, 히로시마와 오키나와의 역사적 프로세스에서 무엇이 같으며 무엇이 다른가? 이러한 지역간 비교도 충분한 연구가 되었다고는 말할 수 없다. 그러나 이런 비교대조를 통해서 보다 광범위한 문맥을 읽을 수 있게 될 것이고, 또한 개개의 사안에 대한 사회적인 자리매김도 이를 통해서 역으로 조사照射할 수 있지 않을까?

그런 의미에서 우리가 생각해야 할 것은 '개별화'인가 '이론화보편화'인가가 아니라, 개별화를 진행한 끝에 보이는 보다 광범위한 문맥을 어떻게 읽어낼 것인가라는 점이라고 생각한다. 일정한 범용성을 띤 조감도도 모색되어야 하겠지만, 이는 개별화와 대립하는 관계에 있는 것은 아니다. 오히려 개별화를 지나친 끝에 범용성을 가진 프레임이나 조감도가 보여야 한다. 도식이나 이론으로 설명하기 어려운 모순이나 잔여, 개별성을 깎아 내는 것이 아니라 이를 시야에 포함하면서 사회나 문화의 시계열적인 변용이나 공시적인 왜곡을 어떻게 읽어낼 것인가, 이러한 물음을 염두에 둔 미디어사 연구나 역사사회학이 지향되어야 할 것이다.

자위대와 전후

마지막으로 자위대 문제에 관해서 조금 언급해두고자 한다. '전쟁사회학'에서는 중일전쟁·태평양전쟁또는 러일전쟁을 둘러싼 체험·기억·사상에 주된 초점이 맞춰져 왔다. 그러나 경찰예비대 창설부터 70년 정도가 지났다는 점을 고려하면, '전후사회와 자위대경찰예비대·보안대'라는 주제도 고찰되어야 한다.

자위대 기지와 지역 사회의 관계, 구·제국일본군과 자위대의 연속성과 불연속성, PKO파견이나 안보관련법 성립에 따른 자위대 대원·가족의 상황 등, 사회학 입장에서 다루어야 할 과제는 많다(동시에 자료적인 제약도 적지 않다). 그러나 이런 문제에 더해서 자위대를 통해서 전후사를 재파악하는 작업도 진행되어어야 되지 않을까 생각한다. '격차'의 문제는 그 한 예이다.

전후, 재군비에 비판적인 여론은 결코 적지 않았으나, 경찰예비대나 보안대, 자위대에는 때때로 모집인원을 훨씬 뛰어넘는 응모자가 있었다. 특히 보안대에서 자위대로 확충된 지 얼마 안 된 1954년에는 육상자위대가 2.3배, 해상자위대가 9.4배, 항공자위대에 이르러서는 14배라는 높은 경쟁률을 보였다[6].

여기서 농촌 청년의 응모가 두드러졌다. 그 배경에 대해서 농촌경제학자 곤도 야스오近藤康男가 편찬한 『공동연구 빈곤으로부터의 해방共同研究 貧しさからの解放』주오코론샤(中央公論社), 1953에서 다음과 같이 지적하고 있다.

군대는 어느 정도에 있어서 취업의 기회였다. 중소 지주의 자녀는 사관학교를 나와서 장교가 되었고, 농민의 자녀는 하사관이 명예로운 직업이었다. 그것이 패전에 의해서 길이 닫혀버리고 말았기에, 2년간 복무 후에 6만엔이라는 퇴직금을 받을 수 있는 경찰예비대는 농촌에서는 크게 환영받았다. 앞으로 있을 (보안대로의) 확장도 마찬가지일 것이다. 과잉인구 문제를 안고 있는 농민이 당면 과제를 자력으로 해결하려고 하는 한, 예비대는 명예로운 직업임이 분명하다. 야채가게 아들보다, 하녀 등으로 팔려나가는 딸보다 훨씬 높게 평가된다.[7]

---

6   『每日新聞』, 1954.10.6.
7   近藤康男 編, 『共同研究 貧しさからの解放』, 中央公論社, 1953, 22쪽.

당시 농촌의 인구과잉 문제나 논밭을 상속받지 못하는 둘째, 셋째 아들의 고용불안이삼남 문제 등 이러한 문제에 직면하는 농촌 청년 입장에서 보면 자위대로 취업한다는 것은 공무원으로서 일정한 안정성을 확보하는 길이며, 기계조작 등의 기술을 배움으로써 제대 후에 취업에 유리하게 작용한다는 것을 예상할 수 있는 선택이었다.

다만 그들에게 자위대에 들어간다는 것은 '취업'이라는 문제보다 때로는 '진학'의 문제이기도 했다. 평론가 야스다 다케시安田武는 그의 저서 『소년자위대少年自衛隊』아즈마쇼보(東書房), 1956에서 소년자위대원에 응모하는 중졸 농촌 소년이 많았던 배경을 분석하고 있다. 야스다는 "돈이 들지 않아서 좋고, 공부하고 싶어서…"라는 도호쿠東北 지방 출신자의 말을 인용하면서 "성적이 우수하고 본인이 진학이라는 희망에 불타는" 층이 소녀자위대에 응모하고 있으며, 이는 "'취업 문제'가 아니라 '진학 문제'라고 해야 한다"고 지적하고 있다.[8] 가정의 빈곤, 의무교육 이상의 진학에 가치를 느끼지 못하는 부모의 생각 때문에 고등학교 진학을 단념할 수밖에 없었던 농촌 소년들은 단순히 직업을 얻는다는 의미가 아니라, 고등학교 진학을 대체할 수 있는 '무언가를 배울 수 있는 기회'로서 (소년)자위대라는 진로를 선택하고 있었던 것이다.

도시와 농천의 격절隔絕, 소득이나 학력을 둘러싼 격차의 문제가 여기에는 존재한다. 말하자면, 자위대에 관한 이러한 기술은 전후 부흥기나 고도경제성장기 초기에 존재한 사회의 왜곡된 상황을 보여주는 것이었다.

---

8   安田武, 『少年自衛隊』, 東書房, 1956, 42 · 48쪽. 한편 농촌이나 도시에서의 격차와 교양, 면학에 대한 동경에 대해서는 졸저 『「勤労青年」の教養文化史』(岩波新書, 2020)를 참조.

야스다 다케시는 본인의 학도병 체험을 바탕으로 1960년대 이후, 전쟁 체험론을 많이 펴낸 것으로 유명하다. 『전쟁체험戰爭體驗』1963이나 『학도출진學徒出陣』1967은 그의 대표적인 작품이다. 이렇다 보니, 이들 후기 저작에 비하면 최초의 저서였던 『소년자위대』는 작금의 연구에서 언급되는 일이 적으며, 오히려 잊혀졌다는 생각마저 든다. 그러나 1950년대 중반에 자위대 지원자가 많았다는 사실의 배경을 생각하는 데 많은 시사점을 주는 기록이다.

이러한 자위대의 전후사나 담론 변용을 통해서 전후의 격차나 학력, 내셔널·아이덴티티가 어떻게 해서 부상했는가, 거꾸로 그 문제가 자위대의 운영방식과 사회적 이미지를 어떻게 만들었는가, 앞으로 연구의 진전이 기다려지는 과제이다.

이상, 생각나는 대로 앞으로 전쟁사회학의 '과제'를 써 내려갔는데, 이를 뒤집으면, 기존의 연구를 바꾸어 놓는 시각이나 영역이 절대로 적은 것이 아니라는 이야기이기도 하다. 전쟁사회학이라는 영역 자체가 새로운 분야이다. 근접 분야를 포함해서 연구 축적에는 일정한 두터움이라는 것이 있는데, 그렇다고 '새로운 전쟁'과 같은 현대적인 주제든, 아니면 전시나 전후 사회를 대상으로 하는 역사사회학적인 주제든, 충분히 연구가 되지 않고 있는 영역도 많다. 이들 연구가 축적된다는 것은 '전후 70년'에 대한 논의가 갱신되고 쇄신되어 '포스트 전후 70년'이라는 연구가 생성되는 길이 될 것이다.

저자 후기

대략 10년 전의 일이 되는데, 2010년 여름에 원폭 돔에 간 적이 있다. 마침 『초토의 기억 - 오키나와·히로시마·나가사키에 비친 전후焦土の記憶 -沖縄·広島·長崎に映る戦後』신요샤(新曜社), 2011의 원고 집필이 마무리 되어가는 시기로, 공립도서관, 문서관에서 도판圖版 자료를 찾고 있었다. 그 틈을 이용해서 들렀는데, 원폭 돔 남쪽 면을 촬영하는 것도 하나의 목적이었다.

『증보 히로시마의 기록增補ヒロシマの記録』주고쿠신문사 편·발행, 1986에는 원폭 돔 남면에서 곤충채집에 열중하는 아이들 사진1950년 촬영이 수록되어 있다. 그 사진이 흑백이어서 그랬는지도 모르지만, 말 그대로 폐허라는 인상이 남아 있었다. 잡초가 무성했던 배경도 그런 느낌을 강하게 했다. 그랬던 이곳이 지금은 이렇게 '아름다워'져 있단 말인가. 이런 차이를 사진으로 남기고 싶었다.

이러한 생각으로 지금의 돔 주위를 살펴보니, 어떤 '편안함'과 같은 느낌이 강했다. 모토야스천元安川에 따라서 산책길이 정비되어 있고, 버드나무와 철쭉을 심어놨다. 가로에는 고풍스럽고 멋진 가로등도 설치되어 있다. 지금의 원폭 돔은 역시 1950년 당시의 것과는 이질적인 것이었다.

물론 지금의 원폭 돔에도 '와륵더미'는 '보존'되어 있다. 그러나 잘 살펴보면 실은 인골이나 집기의 파편, 혹은 이런 것들이 산화한 것은 보이지 않는다. 극히 정연하게 배치된 '와륵더미'이다. 게다가 원폭 돔 철책 안에는 잔디까지 깔려 있다. 가령 여기에 '와륵더미'가 있다고 하여도 피폭 직후의 역겨움까지 '보존'되어 있다고는 말할 수 없다. 오히려 이른바

보기 좋은 편안함과 같은 것이 당시의 역겨움에 '덧칠'되어 있는 것은 아닌가? 사진을 찍으면서 이러한 생각을 하곤 했다.

원폭 돔은 지금까지 여러 차례 보수공사가 있었으며, 1996년에 세계문화유산에 등록되었다. 그러나 이 '보존'이나 '계승'이라는 연장 속에 무언가가 사라지고 말았다. 더 말하자면, 이러한 일은 원폭 돔에 한정되는 것이 아닐 것이다. 나가사키·오키나와·치란 등의 전적지는 물론이고 '전쟁'을 서사하는 미디어나 사상에도 적지 않게 볼 수 있는 일이 아닌가? 이러한 문제의 관심에서 전적지를 논한 것이 『'전적'의 전후사「戰跡」の戰後史』2015였는데, 전적지에 한정되지 않고, 다양한 '계승이라는 단절'을 다룬 것이 이 책이다.

'전쟁'에 대한 미디어사, 사상사, 역사사회학에 관한 저서로는 『'반전'의 미디어사「反戰」のメディア史』세카이시소샤(世界思想社), 2006 이후, 지금까지 7권의 단독 저작을 내놓았다. 박사논문을 바탕으로 한 첫 번째 저서는 메이지기에서 전시기에 걸친 '지知와 내셔널리즘'를 다룬 『변경에 비친 일본辺境に映る日本』가시와쇼보(柏書房), 2003이었고, 근래에 들어서는 근로 청년의 교양문화사도 다루고 있기에 『'일하는 청년'과 교양의 전후사働く青年と教養の戰後史』지쿠마쇼보(筑摩書房), 『'근로청년'과 교양문화사「勤労青年」の教養文化史』이와나미쇼텐(岩波新書) 등, 결코 '전쟁'만을 연구한 것은 아니었으나, 지금까지의 연구 경력 중에서 이 주제가 점하는 비중이 큰 것은 사실이다. 이 책은 그동안 잡지나 논문집에 기고한 논고 중에서 주로 2015년 이후에 발전한 것을 모은 것이다. 처음부터 써 내려간 단독저서가 아니라 개별논문을 바탕으로 한 것이기는 하나, 지금까지 7권의 책에서 제시한 문제의식이

〈그림 1-1〉 원폭 돔 남측(1950)

〈그림 1-2〉 가로수와 산책로가 정비된 원폭 돔 남측

나름 집약되어 있는 면도 있을지 모르겠다. 동시에 지금 되돌아보면, '전후 70년'을 둘러싼 논의에 대한 위화감도 있었던 것 같다.

'전후 70년' 전후에는 저자와 같은 연구자에게도 원고나 강연 취재 의뢰가 나름 많았다. 당시는 아베 담화2015.8.15나 안보법제, 위안부 문제 등이 커다란 논점이었으나, 저자가 취재나 강연, 신문 기고를 의뢰받은 내용은 전체적으로 '계승'을 둘러싼 문제가 많았다. 확실히, 전쟁 체험자가 무엇인가를 말할 수 있는 시기로서는 마지막에 가까울지도 모른다. '전후 1980년'이 되면 전중파戰中派 세대가 100세를 넘는다는 점을 생각하면, '전후 70년'에 '계승'에 대한 절박감이 많이 거론된 것은 이상한 일이 아니다.

그런데 어딘지 모르게 납득이 가지 않는 답답한 느낌이 있었다는 것도 사실이다. '내레이터'나 관련 단체의 활동을 조사하는 각 신문사 기자 분으로부터 "이런 활동에 대해 어떻게 생각하십니까?"라는 전화취재를 받는 경우는 전에도 종종 있었다. 그때는 "훌륭한 실천이네요"라고 답하면서도 "이런 칭찬 말고 어떤 말을 기대하는 걸까?"라는 생각이 들기도 했다. '계승'을 둘러싼 어렴풋한 위화감을 입 밖으로 냈을 때는 어느 기자 분이 "네? 그럼 체험자가 서사하는 실천은 필요 없다는 뜻입니까?"라고 반응을 보이며 당황하던 기억이 있다. 당시에는 아직 저자 스스로 정리를 하지 못하고 있어서 불필요하게 기자 분들을 혼란하게 만들어버린 것 같은데, '전후 70년' 붐을 저자도 겪으면서 조금은 언어화할 수 있게 되어서 몇 편의 논문으로 발표할 수 있었다. 이 책은 그런 원고를 담고 있다. 초출은 다음과 같다.

제1장 「「社」と「骨」の闘争ー靖国神社・千鳥ヶ淵戦没者墓苑と「戦没者のシンボル」の不成立」, 『京都メディア史研究年報』1, 京都大学大学院教育学研究科メディア文化論研究室, 2015.4.
「「死者の政治主義」の加速ー靖国神社国家護持運動をめぐって」, 『立命館産業社会論集』52-4, 立命館大学産業社会学会, 2017.3.

제2장 「広島・長崎と「記憶の場」のねじれー「被爆の痕跡」のポリティクス」, 『立命館大学人文科学研究所紀要』110, 2016.3.

제3장 浪田陽子・柳澤伸司・福間良明 編, 「「摩文仁」をめぐる興論と空間編成ー「戦跡というメディア」の成立と変容」, 『メディア・リテラシーの諸相』, ミネルヴァ書房, 2016.3.

제4장 「『野火』に映る戦後ー「難死」と「嘲笑」の後景化」, 『戦争社会学研究』2, みずき書林, 2018.5.

제5장 好井裕明・関礼子 編, 「覆され続ける「予期」ー映画『軍旗はためく下に』と「遺族への配慮」の拒絶」, 『戦争社会学』, 明石書店, 2016.10.

제6장 「「順法」への懐疑と戦争体験ー「カウンター・クライム」の思想」, 『現代思想』43-15(総特集 鶴見俊輔), 青土社, 2015.10.

제7장 "The Construction of Tokko Memorial Sites in Chiran and the Politics of 〈Risk-Free〉 Memories", *Japan review : Journal of the International Research Centre for Japanese Studies* 33, 2019.3.

제8장 「「慰霊祭」の言説空間と「広島」ー「無難さ」の政治学」, 『現代思

想』第44卷 第15号(特集〈広島〉の思想), 青土社, 2016.8.

제9장　「「断絶」の風化と脱歴史化－メディア文化における「継承」の
欲望」,『マス·コミュニケーション研究』88, 学文社, 2016.1.

에필로그　「「ポスト戦後70年」と「戦争」をめぐる問い」,『戦争社会学研
究』1, 勉誠出版, 2017.4.

　　이들 중, 야스쿠니신사, 지도리가후치 전몰자 묘원 문제를 다룬 이 책 제1장은 원래 졸저『'전적'의 전후사』의 일부로 집필한 원고이다. 그러나 분량이 꽤 된다는 점과 히로시마와 오키나와 등의 전적지와 같이 다룰 경우 마주하는 어려움도 있고 해서, 최종적으로『'전적'의 전후사』에서 제외하기로 한 경위가 있다. 그 이외의 글에 대해서는 '전후 70년' 관련으로 의뢰를 받아서 집필한 글이 대부분이다.

　　물론 이들 논문 중에는 심포지엄 자리에서 보고한 내용, 사회를 보며 발언한 것도 있다.제4·9장·에필로그 그래서 이른바 학술논문 형식이 아닌 부분도 있을 수 있으나, 그만큼 '전쟁의 기억' 문제를 둘러싼 최근의 미디어 담론이나 연구 동향에 대해서 약간 신경이 쓰였던 부분을 언어화할 수 있었던 부분도 있다고 생각한다.

　　이 책에 수록하기 위해서 이상의 논문에 적지 않게 가필·수정을 가했다. 또한 애초에 개별논문이었기에 각 장 사이에 약간의 내용적 중첩이 있다. 수정을 가하면서 가능한 범위에서 정리했으나, 이를 완전히 정리하는 것은 아주 근본적인 개고改稿가 되기 때문에 단념할 수밖에 없었다. 이 점에 관해서 용서를 구하고자 한다. 히로시마, 오키나와, 치란의 전적사에 대해서는 졸저 『'전적'의 전후사』에서 상세하게 서술하고 있으니 관심이 있는 분은 참조 부탁드린다.

한편 〈군기는 똥구덩이 아래에軍旗はためく下に〉1972을 다룬 제5장 논문을 집필하게 된 경위에 대해서 약간 언급하고자 한다. 이 영화는 지금으로서는 잊힌 작품일 것이다. 1987년에 VHS비디오가 판매되었으나, DVD는 해외판을 제외하면 판매되지 않았으며, 2015년에 DeAGOSTI-NI에서 '도호·신도호 전쟁영화 컬렉션東宝·新東宝戦争映画コレクション'의 하나로 기간 한정으로 판매된 것이 모두이다. 2015년경부터 아마존 프라임Amazon Prime 등의 동영상 서비스망을 통해서 시청할 수 있게 되었으나, 이 작품에 관심을 가지고 시청하는 사람은 적을 것이다.

그러나 제5장에서 언급했듯이, 이 영화는 '전쟁의 기억'을 파악하는 데 있어서 매우 시사하는 바가 크다. 학생들이 "좋아하는 전쟁영화는 무엇입니까?"라고 물어올 때는, 저자는 주저하지 않고 이 영화를 들고 있다. 저자 자신이 이 영화의 존재를 알게 된 것은 연구의 일환으로 오래된 전쟁영화를 닥치는 대로 보고 있던 2005년경이었다. 비디오 대여점과 공립도서관에서 빌린 비디오와 DVD 사이에 우연히 섞여 있었던 것이 이 영화였다. 보는 이의 다양한 '예상'을 뒤엎거나 영화 〈라쇼몽羅生門〉구로사와 아키라(黒澤明) 감독, 1950처럼 보는 이에 따라서 다르게 보이는 묘사가 흥미로웠으며, 몇 번 봐도 새로운 발견과 해석을 즐길 수 있었다. 그래서 언젠가 이 작품에 대해서 논문을 쓰고 싶다는 생각은 하고 있었으나, 실제로 언어화하려 하니 쉽지 않았다. 2016년에 이 작품에 대한 논문을 쓸 기회를 얻었기에 저자로서는 나름대로 정리할 수 있었다는 점은 아주 고마웠다.

참고로 어느 대학에서 집중 강의를 했을 때, 전후 일본영화를 몇 편을 다룬 적이 있다. 이 영화 외로는 〈들어라, 와다쓰미의 소리를きけ, わだつみ の声〉세키가와 히데오(関川秀雄) 감독, 1950, 〈삼가 아뢰옵니다 천황 폐하님拝啓天皇陛下様〉노무라 요시타로(野村芳太郎) 감독, 1963, 〈큐폴라가 있는 거리キューポラのある街〉우라야마 기리로(浦山桐郎) 감독, 1962, 〈일본 무책임시대ニッポン無責任時代〉후루사와 겐고(古澤憲吾) 감독, 1962 등을 다루었는데, 의외로 학생들이 가장 많이 관심을 보인 것이 〈군기는 똥구덩이 아래에〉였다. 저자가 약간 몰입해서 열정적으로 이야기한 탓도 있을지 모르겠으나, 이 '전쟁영화의 '의리 없는 전쟁''이라고도 할 수 있는 작품이 오늘날 널리 되돌아보게 되는 것도 좋지 않을까 하는 생각이 새삼 들었던 기억이 난다.

이 책원서에 대한 작업을 진행하면서 사쿠힌샤作品社의 후쿠다 다카오福田隆雄 씨와 구라하타 유타倉畑雄太 씨, 그리고 와타나베 가즈키渡辺和貴 씨께서 많은 수고를 해주셨다. 시작은 『현대사상現代思想』2016.8에 게재된 졸고이 책의 제8장이 된 원논문을 읽어주신 와타나베 씨가 연락을 주셔서 이 책에 대한 구상을 하게 되었다. 맨 처음에 뵌 것이 2016년 10월이라, 약 4년이나 전 일이다. 다만, 당시에는 『'일하는 청년'과 교양의 전후사』2017의 집필과 교정에 쫓기고 있었는데다가, 직장에서 보직 관계로 학교 업무가 바빴기 때문에 기획을 확정하는 데 상당히 많은 시간을 소비했다. 이 점에 대해서 송구하게 생각하던 중에 와타나베 씨가 다른 회사로 옮기게 되어 후쿠다 씨가 담당을 맡아주게 되었다. 지금까지의 졸저와는 달리 새로 써 내려간 원고가 아니었기에 구성을 확정하고 가필 수정하는 데 예상보다 많은 시간이 걸렸는데, 두 분의 조언 덕분에 이 책원서을 이렇게 세상에 내놓을 수 있게 되었다. 편집작업에서는 구라하타 씨가 실로 꼼꼼하게 봐주셨다. 다시 한번 깊은 사의를 표합니다.

2020년 1월
후쿠마 요시아키

저자 부기*

  '저자 후기'까지 포함해서 이 책 원고를 탈고하고 한 달이 지난 무렵부터 신형 코로나바이러스^{COVID-19}가 전 세계를 뒤덮는 상황을 바라보게 되었다. 옛날에 스페인 감기가 유행한 적이 있는데 이미 1세기나 전 일이라서, 역사적인 사건으로는 알고 있었지만, 오늘날 이렇게 다시 일어날 수 있다는 생각은 하지 못하고 있었다. 스페인 감기는 제1차 세계대전으로 사람^{군대}의 이동이 유행 원인의 하나였는데, 평시에서 사람과 사물의 이동이 가속화된 현대 글로벌리제이션은 전염병을 아주 단기간에 전 세계에 확산시켰다. 이 글로벌리제이션의 귀결로서 각국이 실질적으로 국경을 폐쇄한 것은 이 얼마나 아이러니한 일인가. 다만, 신형 코로나바이러스가 확산되는 일본 사회를 보고 있으면, 이 책이 다루는 문제하고도 관계 있어 보였다. 이에 관해서 부기를 남기고자 한다.

  COVID-19의 세계적인 확산은 의료 문제뿐 아니라, 사회의 존재 그 자체에 커다란 충격을 가했다. 그전까지 필요성에 대한 언급은 종종 있었으나, 전혀 진전이 없었던 재택근무가 COVID-19를 맞이해서 상당한 진척을 보였다. 몇 주 만에 온라인회의 시스템이 보급되었고, 온라인 수업이나 원격회의, 원격취재가 확대되었다. TV 드라마나 예능프로그램까

---

* 이 「저자 부기」는 일본어 원서 제작을 진행 중에 COVID-19 펜데믹이 시작되었는데, 이 펜데믹 속에 벌어지는 일본 사회 모습이 전쟁을 벌였다가 패전한 당시 상황과 유사하다는 생각이 들어서 2020년 5월에 급거 추가한 글이다. 이 글을 통해서 2020년 당시 일본의 상황과 그 상황이 전후 일본의 모습과 어떻게 중첩되는지에 대한 저자의 생각을 확인할 수 있다.

지 '원격'으로 제작되는 등, 실험적인 시도도 진행되고 있다. COVID-19 가 진정된 후에도 아마도 종래의 생활양식, 노동환경에 완전히 돌아가는 것이 아니라, '원격'이 어느 정도는 정착할 것이다.

그러나 여기에 커다란 사회적 왜곡이 숨어 있다는 점을 간과해서는 안 된다. 'remote work'를 보아도, 모든 사람에게 열려 있는 것은 절대로 아니다. 의료 관계자나 요양·간호 종사자, 중소제조업 등에 종사하는 사람에게는 가까이할 수 없는 무관한 것이었다. 재택근무가 확대되는 흐름 속에 사람들은 인터넷쇼핑을 널리 이용했는데, 그 상품을 배달하는 택배 사업자는 당연히 'remote work'는 불가능하다. 'remote' 즉 '원격' 생활양식은 그렇게 할 수 없는 사람들이 존재한다는 사실 위에 비로소 성립한다.

가령 'remote work'가 가능한 업종일지라도 "회사 밖에서는 접근권한이 없다" 등의 이유로 정사원에게는 인정된 재택근무가 파견사원이나 계약사원에는 적용되지 않고 종래대로 통근이 강요되는 경우도 있었다. 더 말하면, 'remote work', '온라인 수업'의 전제가 되는 통신환경이나 정보기기의 소유 현황에 관해서는 많은 격차를 경험할 수 있었다. 'remote work'에 대표되는 정보기술의 은혜는 결코 널리 만인에게 주어진 것이 아니었다.

이러한 상황은 어딘지 '전쟁'을 연상시킨다. 1945년 3월 도쿄 대공습 때 피해는 균일적으로 발생한 것이 아니라, 중소 및 영세기업과 목조가옥이 밀집된 서민이 많이 거주하는 지역의 피해가 심각했다. 도쿄 대공습이 시작되자, 지방으로 소개疏開가 시작되었으며, 공습 사상자도 줄었으나, 농촌에 연고가 없어서 도시에 남아야 했던 사람들은 그 후의 공습으로 목숨을 잃어야만 했다. 생각해 보면, '외출자숙'이란느 말은 자택으로의 '소개'라는 뜻이다. 공습이든 COVID-19 팬데믹이든 모든 사람을 '평등'하게 습격하는 것처럼 보이지만, 피해를 최소한으로 줄이는 층과 그러지 못하는 층의 괴리는 분명했다.

COVID-19하고 전쟁의 유사성analogy은 여기서 그치지 않는다. 조금씩 매번 늦게 내놓은 경제 대책과 고용 대책은 종종 지적되듯이 병력을 순차적으로 투입했기 때문에 실패한 과달카날작전을 상기시킨다. '국난國難'을 맞이하면서도 국가와 지자체의 호흡이 안 맞아서 생긴 혼란스러운 상황은 구·육해군의 파벌주의와 조직의 병리를 생각나게 한다. 일본 정부가 각 가정에 배포한 마스크에 조악한 불량품이 많았는데, 이런 것도 불량 부품 때문에 불발 수류탄이 많았고 전투기의 엔진 고장이 빈번했던 전시기의 생산체제와 중첩되어 보인다.

그렇다고 국가가 전혀 아무런 대책도 강구 안 한 것은 아니다. 4월에 긴급사태를 선언했고 매상이 급감한 중소기업을 대상으로 '특별월세지원지원금特別家賃支援給付金' 제도도 만들었다. 그러나 이러한 것이 모든 사람에게 돌아가는 데까지 오랜 시간이 걸렸으며, 이런 지원을 받기 전에 폐업하는 사업자도 적지 않았다. 방호복이나 마스크와 같은 의료 물자의 고갈도 심각했다. 이는 전시기의 물자배급이 작동하지 않았던 상황을 생각나게 한다.

이런 중에 마스크를 고가로 전매하는 것이 사회 문제가 되었는데, 이를 전시 상황으로 말하자면 '물자의 불법 유출'이 아니고 무엇인가? 더 말하자면, 'remote work'를 가능케 하는 정보기술이 인터넷상에서 '불법 유출'을 가능하게 한 것은 그야말로 아이러니하다.

'외출자제' 하에서 상호감시는 전시기의 도나리구미隣組[1]를 연상한다. 영업을 '자숙'하지 않은 상점이나 외출하는 사람특히 젊은층에 대한 비난은 인터넷상에서만이 아니라 현실사회에서도 심각했다. 코로나 확진자에 대한 책임추구조차 때때로 공공연하게 이루어졌다. 사람들이 말하는 '정의'의 폭주에 따른 배제의 역학은 결코 전시하에 머물지 않았다.

초기에 중국에서 감염이 확대되고 있다는 보도가 있던 것도 있어서 배외주의적인 움직임도 있었는데 이는 편협한 '정의'를 휘두른 '가해'의 논리 그 자체였다. 코로나 확산을 막기 위해서 스스로를 희생하며 필사적으로 대응한 의료에 종사하는 의사와 간호사에 대한 칭찬Friday Ovation 도 있었지만, 그 한편으로 전문병원에 근무하는 의료 종사자나 그 가족에 대해 악의적인 폭언을 가하는 일도 있었다. 이는 전장에 나서는 병사에 대해 미사여구로 찬양하다가 전쟁이 끝나자 '패잔병'이라는 모욕적 언사를 가한 75년 전의 일본 사회와 얼마나 다른가?

물론 2020년 4월 초에 발생한 제1파가 정점이었던 때와 비교하면 다음 달 하순 이후는 일정량 안정을 보였다. 확진자 검사 수가 적다는 지적은 있었으나, 일본의 확진율, 사망률은 다른 나라와 비교해서 낮다고 자

---

1 [역자주] 주로 제2차 세계대전 당시 일본 각 집락에 결성된 관 주도의 후방조직. 전쟁 수행을 위한 총동원체제를 구체화한 제도. 구체적으로는 10세대 전후를 한 조로 편성해서 단결을 통한 지자체의 촉진, 전시 하의 주민과 물자의 동원, 통제받는 물품의 배급, 공습 시의 방공활동 등을 맡았다. 결과적으로는 사상통제와 주민끼리의 감시를 하게 되었다. 1947년에 GHQ에 의해서 도나리구미는 폐지되었으나, 21세기 오늘날까지도 그 후속인 조나이카이(町内会) 또는 오토나리구미(お隣組)는 상당히 많은 지자체에 남아 있다.

랑하는 이야기도 있었다. 그러나 여기서 우리에게 필요한 것은 그러한 안도감에 빠지는 것이 아니라, 이 기간에 벌어진 '코로나와 정치·사회'는 어떠했는가, 를 비판적으로 되묻는 일이다. 더 말하면, 이는 "누가 나빴는가?"에 빠져서는 안 된다. 오히려 "무엇이 비효율이나 불평등을 낳았는가?", "왜 구조적으로 제대로 대응하지 못했는가?"를 통해서 '실패의 본질'을 되물어야 한다.

이러한 내용도 전후의 '전쟁 서사'와 상통한다. 이 책에서도 지적한 것처럼, 전후 일본에서는 위령제와 같은 '무난함'이 가득 찬 서사가 많이 유포되었다. 책임을 추구하려는 논의도 없지는 않으나, 왕왕 '나쁜 놈 찾기'에 빠져서 '악'이 폭력으로 보이지 않는 사회를 만들어 낸 구조에 대해서는 불문인 상태로 넘어왔다. COVID-19에 관한 서사가 마찬가지 상태에 빠진다면 앞으로 새로운 팬데믹에 대해서 같은 실패와 비효율, 불평등을 반복하게 되는 것은 아닌가?

COVID-19가 만연한 2020년은 '전후 75년'인 해이기도 하다. COVID-19를 둘러싼 논의는 '전쟁 서사'에 통하는 '무난함'으로 끝나는가? 아니면 그 '실패의 본질'을 직시할 것인가? '계승이라는 단절'은 '전후 75년'에 대한 물음임과 동시에 COVID-19가 확산된 일본 사회에 대한 물음이기도 하다.

2020년 5월 20일
후쿠마 요시아키

도판 출처 일람

제1장

⟨1-1⟩ 靖国顕彰会 編, 『靖国』, 1965..

⟨1-2⟩ 木村伊兵衛, 『木村伊兵衛昭和を写す1 – 戦前と戦後』, ちくま文庫, 1995.

⟨1-4⟩ 『新建築』, 1963年 3月号.

⟨1-6⟩ 靖国顕彰会 編, 『靖国』, 1965.

⟨1-7⟩ 田中伸尚, 『靖国の戦後史』, 岩波新書, 2000.

⟨1-8⟩ 『社報靖国』, 1966.9.15.

⟨1-9⟩ 『社報靖国』, 1970.4.15.

⟨1-10⟩ 戸村政博 編, 『靖国闘争』, 新教出版社, 1970.

⟨1-11⟩ 戸村政博 編, 『靖国闘争』, 新教出版社, 1970.

제2장

⟨2-1⟩ 나가사키원폭자료관 소장.

⟨2-2⟩ 高原至ほか, 『長崎 旧浦上天主堂』, 岩波書店, 2010.

⟨2-3⟩ 高原至ほか, 『長崎 旧浦上天主堂』, 岩波書店, 2010.

⟨2-4⟩ 미군 촬영 / 히로시마평화기념자료관 소장·제공.

⟨2-6⟩ 히로시마시립공문서관 소장.

⟨2-7⟩ 히로시마시립공문서관 소장.

제3장

⟨3-1⟩ 沖縄県 編, 『沖縄 戦後50年のあゆみ』, 1997.

⟨3-3⟩ 오키나와현립공문서관 소장.

⟨3-4⟩ 오키나와현립공문서관 소장.

⟨3-5⟩ 오키나와현립공문서관 소장.

⟨3-6⟩ 沖縄タイムス社 編, 『写真記録 戦後沖縄史』, 1987.

⟨3-7⟩ 沖縄県 編, 『沖縄 戦後50年のあゆみ』, 1997.

⟨3-9⟩ 저자 촬영(2015.3).

⟨3-10⟩ 沖縄タイムス社 編, 『写真記録 戦後沖縄史』, 1987.

제4장

〈4-1〉『なつかしの日本映画ポスターコレクション』, 近代映画社, 1989.

〈4-4〉日活ポスター集製作委員会 編, 『日活ポスター集』, 1984.

* 영화 장면은 모두 DVD 『野火』(KADOKAWA, 2015)에 의함.

제5장

〈5-1〉영화〈軍旗はためく下に〉광고.

〈5-8〉『世界の映画作家22 深作欣二・熊井啓』, キネマ旬報社, 1974.

〈5-9〉佐々木順一郎・円尾敏郎 編, 『日本映画ポスター集 東映活劇任侠編』2, ワイズ出版, 2001.

〈5-11〉佐々木順一郎・円尾敏郎 編, 『日本映画ポスター集 東映活劇任侠編』2, ワイズ出版, 2001.

〈5-13〉佐々木順一郎・円尾敏郎 編, 『日本映画ポスター集 東映活劇任侠編』2, ワイズ出版, 2001.

* 영화 장면은 위에 제시한 것을 제외하고 모두 DVD 『東宝・新東宝戦争映画DVDコレクション 43 軍旗はためく下に』(ディアゴスティーニ, 2015)에 의함.

제6장

〈6-1〉『以悲留』3, 1984.

제7장

〈7-1〉『毎日グラフ臨時増刊 続・日本の戦歴』, 1965.11.

〈7-2〉知覧特攻慰霊顕彰会 編, 『魂魄の記録』, 2004.

〈7-3〉知覧特攻慰霊顕彰会 編, 『魂魄の記録』, 2004.

〈7-4〉『毎日グラフ臨時増刊 続・日本の戦歴』, 1965.11.

〈7-6〉佐々木順一郎・円尾敏郎 編, 『日本映画ポスター集 第二東映, ニュー東映, 東映編 佐々木順一郎コレクション』, ワイズ出版, 2001.

〈7-7〉知覧特攻慰霊顕彰会 編, 『魂魄の記録』, 2004.

〈7-8〉『町報ちらん』, 1974年 11月号.

〈7-9〉知覧高女なでしこ会 編, 『群青』, 1996.

〈7-10〉知覧特攻慰霊顕彰会 編, 『魂魄の記録』, 2004.

제9장

〈9-1〉『東宝・新東宝戦争映画DVDコレクション4 日本のいちばん長い日』, ディアゴスティーニ, 2014.

〈9-2〉〈日本のいちばん長い日〉(2015) 광고.

〈9-3〉『なつかしの日本映画ポスターコレクション』, 近代映画社, 1989.

〈9-4〉広島市 編, 『街と暮らしの50年』, 1996.

〈9-5〉広島市 編, 『街と暮らしの50年』, 1996.

〈9-6〉『キネマ旬報』, 1966年 11月下旬号.

〈9-7〉『東宝・新東宝戦争映画DVDコレクション15 独立愚連隊』(ディアゴスティーニ, 2014).

〈9-8〉DVD『肉弾』, ジェネオン エンタテインメント, 2005.

〈9-10〉DVD『男たちの大和YAMATO』, 東映, 2006.

후기

〈1-1〉中国新聞社 編, 『増補 ヒロシマの記録』, 1986.

〈1-2〉저자 촬영(2010).

찾아보기

인명